Photoshop pour le designer d'espace

Dédicace toute particulière à mon épouse pour son soutien et sa collaboration
et à mes filles, Élodie et Célia, qui ont toujours été ma source d'inspiration.

Remerciements

Je tiens à remercier les personnes qui m'ont donné envie et permis de réaliser ce livre :
Messieurs Franck et Xavier Pilloton, présidents de l'agence d'architecture intérieure Inter Art. Je les remercie pour leur confiance.
Ils ont été des dirigeants stimulants pendant ces vingt dernières années ;
Monsieur Jean Lugez, qui a joué un rôle déterminant en m'incitant à communiquer mon expérience par le biais de conférences ;
l'organisme de formation GRETA qui m'a donné l'opportunité de transmettre ma passion et mon savoir-faire ;
l'équipe éditoriale : Mesdames Anne Lebras responsable d'édition, Anaïs Nectoux assistante d'édition et Carole Rousseau technicienne de fabrication, ainsi que Madame Ève Vila pour la mise au point des textes et des images ; Nord Compo pour sa mise en pages.

Révision : Ève Vila
Mise en pages : Nord Compo
Toutes les illustrations de ce livre sont de l'auteur. Les images signalées par un astérisque ont été réalisées pour l'agence d'architecture intérieure Inter Art.

61, boulevard Saint-Germain
75240 Paris Cedex 05
www.editions-eyrolles.com

ISBN : 978-2-212-13574-9

Patrick Maillard

Photoshop pour le designer d'espace

EYROLLES

Sommaire

Introduction

Après l'ère du dessin à main levée, des mises en couleurs réalisées à l'aquarelle, aux feutres, aux crayons de couleurs, à l'encre ou à l'aérographe, le passage à l'informatique a débuté dans notre métier par le photomontage sur plans. Ce nouvel outil a permis d'importer des textures pour être au plus près de la réalité, puis de donner vie à l'ensemble en faisant pénétrer la lumière, en créant quelques ombres pour que le mobilier prenne de la hauteur. Pour ma part, j'ai exploré avec un intérêt grandissant cet outil graphique et me suis attaché à en maîtriser les applications nécessaires lors du développement d'un avant-projet, pour y déployer des images en volume. Je suis donc passé rapidement à la même exécution sur élévations. La difficulté résidait dans l'application de cette méthode à la perspective pour obtenir des images particulièrement techniques, sans toutefois laisser l'outil prendre le pas sur la démarche artistique. Aujourd'hui, j'ai trouvé un équilibre dans ma manière de travailler et je souhaiterais le partager avec tous les passionnés qui veulent continuer à passer par l'illustration, l'esquisse, l'ébauche, bref conserver le plaisir de dessiner — et ne pas perdre ce pourquoi ils ont choisi ce métier —, tout en étant plus performant, avec une rapidité d'exécution hors du commun.

Triptyque

Perspective

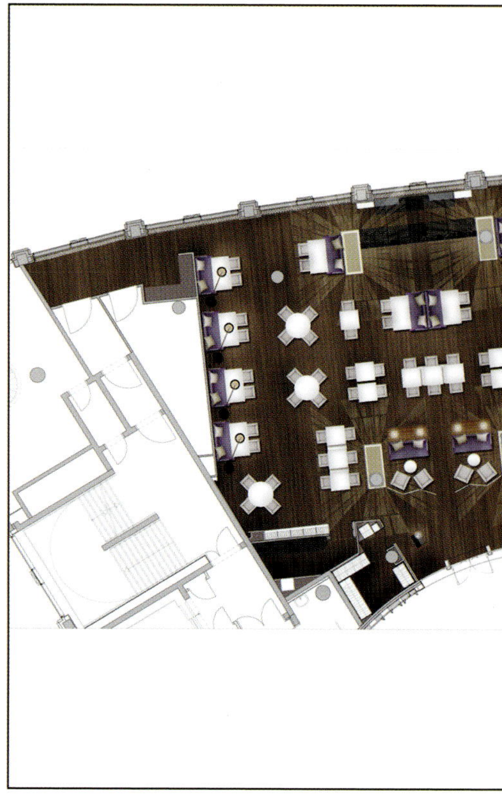

Plan

Cet ouvrage s'adresse donc à tous ceux qui, dans leur métier ou dans le cadre de leurs loisirs, pratiquent le dessin et l'appliquent au design d'espace. Il s'appuie sur des illustrations et des exercices pour mieux expliquer le mécanisme de Photoshop. Mon objectif est de démontrer qu'il est possible de réaliser des images en volume à partir des fonctions proposées par ce logiciel en procédant par étapes. Ma méthode se fonde sur des réflexes d'applications (les raccourcis clavier), une connaissance parfaite des différents éléments proposés (les multiples outils et la gestion des calques), une aisance dans le choix des options (sélections et transformations) pour acquérir des bases solides avant d'intervenir sur des exercices pointus, comme la retouche d'image et le photomontage. Ma démarche pédagogique consiste à vous apprendre à combiner tous ces ingrédients : exécuter des tracés, des mises en couleurs, des insertions de matériaux et jouer avec l'ombre et la lumière pour donner du relief au mobilier.

Cet usage, encore très peu investi, de Photoshop permet d'être efficace et créatif. Il offre de multiples applications en agence, que j'ai synthétisées sous le nom de « triptyques ». Le triptyque est un panel de trois applications gra-

Ambiance

Avant-projet pour un restaurant, entièrement réalisé à l'aide des outils Photoshop. Ce triptyque présente une perspective enrichie d'une mise en volumes, un plan colorisé et une planche d'ambiance réalisée par photomontage. Les trois planches, élaborées simultanément, ont été interactives tout au long de la conception : elles ont évolué parallèlement en fonction des choix opérés.

phiques représentatif des différentes réalisations possibles avec Photoshop et qui correspondent à des ouvrages demandés en agence d'architecture intérieure. Il rassemble donc, comme vous pourrez le voir sur les illustrations reproduites ci-dessus et sur les deux pages suivantes, la mise en trois dimensions d'un intérieur rassemblant tous les éléments décoratifs choisis, un plan d'aménagement intérieur en couleurs montrant l'implantation du mobilier et des cloisons et créé en fonction des sélections de meubles et de matériaux effectuées au préalable, et enfin une planche d'échantillons illustrant le choix du mobilier, des luminaires et des matériaux de finition des murs et des sols.

« Trois-en-un », Photoshop offre tout ce qui peut vous être utile pour exécuter vos projets, sans devoir passer par trois logiciels différents — un pour effectuer votre vue en perspective comme 3ds Max', un pour tracer vos plans comme Autocad et un pour monter vos photomontages et retoucher vos images comme Photoshop. Vous vous simplifiez la vie en utilisant le bon logiciel et les bons outils mis à votre disposition sur un même espace de travail.

Triptyque

Perspective

Plan

Il est bien ici question d'« outils », au service de la création : dans tous les cas, vous devrez intervenir en tant qu'artiste et non comme l'assistant d'une machine. Si la rigueur et la rapidité d'exécution seront décisives pour une intégration optimale dans les cabinets d'architecture intérieure, gardez à l'esprit que chaque manipulation fait également appel à votre sens artistique.

J'ai commencé avec Photoshop 4, il y a une dizaine d'années, et aujourd'hui cette version répond toujours à mes besoins. Les nouvelles versions fonctionnent sur les mêmes bases, et n'apportent que quelques améliorations dans la présentation des interfaces, la taille des palettes à l'écran ou le diamètre des outils, qui a été revu à la hausse. La réelle innovation vient de l'animation, avec insertion possible d'une séquence vidéo. Cependant, il est nécessaire de posséder un ordinateur doté d'un moteur assez puissant pour actionner ces nouveautés.

Ambiance

Avant-projet pour un jardin d'hiver. L'avantage d'un triptyque assemblé avec Photoshop est, grâce à une présentation à la fois rigoureuse et harmonieuse, de mettre en valeur tous les ingrédients du projet tout en donnant une idée immédiate de l'atmosphère générale (ici très lumineuse et chaleureuse) imaginée par le concepteur. Toutes les techniques utilisées pour la réalisation de tels triptyques sont développées dans les trois parties de ce livre.

Après douze ans de pratique, mon plaisir n'a cessé de croître. Je souhaite sincèrement qu'il en soit de même pour vous une fois passé le cap de l'apprentissage et de l'acquisition des réflexes. Il est possible de réaliser un support informatique pour appliquer la colorisation, et vous serez peut-être tenté de passer sur une tablette graphique pour retrouver les sensations artistiques du crayon ou du pinceau. J'ai testé cette option, mais si pour vous aussi le dessin à la main est unique et une passion que rien ne pourra remplacer, le plaisir ne sera pas le même ! Quoi qu'il en soit, n'oublions pas qu'une image bien dessinée est la moitié de la réussite. Pour le reste, Photoshop prend la main.

Avertissement

Ce livre a été entièrement réalisé avec Photoshop. Toutes les procédures expliquées dans cet ouvrage sont valables à la fois sur PC et Mac. Quand des différences existent, l'auteur a pris soin de les indiquer.

Partie 1

Les fonctions

Les fonctions correspondent à un ensemble d'éléments prédéfinis (comme les outils, les sélections, etc.), et permettent à l'utilisateur d'accomplir des manipulations précises et adaptées au dessin, au photomontage ou à la retouche d'images.

Cette partie les met en situation et en explique le fonctionnement pour faciliter votre approche du logiciel : son environnement, ses capacités opérationnelles et les perspectives multiples (le panel d'actions) qu'il offre.

Au fil de ces pages, le mode de fonctionnement du logiciel sera analysé et expérimenté afin de vous permettre de reproduire les exercices proposés et de prendre les commandes de cet outil graphique exceptionnel. Destiné à éclairer vos attentes et à y répondre, cette partie vous assurera un gain de temps certain et une entrée en matière confortable pour éviter toutes les mauvaises interprétations du logiciel.

L'espace de travail / Les options les plus utilisées

Vous pourrez personnaliser votre espace de travail, c'est-à-dire votre écran, pour une organisation des fenêtres correspondant à vos besoins. Des principes de base vous guideront dans votre démarche :

- Créer son espace, effectuer sa propre sélection permet d'être plus à l'aise et d'acquérir des réflexes.
- Choisir, dans le menu Fenêtre, les options indispensables à l'élaboration d'un ouvrage aide à suivre le déroulement des actions.
- Adapter l'espace de travail aux exigences et aux besoins permet une grande aisance de manipulation.
- Simplicité, rapidité et efficacité seront les mots clefs du succès.

Pour bien commencer, il est essentiel de ne pas se perdre dans toutes les options proposées et de faire les bons choix pour être en harmonie avec son environnement. Vous trouverez ci-contre les options les plus utilisées, sachant que leur activation affiche la fenêtre correspondante à l'écran.

Vous pourrez enregistrer votre espace de travail, c'est-à-dire la disposition des palettes sur votre écran, en allant dans la Barre des menus›Fenêtre›Espace de travail›Enregistrer l'espace de travail.

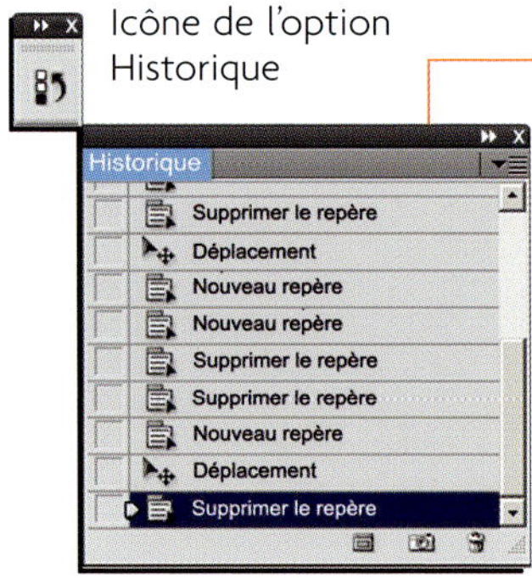

Icône de l'option Historique

HISTORIQUE

L'option historique recense la liste des actions que vous entreprenez. Elle permet donc de revenir sur les opérations précédentes et de modifier l'évolution de la réalisation. Pour afficher à l'écran la fenêtre Historique, dans la Barre des menus, cliquez sur Fenêtre›Historique.

Vous pouvez indiquer le nombre d'étapes à supprimer pour remonter à une phase antérieure de votre travail. Pour cela, allez dans Edition›Préférences›Performances des fichiers et renseignez la case Etats d'historique (sur PC) ou dans Photoshop›Préférences›Général, puis cliquez sur Performances et renseignez la case Etats d'historique (sur Mac). Indiquez un chiffre entre 0 et 50 (ce dernier étant optimal) en sachant que celui-ci peut ralentir votre travail. Le raccourci clavier Ctrl + Z (sur PC) ou Cmd + Z (sur Mac) permet de remonter à l'action précédente. Ctrl + Alt + Z (sur PC) ou Cmd + Alt + Z (sur Mac) permet de remonter dans la liste des opérations.

BARRE DES MENUS

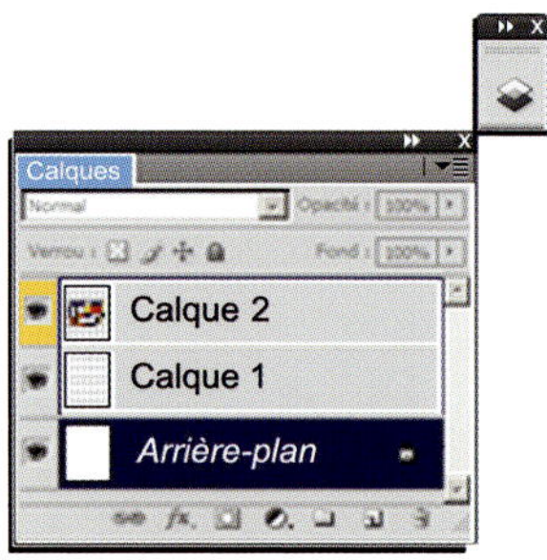

CALQUE

L'option Calque est indispensable à la gestion de votre travail. Pour l'activer, dans la Barre des menus, cliquez sur Fenêtre›Calque. Le calque est un support transparent sur lequel on peut dessiner ou importer une image préexistante.

RÈGLES

L'option Règles permet d'avoir en permanence les dimensions en centimètres de votre dessin. C'est un guide et un outil précieux pour l'exécution et la création d'un espace coté. Dans la Barre des menus, cliquez sur Affichage›Règles.

La fenêtre de l'option Informations une fois réduite. En cliquant sur la barre de titre, la fenêtre s'agrandit.

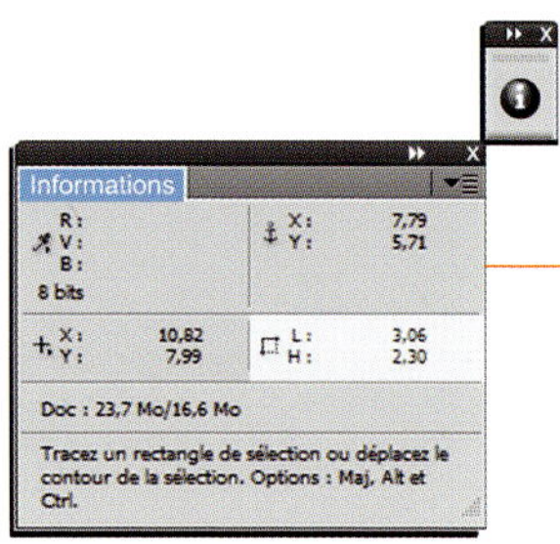

INFORMATIONS

L'option Informations affiche les dimensions précises de l'objet sélectionné. Pour l'activer, dans la Barre des menus, cliquez dans Fenêtre›Informations. Toutes les figures géométriques peuvent être dimensionnées au millimètre près. Le « L : » donne la largeur et le « H : » la hauteur de votre objet.

BARRE D'OUTILS

La barre d'outils recense tous les outils disponibles et s'affiche à la gauche de l'écran. Pour l'activer, dans la Barre des menus, allez dans Fenêtre›Outils.

L'espace de travail / Taille de la zone de travail et de l'image

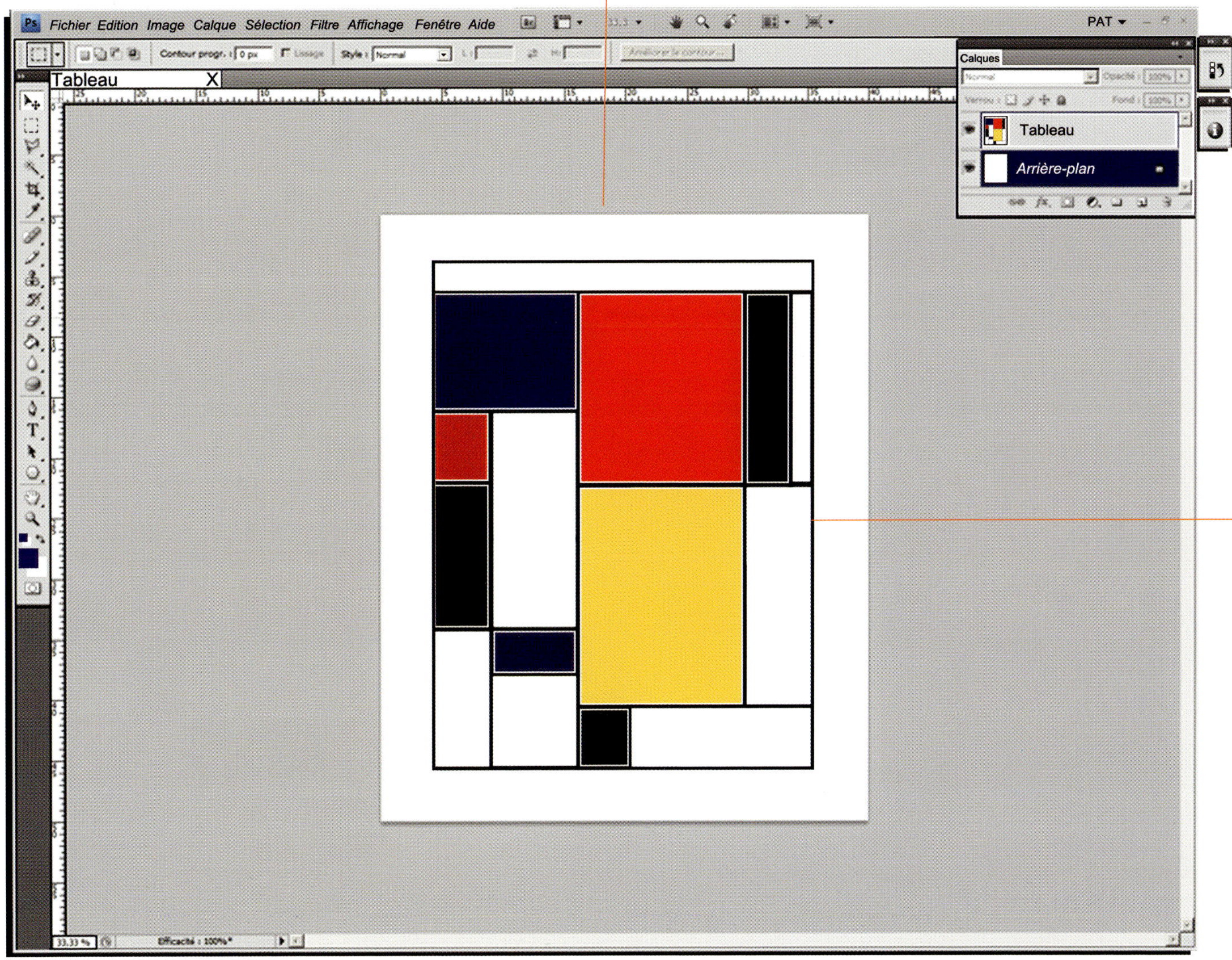

Dans votre espace de travail, le principe qui doit régir l'affichage des différentes fenêtres est la lisibilité de façon à ne pas gêner votre zone de travail.

ZONE DE TRAVAIL

Il vous est possible de modifier les dimensions de votre zone de travail. Si vous l'agrandissez, vous ne changerez pas la taille de l'image. En revanche, si vous réduisez la taille de la zone de travail, votre image pourra être rognée si elle est plus grande. Dans ce cas, un message d'alerte s'affichera. Vérifiez bien les deux tailles et adaptez-les en conséquence.
Pour agrandir la zone de travail, allez dans Image›Taille de la zone de travail... Une boîte de dialogue apparaît. Dans la section Nouvelle taille, il est possible d'orienter en cliquant sur les flèches la direction de l'agrandissement.
Pour réduire la zone de travail autour de l'image, dans la Barre des menus, allez dans Image›Recadrer.

IMAGE

Lorsque vous modifiez la taille de l'image, la totalité du document (image et zone de travail) est affectée.

Plusieurs présentations sont possibles afin de respecter les dimensions et l'orientation de votre espace de travail. Si votre image se présente sous une forme horizontale, choisissez paysage et si elle se présente verticalement, choisissez portrait.

MODE PORTRAIT OU PAYSAGE

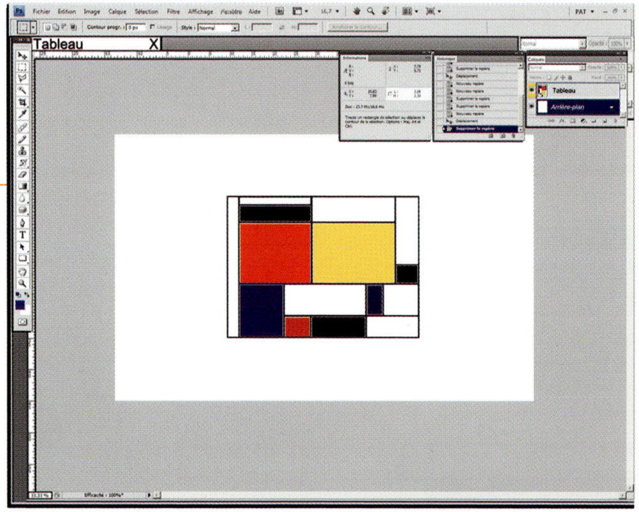

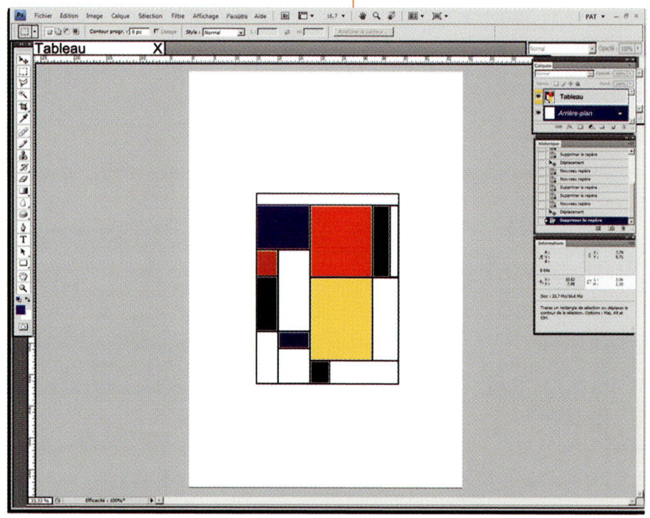

En fonction des dimensions indiquées à la création d'un nouveau document, votre image est présentée en mode portrait ou paysage. Il s'agit d'une appellation utilisée dans le langage courant et lors de l'impression.
Afin d'optimiser votre espace, vous devrez gagner un maximum de place sur votre écran. Pour avoir des repères et élargir la surface dédiée à votre tâche, placez les palettes des options (Historique/Calques/Informations) en haut contre la Barre des menus en format paysage ou à droite de votre écran en mode portrait. Les palettes peuvent se magnétiser entre elles. Ainsi elles se déplacent, s'ouvrent et se ferment plus facilement.
Par ailleurs, dans le menu Affichage, l'option Mode d'affichage permet de sélectionner le mode qui vous convient.

MODE STANDARD

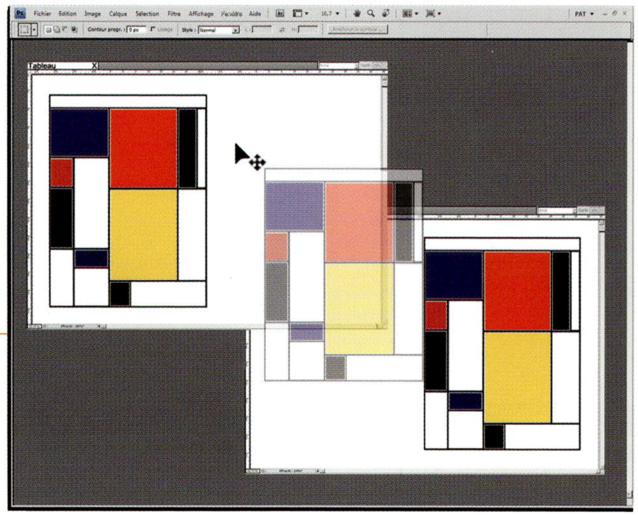

Il permet de déplacer le document dans l'espace de travail et d'accéder aux autres documents déjà ouverts. Lorsque vous ouvrez deux documents, vous pouvez faire glisser une image d'une fenêtre à une autre.

MODE PLEIN ÉCRAN

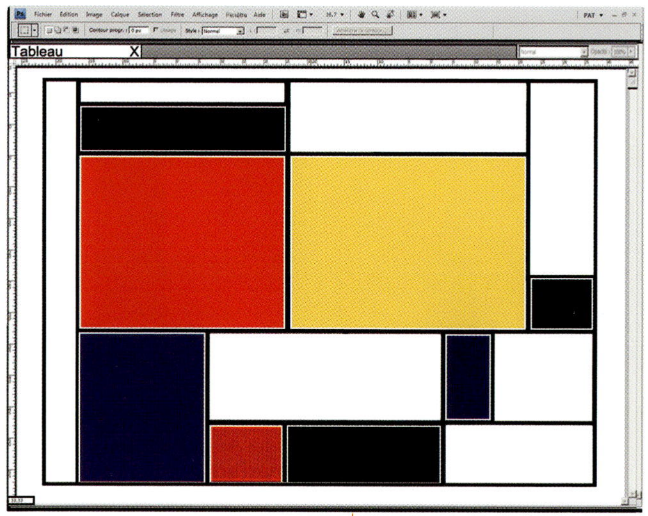

Il permet d'avoir la totalité du document à l'écran et de profiter ainsi de tout l'espace mis à votre disposition.

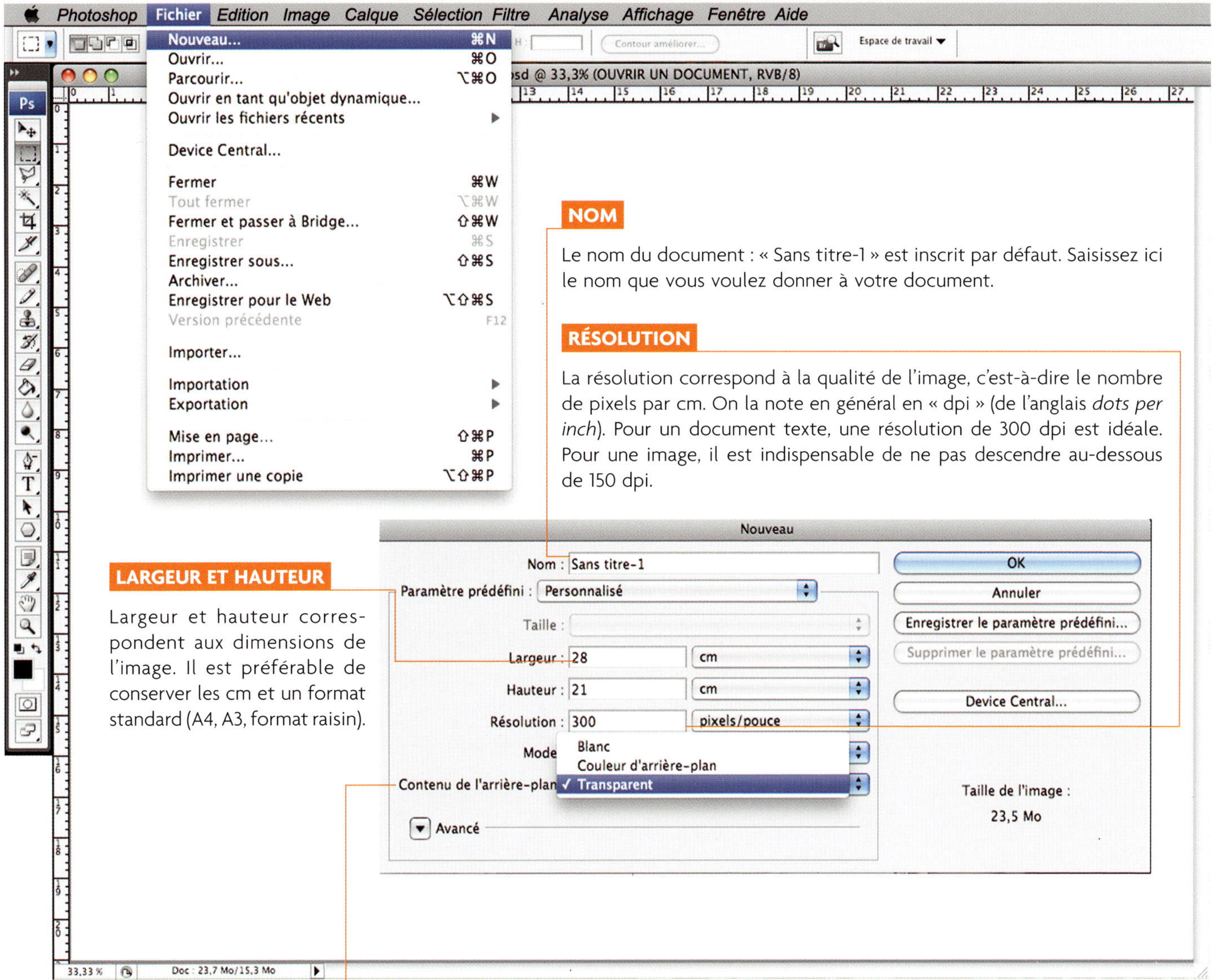

NOM

Le nom du document : « Sans titre-1 » est inscrit par défaut. Saisissez ici le nom que vous voulez donner à votre document.

RÉSOLUTION

La résolution correspond à la qualité de l'image, c'est-à-dire le nombre de pixels par cm. On la note en général en « dpi » (de l'anglais *dots per inch*). Pour un document texte, une résolution de 300 dpi est idéale. Pour une image, il est indispensable de ne pas descendre au-dessous de 150 dpi.

LARGEUR ET HAUTEUR

Largeur et hauteur correspondent aux dimensions de l'image. Il est préférable de conserver les cm et un format standard (A4, A3, format raisin).

CONTENU DE L'ARRIÈRE-PLAN

Contenu de l'arrière-plan permet de choisir le support du document.

Pour commencer à travailler sur un projet, vous devez créer un nouveau document. Pour ce faire, il vous suffit d'aller dans la Barre des menus, puis de cliquer sur Fichier›Nouveau. Un raccourci clavier est également possible : Ctrl + N (sur PC) ou Cmd + N (sur Mac).

À l'ouverture d'un document, une boîte de dialogue s'affiche et propose différents paramètres à remplir (voir Fig. ci-contre). Renseignez les informations demandées afin de paramétrer votre document.
Une fois que vous avez renseigné toutes les cases, cliquez sur OK pour ouvrir le document.
Une fois que vous aurez travaillé dans votre nouveau document, pensez à enregistrer votre travail. Pour cela, dans la Barre des menus, cliquez sur Fichier›Enregistrer. Vous pouvez aussi choisir le raccourci clavier : Ctrl + S (sur PC) ou Cmd + S (sur Mac).
L'option Enregistrer sous permet de copier le document dans un autre fichier, de le renommer et de l'enregistrer sous un autre format. Le raccourci clavier équivalent est : Maj + Ctrl + S (sur PC) ou Maj + Cmd + S (sur Mac).

Créer un document / Choix de l'arrière-plan

À l'ouverture d'un nouveau document, il vous sera possible de choisir le type d'arrière-plan.
Trois supports d'images se présentent : blanc, couleur d'arrière-plan et transparent.

BLANC

Le fond sera de couleur blanche et le support se nommera « Arrière-plan » dans la palette Calques.

COULEUR D'ARRIÈRE-PLAN

Le fond sera de la couleur choisie au préalable dans la Barre d'outils (voir p. 32).

TRANSPARENT

Le fond sera dépourvu de couleur et le support sera nommé « Calque 1 » dans la palette Calques. Il sera représenté par un quadrillage gris, symbole d'un espace sans aucune couleur ni matière. Cette solution est la plus utilisée.

CRÉER UN CALQUE

À l'ouverture du document, il est préférable de créer un nouveau calque pour ne pas travailler directement sur l'« arrière-plan ». Dans la palette Calques, cliquez sur l'icône Créer un calque située à gauche de celle de la Corbeille. Pour créer un nouveau calque, vous pouvez aussi cliquer sur l'icône située en haut à droite de la palette, puis choisir Nouveau calque. Une boîte de dialogue vous permettra de nommer le calque et de lui donner une couleur de repérage (voir p. 21). L'objet qui figure sur le calque est également représenté en miniature dans la vignette.

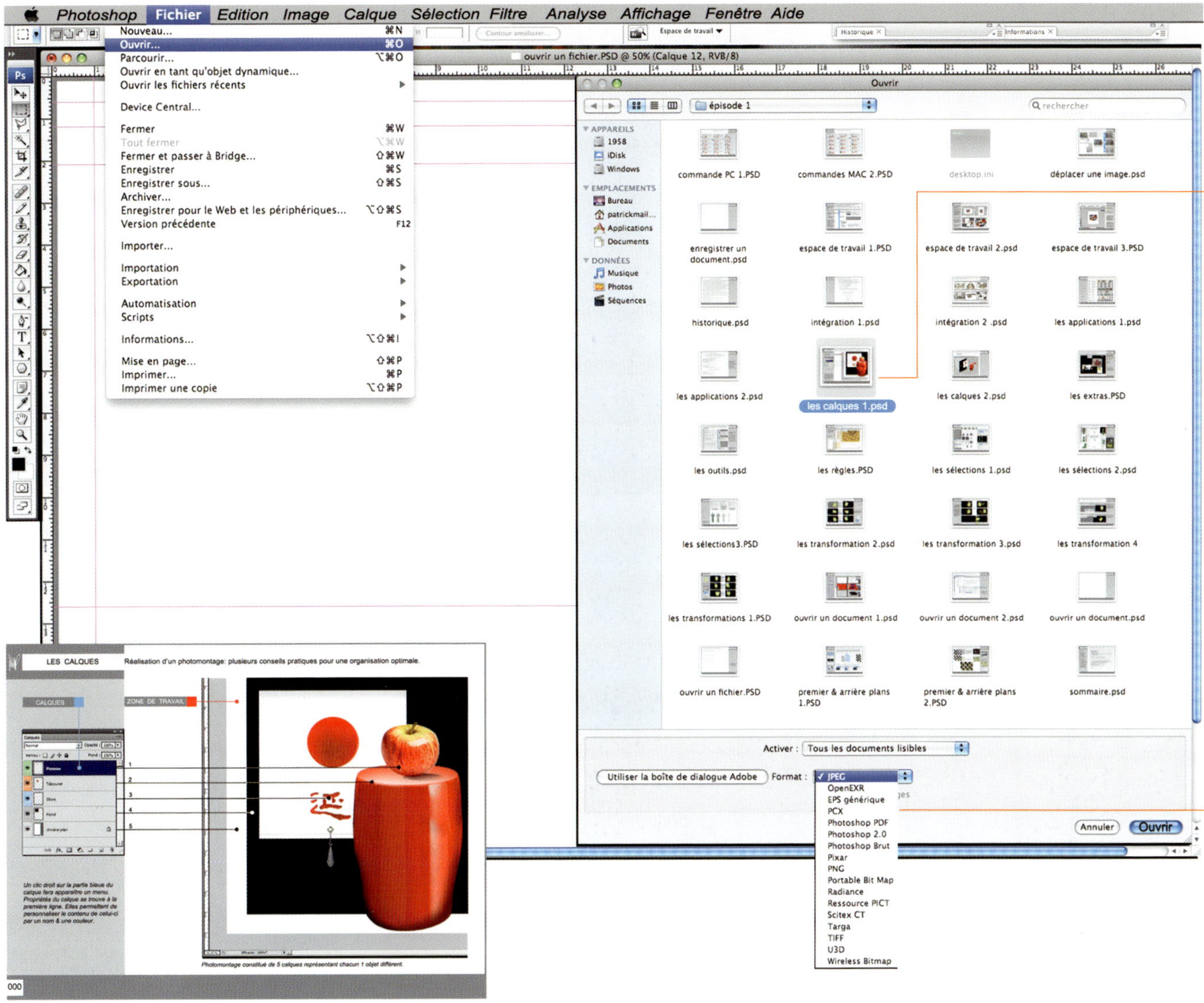

Pour ouvrir un document, vous devez aller dans la Barre des menus, puis cliquer sur Fichier›Ouvrir. L'ouverture d'un fichier peut aussi s'effectuer à l'aide du raccourci suivant : Ctrl + O (sur PC) et Cmd + O (sur Mac).

Une boîte de dialogue Ouvrir s'affiche. Si vous cliquez sur la vignette d'un document, elle se mettra en surbrillance pour faciliter son repérage.

MENU FORMAT

Ce menu permet de sélectionner les formats par type : PSD, JPEG...

La taille du document correspond au nombre de pixels et apparaît à droite du menu déroulant Format :

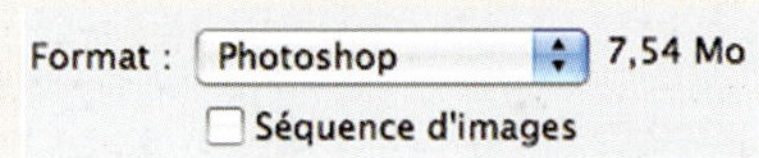

Présentation des outils et options

Voici quelques exemples d'outils et d'options parmi les plus utilisés lors de la réalisation d'un photomontage ou d'une image représentée en perspective.

1 CRÉER UNE BIBLIOTHÈQUE

Il s'agit de créer un dossier nommé « Bibliothèque », puis des sous-dossiers nommés par genre.

2 CHOISIR UN OUTIL

Dans la Barre des menus, aller dans Fenêtre›Outils. Dans la Barre d'outils, cliquer sur Crayon.

3 EFFECTUER UNE SÉLECTION

Dans la Barre d'outils, cliquer sur Sélection.

4 TRANSFORMER UN DESSIN OU UNE IMAGE

Dans la Barre des menus, aller dans Edition›Transformation.

5 APPLIQUER ET PARAMÉTRER LES COULEURS

Dans la Barre des menus, aller dans Fenêtre›Couleur.

6 APPLIQUER UN FILTRE

Dans la Barre des menus, aller dans Filtre.

7 MODIFIER UNE IMAGE

Dans la Barre des menus, aller dans Image.

8 CRÉER ET MODIFIER UN TEXTE

Dans la Barre d'outils, cliquer sur l'icône Texte (T).

1
a) Matières (à l'intérieur, sous-dossiers classés par type : bois, verre...)
b) Meubles (canapés, tables)
c) Luminaires (appliques, lustres)
d) Accessoires (sculptures, tableaux)

2
a) Crayon (de différentes formes, opacité)
b) Tampon (duplication avec cible)
c) Pipette (détection de la couleur d'un pixel)
d) Gomme (de différentes formes, opacité)

3
a) Option (Mémoriser la sélection)
b) Formes (ellipse, rectangle)
c) Outil Lasso (polygonal, magnétique)
d) Outil Baguette magique

4
a) Transformations (homothétie...)
b) Symétrie (axe vertical...)
c) Rotations (antihoraire...)
d) Déformation (toutes les directions...)

5
a) Outil Pot (remplissage...)
b) Balance des couleurs (modifications...)
c) Dégradés (formes...)
d) Niveaux (courbes...)

6
a) Textures (grain, placage...)
b) Déformations (cisaillement, onde...)
c) Contours (accentués...)
d) Rendus (éclairage, halo...)

7
a) Format (pixels...)
b) Recadrer (dimensions...)
c) Rotations (horaire, antihoraire...)
d) Rognage (ajuster...)

8
a) Polices (corps, lissage...)
b) Déformations (arc, coquille...)
c) Options de fusion (ombre portée...)
d) Transformation (manuelle...)

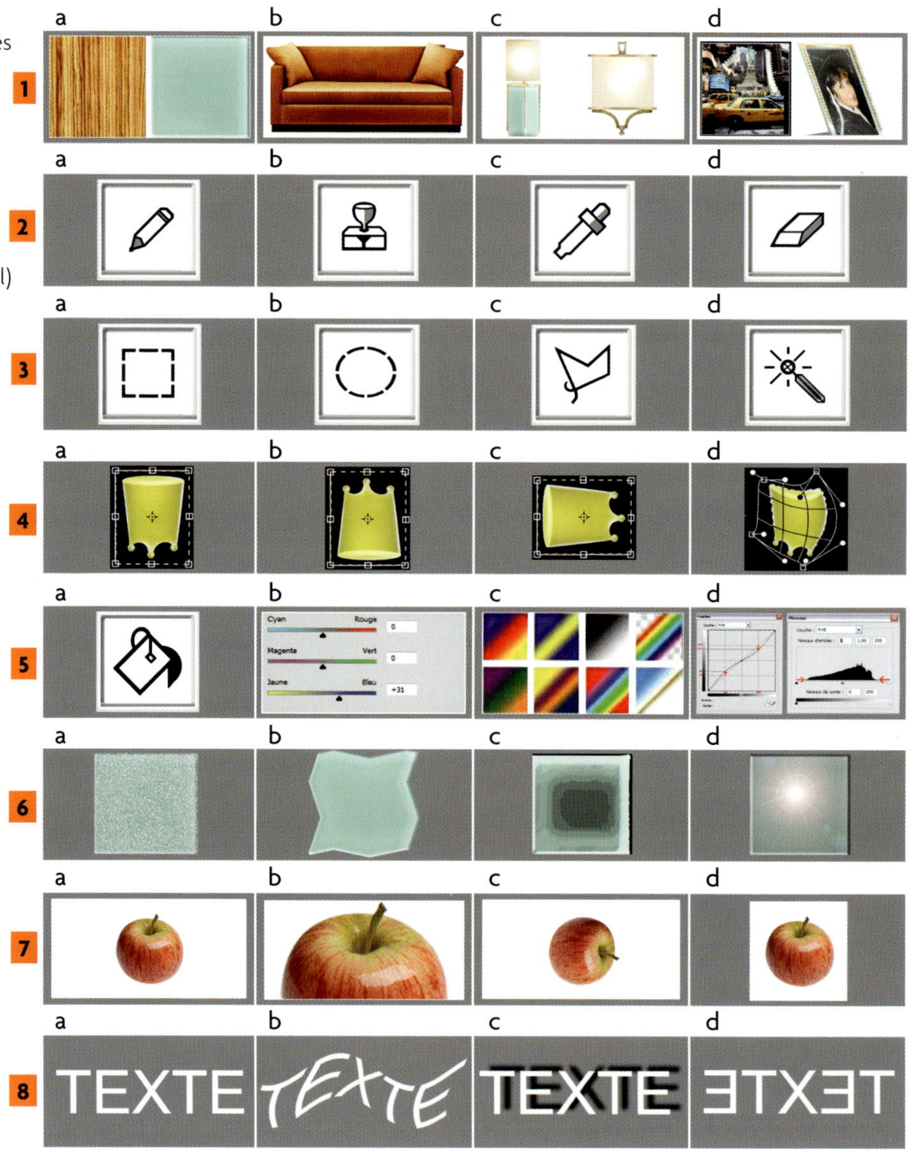

La Barre d'outils est indispensable à la création et à la retouche d'images. Elle permet plusieurs actions ou opérations.

Les outils affichés sur fond bleu, très souvent utilisés, sont indispensables à la réalisation de dessins ou à la retouche d'images.

DÉPLACEMENT Il sert à faire bouger un calque dans toute la zone de travail.

RECTANGLE DE SÉLECTION Il aide à délimiter une zone ou à créer une forme géométrique.

LASSO POLYGONAL Il permet de sélectionner un objet en s'adaptant au plus près de sa forme.

BAGUETTE MAGIQUE Il aide à sélectionner une ou plusieurs couleurs.

PIPETTE Il détermine la couleur d'un pixel sélectionné en plaçant l'outil sur la couleur.

CRAYON Il sert à dessiner et propose différentes tailles de mines ainsi que des motifs présélectionnés. Il est aussi possible de créer ses propres motifs.

TAMPON Il duplique une zone point par point.

GOMME Il efface ou estompe une couleur ou une image.

PLUME Il aide à sélectionner de façon rapide ou à créer une sélection point par point (voir p. 23). La sélection a la particularité de pouvoir être modifiée à volonté grâce aux poignées.

TEXTE Il permet de créer des typographies différentes et de leur intégrer de la lumière et des ombres.

MAIN Il sert à déplacer l'image dans la zone de travail.

LOUPE Il agrandit ou réduit la zone de travail.

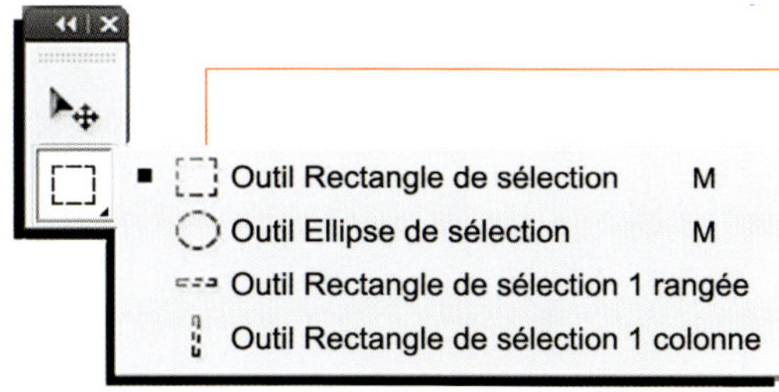

MENU DÉROULANT

Certains outils présentent un menu déroulant renfermant d'autres options. Cliquez sur la flèche située en bas à droite de l'icône pour dérouler la liste de ces options. Elles sont adaptées à la complexité de l'objet.

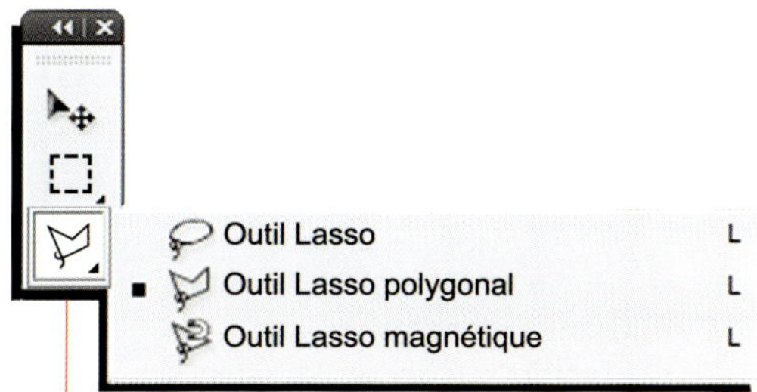

LASSO

L'outil **Lasso** permet de faire une sélection rapide d'un objet en un clic.
L'outil **Lasso polygonal** permet de se rapprocher plus près de l'objet et de le contourner en plusieurs étapes, en cliquant puis en relâchant.
L'outil **Lasso magnétique** se révèle très utile pour sélectionner une surface unie. Il est magnétisé à la couleur choisie.

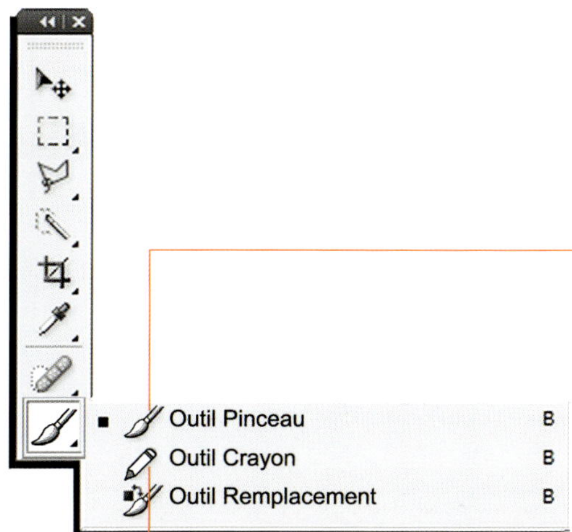

PINCEAU

L'outil Pinceau sert essentiellement à appliquer, remplir ou créer des effets de peinture à l'aide de motifs préenregistrés.

CRAYON

L'outil Crayon permet de dessiner en utilisant différentes options de tracé.

Les calques

Un calque est un support vierge sur lequel on peut appliquer une matière (dessin ou image). Son atout principal réside dans sa transparence. Ainsi, si vous placez un deuxième calque sous le premier, vous pourrez le voir par transparence. Si vous intégrez une image à chaque calque, vous pourrez les superposer. La palette Calques permet de gérer l'ensemble des calques.

CALQUE

Effectuez un clic droit sur la partie bleue du calque pour faire apparaître un menu contextuel.
À la première ligne du menu contextuel, l'option Propriétés du calque permet de personnaliser son contenu en lui donnant un nom et une couleur de repérage (icône Œil colorée).

Les icônes de la palette les plus fréquemment utilisées sont :

- Lier les calques : elle permet de les associer (voir icône a).
- Ajouter des options de fusion : par exemple Ombre portée, Lueur interne (voir icône b).
- Créer un groupe : ranger les calques dans un même dossier (voir icône c).
- Créer un calque (voir icône d).
- Supprimer le calque : en l'envoyant dans la Corbeille (voir icône e).

PALETTE CALQUES

ICÔNE ŒIL

Elle permet d'activer ou de désactiver le calque. En désactivant un calque, vous pourrez voir à l'écran celui qui se trouve derrière.

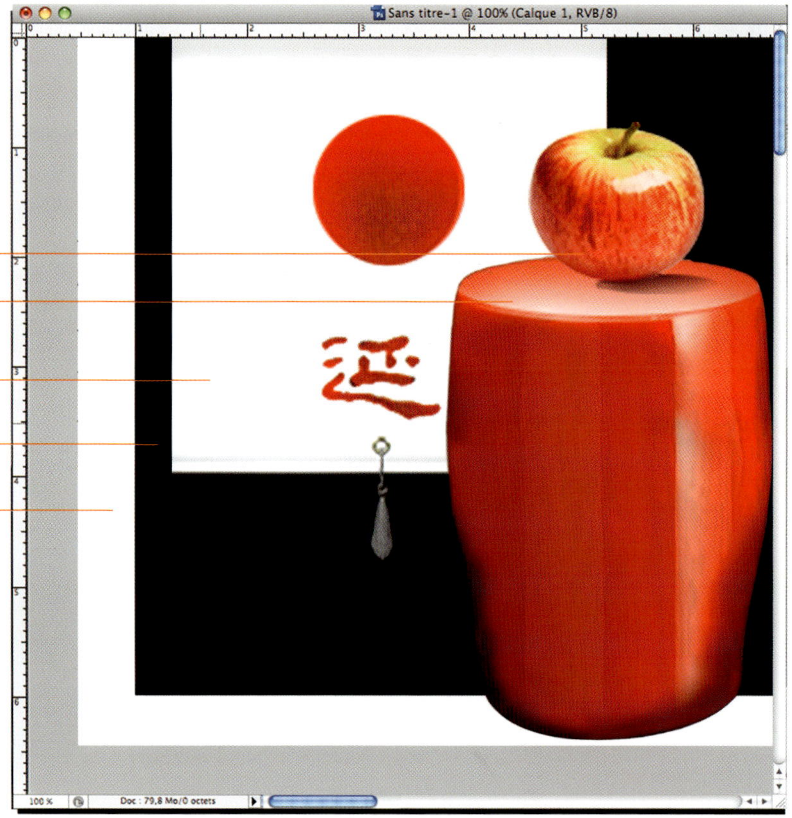

Photomontage constitué de cinq calques représentant chacun un objet différent

NOM DU FICHIER

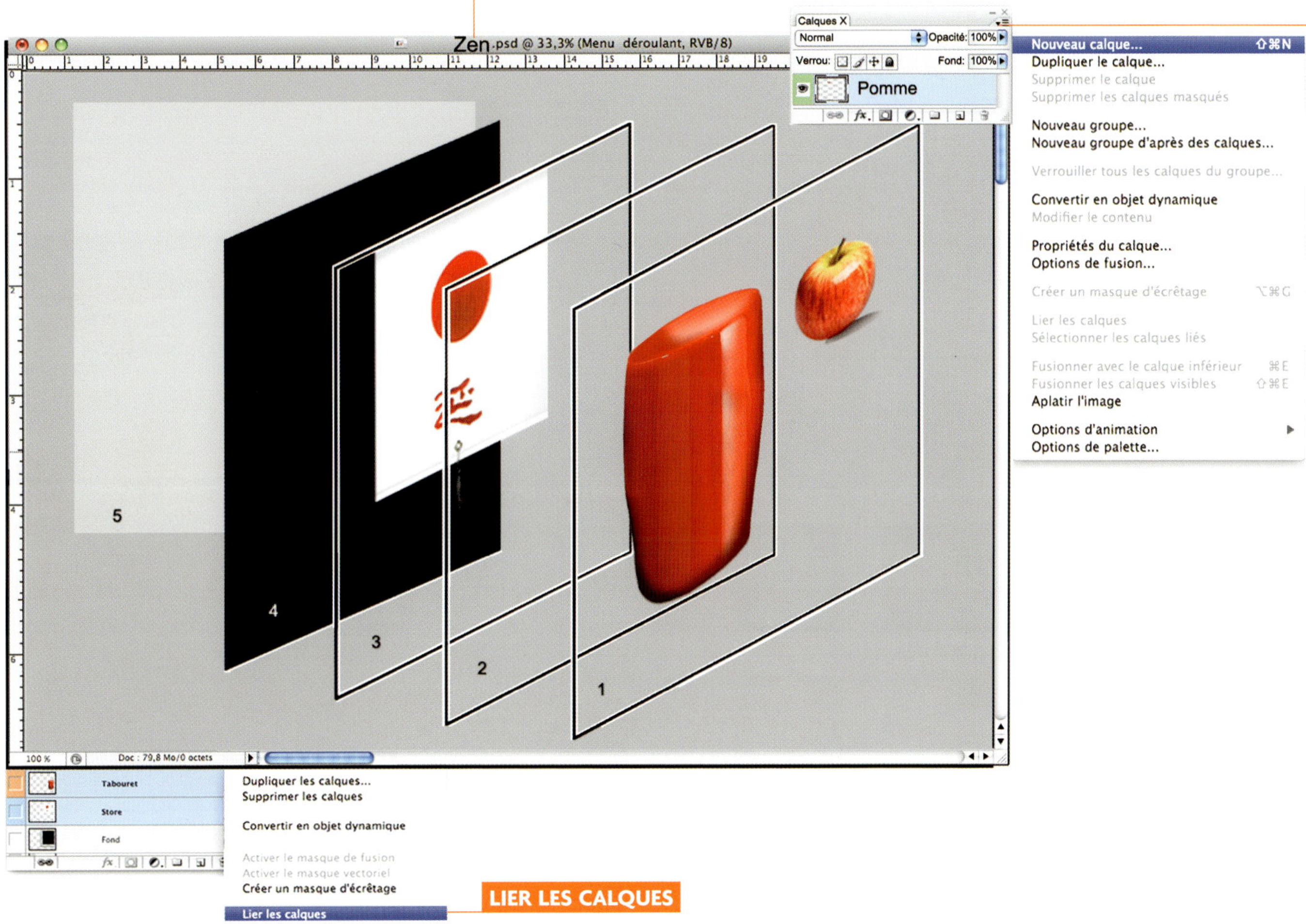

LIER LES CALQUES

Pour lier plusieurs calques entre eux, deux possibilités s'offrent à vous :

- enfoncez la touche Maj (sur PC) ou Cmd (sur Mac). Effectuez un clic gauche sur les calques dans la palette Calques pour les sélectionner, puis cliquez droit pour obtenir le menu déroulant. Choisissez Lier les calques ;
- sélectionnez un calque en cliquant dessus dans la palette Calques, puis appuyez sur la touche Ctrl du clavier sur PC (ou Cmd sur Mac) et cliquez sur un deuxième calque dans la fenêtre pour les sélectionner. Enfin, cliquez sur l'icône Lier les calques en bas de la fenêtre Calques.

Pour annuler provisoirement la liaison de deux ou plusieurs calques, enfoncez la touche Maj (ou Cmd) et cliquez en bas de la palette Calques, sur l'icône Lier les calques.

Le schéma ci-dessus illustre l'ordre de superposition des calques dans la zone de travail.

Comme vous pouvez superposer les calques, les objets sont indépendants les uns des autres. Vous pourrez lier ou dissocier les calques entre eux grâce à l'option Lier les calques (voir icône a, p. 20), contrairement à la fusion qui les transformera en un seul calque.

CRÉER UN CALQUE

En cliquant sur la flèche située en haut à droite de la palette Calques, le menu déroulant s'affiche et permet de créer un nouveau calque.

MODIFIER L'ORDRE DES CALQUES

La position des calques peut être modifiée à tout moment. Pour cela, dans la palette Calques, cliquez sur le calque, puis déplacez-le par un glisser-déposer tout en maintenant le bouton de la souris enfoncé. Une ligne noire apparaîtra pour vous indiquer le nouveau positionnement de votre calque.

L'outil Sélection peut prendre plusieurs formes. Il vous suffira de faire votre choix dans la Barre d'outils en cliquant sur les outils proposés (Lasso polygonal, Baguette magique, etc.), puis de les manipuler à l'aide de la souris.

ENREGISTRER UNE SÉLECTION

Pour enregistrer votre sélection, allez dans la Barre des menus, puis dans Sélection›Mémoriser la sélection. Vous pourrez nommer la sélection dans la boîte de dialogue qui s'affiche.

RÉUTILISER UNE SÉLECTION

Pour réutiliser une sélection mémorisée, allez dans Sélection›Récupérer la sélection et cliquez sur celle de votre choix.

AJOUTER UNE OPTION

Allez dans Sélection›Modifier pour ajouter une option à votre sélection. L'option Cadre par exemple vous permettra de dédoubler un trait de façon rapide.

MODIFIER UNE SÉLECTION

Faites une sélection avec l'outil de votre choix. Puis faites un clic droit dans la sélection. Un menu s'affiche, choisissez Transformer la sélection. Faites un clic droit dans la sélection pour obtenir les options : Homothétie, Rotation (180°, 90° horaire et antihoraire), Torsion, Perspective, Déformation. Appuyez sur Entrée pour confirmer la transformation.

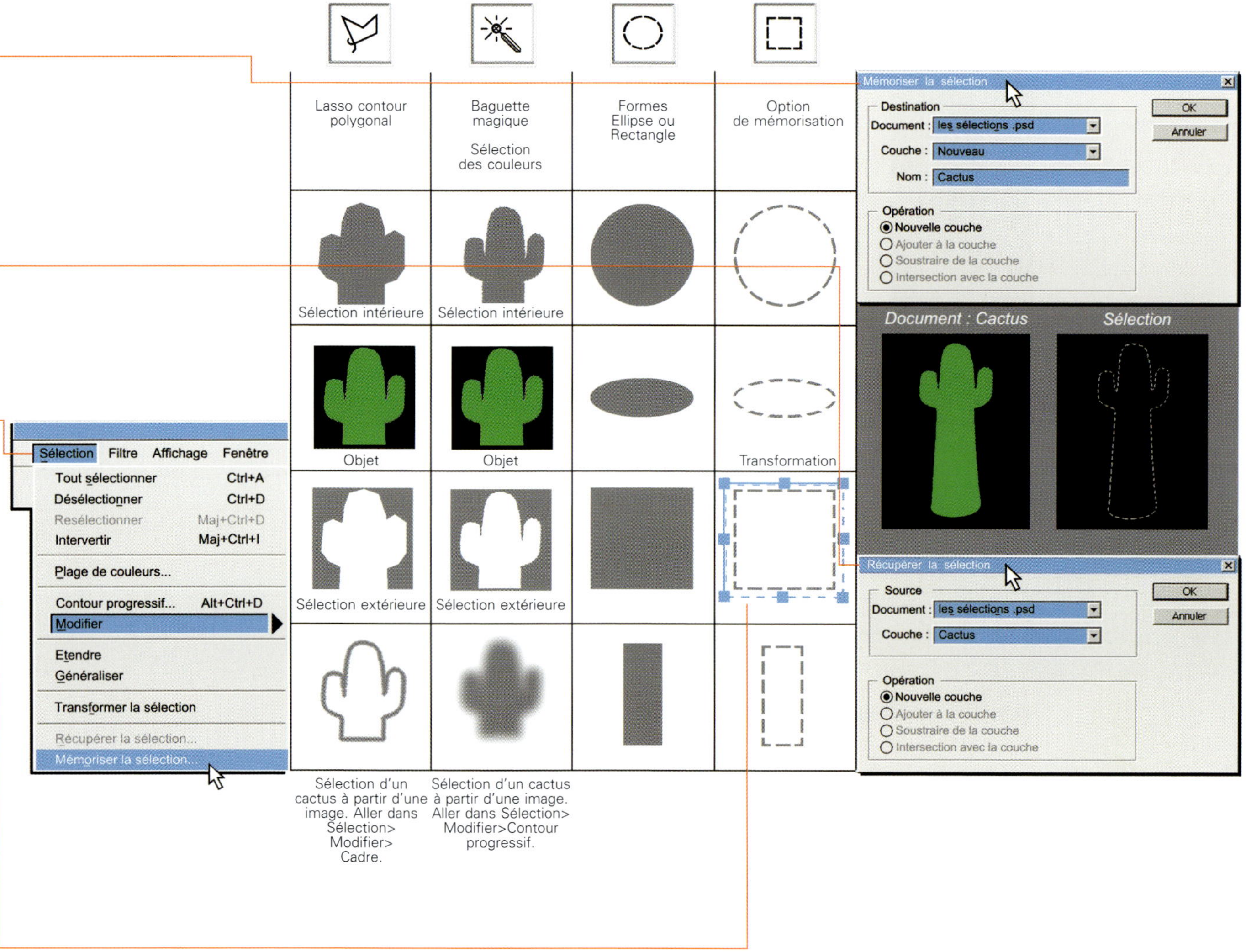

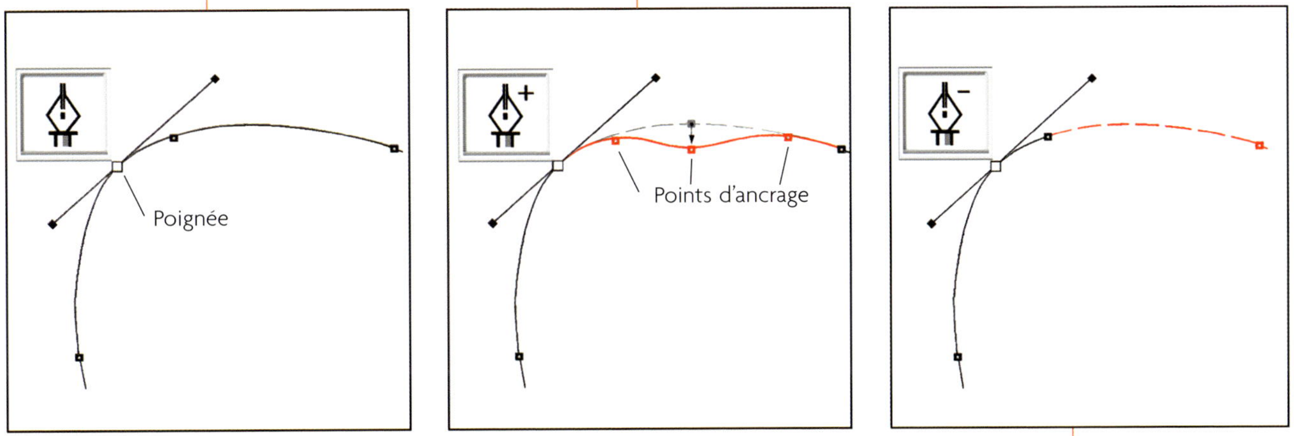

Métamorphose de la sélection

L'outil Plume sert à sélectionner de façon large ou à créer une sélection point par point. Vous pourrez modifier la sélection à volonté grâce aux poignées A et B qui permettent d'orienter la déformation.

Démonstration

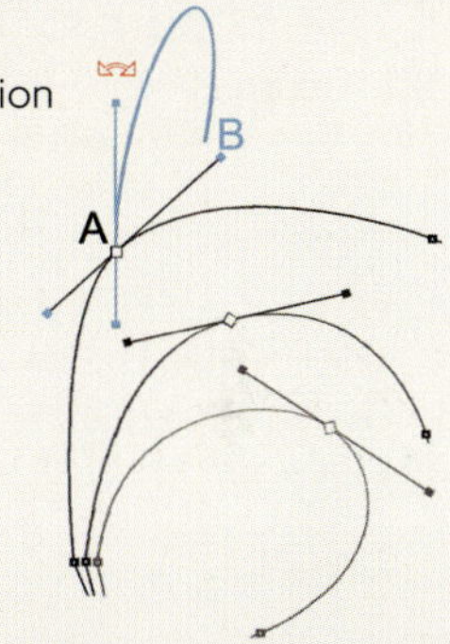

Le point A se trouve sur la ligne.
Le point B sert de poignée et permet de modifier la ligne.

OUTIL PLUME

Chaque clic correspond à un point d'ancrage. Lorsqu'ils sont mis bout à bout, ils forment une ligne continue.

OUTIL AJOUT DE POINT D'ANCRAGE

Dans la Barre d'outils, en cliquant sur l'outil Ajout de point d'ancrage, deux poignées apparaissent. Pour modifier la sélection, choisissez Ajout de point d'ancrage. Puis cliquez sur la ligne pour créer un point. Ensuite pour déplacer la ligne, cliquez sur une poignée et faites-la glisser en déplaçant la souris.

OUTIL SUPPRESSION DE POINT D'ANCRAGE

Pour supprimer un point, dans la Barre d'outils, choisissez l'outil Suppression de point d'ancrage et cliquez sur le point.

Les sélections / Le détourage

Les pointillés mobiles sont des lignes en pointillés qui paraissent se déplacer à l'écran. Ils s'affichent quand le curseur trace une forme et ils permettent ainsi de visualiser la sélection. Pour déplacer une sélection dans toutes les directions de façon très précise, il est préférable de cliquer sur la sélection puis d'utiliser les touches Flèches du clavier.

Pour sélectionner un objet (ici un cygne) afin de l'extraire de l'image, deux options se présentent à vous en fonction de l'arrière-plan :

- Si l'arrière-plan est un décor, entourez l'objet avec l'outil Lasso. Puis dans la Barre des menus, cliquez sur Sélection›Intervertir. Supprimez la zone entourée de pointillés en appuyant sur la touche Suppr du clavier.
- Si l'arrière-plan se compose d'une couleur unie, cliquez directement sur l'arrière-plan avec l'outil Baguette magique. Puis supprimez la zone entourée de pointillés en appuyant sur la touche Suppr du clavier.

Pour une meilleure intégration de l'image, affinez les contours de l'objet en gommant les pixels restants en périphérie. Pour cela, zoomez au maximum. Cliquez sur la Gomme et déplacez-la à l'aide de la souris. Une fois le nettoyage terminé, vous pourrez insérer l'objet dans un autre environnement avec l'outil Déplacement.

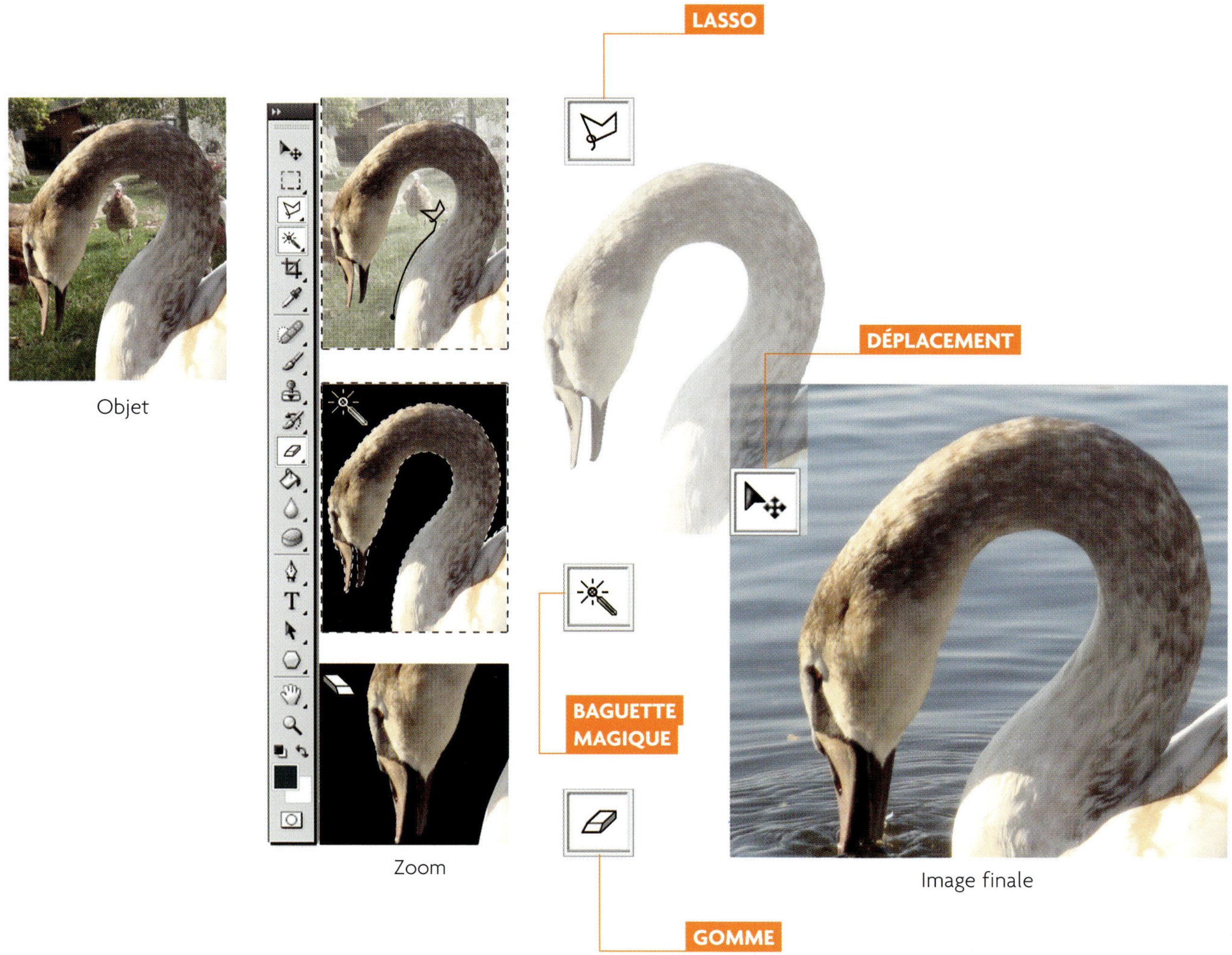

Objet

Zoom

Image finale

Déplacer une image

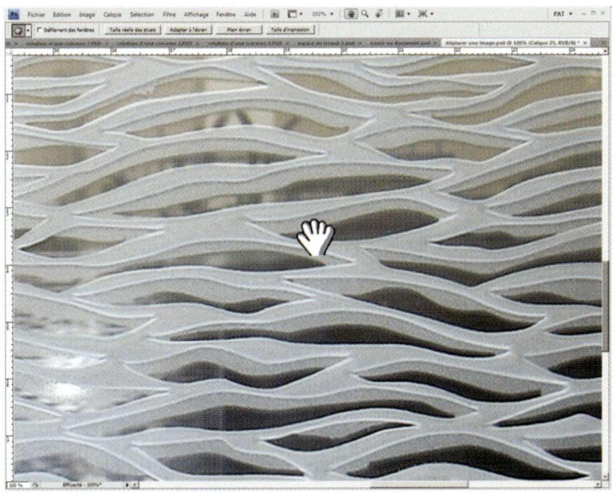

Pour déplacer un objet dans la zone de travail, plusieurs possibilités vous sont offertes.

1 OUTIL DÉPLACEMENT

C'est le plus fréquemment utilisé. Pour l'activer, cliquez sur son icône dans la Barre d'outils, puis employez les touches Flèches du clavier pour déplacer l'image dans la zone de travail.

2 OUTIL TRANSFORMATION

Il permet aussi de déplacer l'image. Pour l'activer, cliquez sur l'outil Sélection, puis cliquez du bouton droit et choisissez Transformation manuelle. Placez le curseur dans l'image pour déplacer l'image.

3 OUTIL MAIN

Il ne fonctionne qu'en mode Zoom, quand l'image déborde de la zone de travail. Il permet alors de se déplacer dans ladite zone.
Si l'image est en pleine page et en mode Zoom, vous pourrez utiliser les barres de défilement horizontales et verticales pour vous déplacer dans la zone de travail.

Les Règles

L'option Règles se situe dans le menu Affichage. Les règles sont graduées en centimètres et elles permettent de dimensionner le dessin.
Pour tracer un trait droit (horizontal ou vertical), il vous suffit d'enfoncer la touche Maj du clavier sur PC (ou Cmd sur Mac) et de déplacer la souris à partir de l'endroit que vous souhaitez.

Cette option se révèle utile à de nombreuses occasions :

- les planches d'ambiance ;
- le calibrage des images ;
- le collage ou le découpage ;
- la création de calepinages ;
- les cotations.

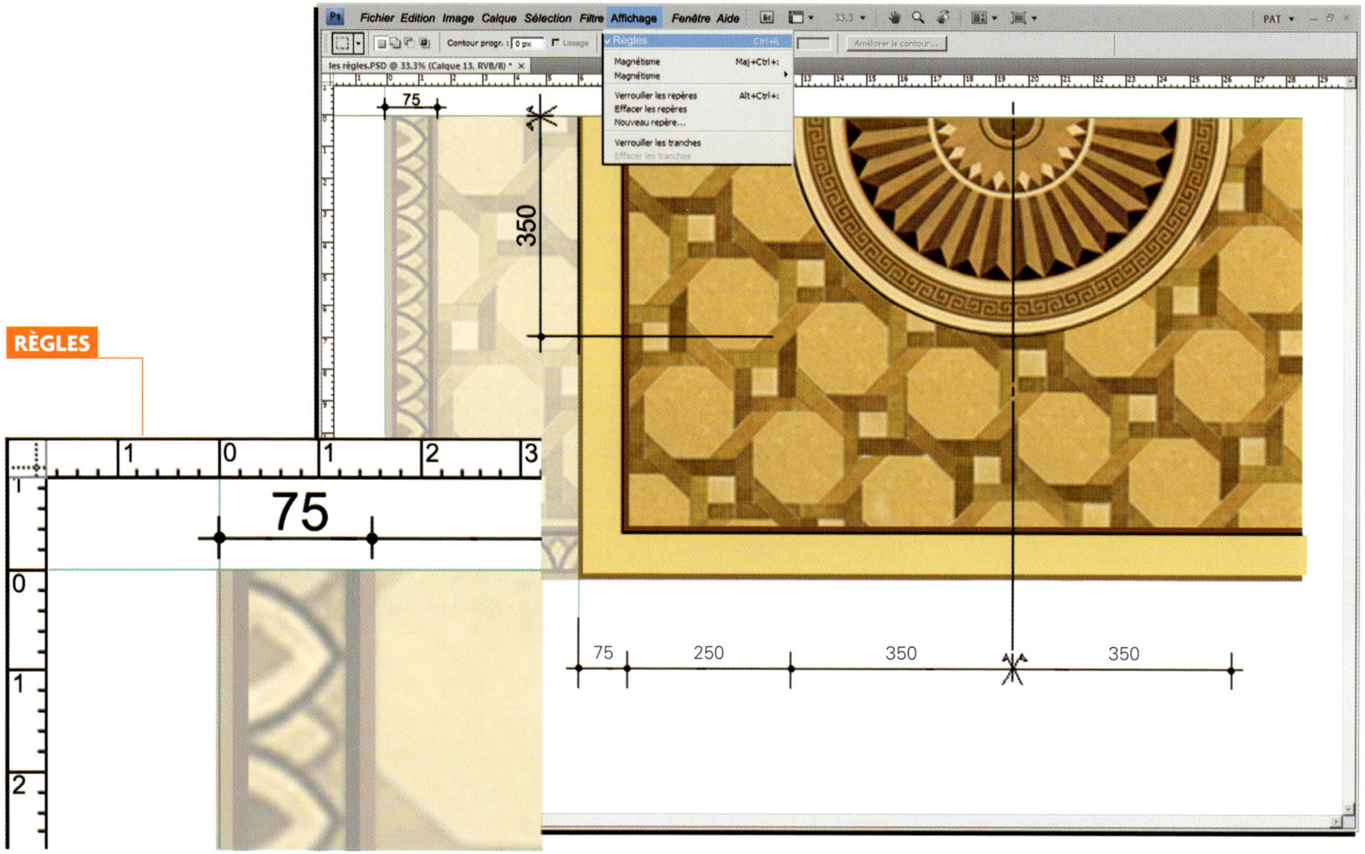

Zoom sur écran

Dessin échelle : 1/50 (2 cm pour 1 m)

MAGNÉTISME

Les Extras peuvent devenir magnétiques. Il vous suffit d'aller dans Affichage›Magnétisme›Repères. Les images viendront automatiquement se coller sur les Extras quand vous les approcherez.

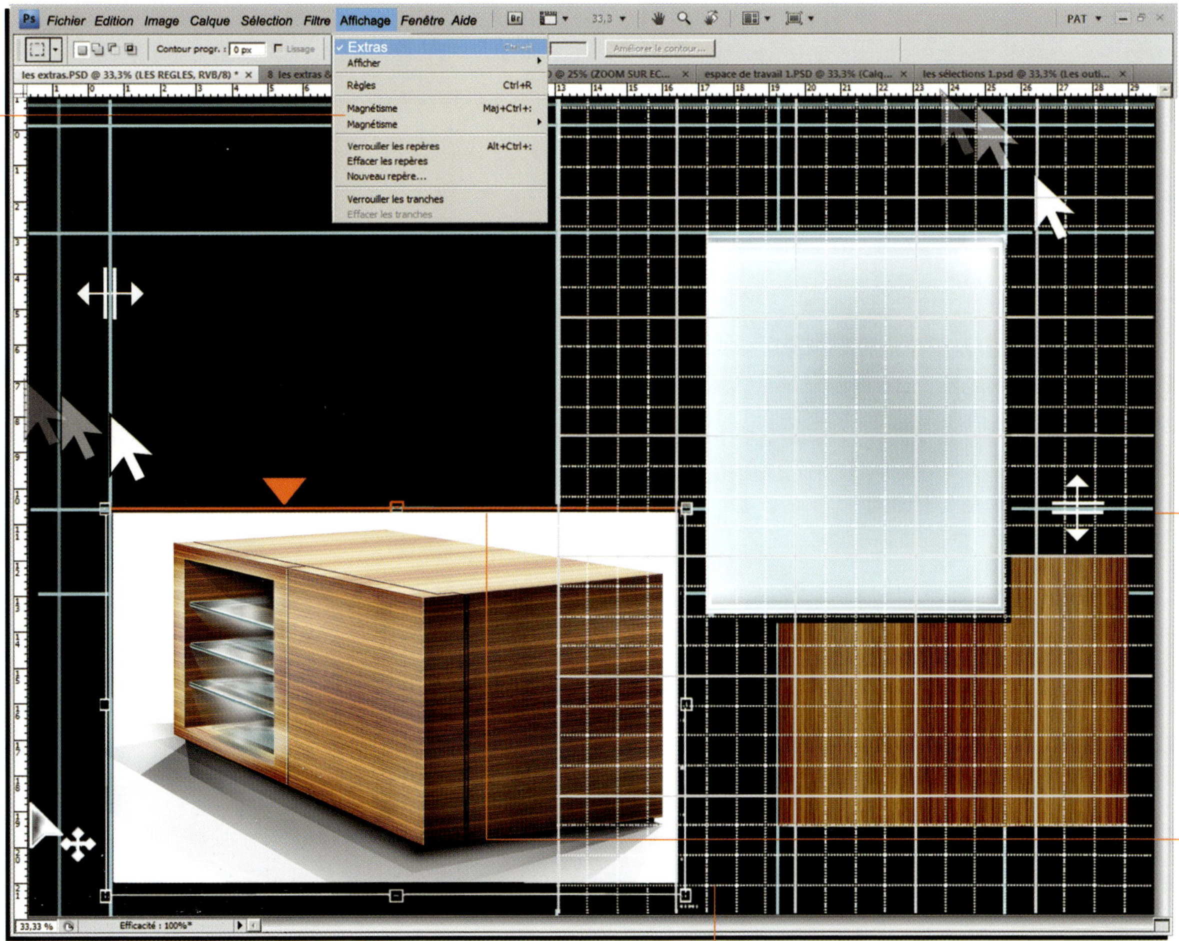

L'option Extras se situe dans le menu Affichage. Pratique pour le photomontage, elle offre une précision d'ajustage idéale. Elle consiste en des lignes de couleur que l'on peut déplacer et qui servent de repères à l'intérieur de la zone de travail. Les Extras sont visibles à l'écran mais pas à l'impression.

Cette option vous sera utile pour :

- présenter des images et des textes :
  - ajuster une photographie sur un repérage matérialisé par les Extras,
  - placer un texte sur des images,
- effectuer des plans :
  - créer un calepinage,
  - repérer des graphiques de cotations.

UTILISATION DES EXTRAS

Ils sont positionnés sous les Règles. Placez le curseur de la souris sur la règle (verticale ou horizontale), puis faites-le glisser jusqu'à la mesure souhaitée.
Pour les déplacer par la suite, il suffit d'utiliser l'outil Déplacement.

En double-cliquant dessus avec cet outil, la boîte de dialogue Préférences s'ouvre. Elle permet de choisir une autre couleur ou un style de trait.

ALIGNER UNE SÉLECTION

Pour aligner précisément une sélection sur un Extra, il faut effectuer un clic droit, puis choisir Transformation manuelle. Ainsi en plaçant la sélection sur l'Extra, la ligne repère changera de couleur.

GRILLE

L'option Grille permet un repérage rapide et précis sur la zone de travail. Pour activer cette option, dans la Barre des menus, cliquez sur Affichage›Afficher›Grille.

Les transformations manuelles

Les Transformations manuelles servent à agrandir ou déformer une image. Faites un clic droit sur ou à côté d'une sélection (dans l'image) pour les faire apparaître. Pour valider une transformation, il vous suffit de double-cliquer dans la sélection ou de presser la touche Entrée du clavier.

Objet

Pour appliquer une transformation :

1. Sélectionnez l'objet en l'entourant de façon assez large avec l'outil Rectangle de sélection.

2. Effectuez un clic droit dans la sélection. Puis choisissez l'option Transformation manuelle. Huit poignées apparaissent avec une cible centrale.

3. Dans la sélection transformée, faites un clic droit. Un menu contextuel propose 11 choix pour modifier l'objet dans toutes les directions. Seules les six premières sont manuelles.

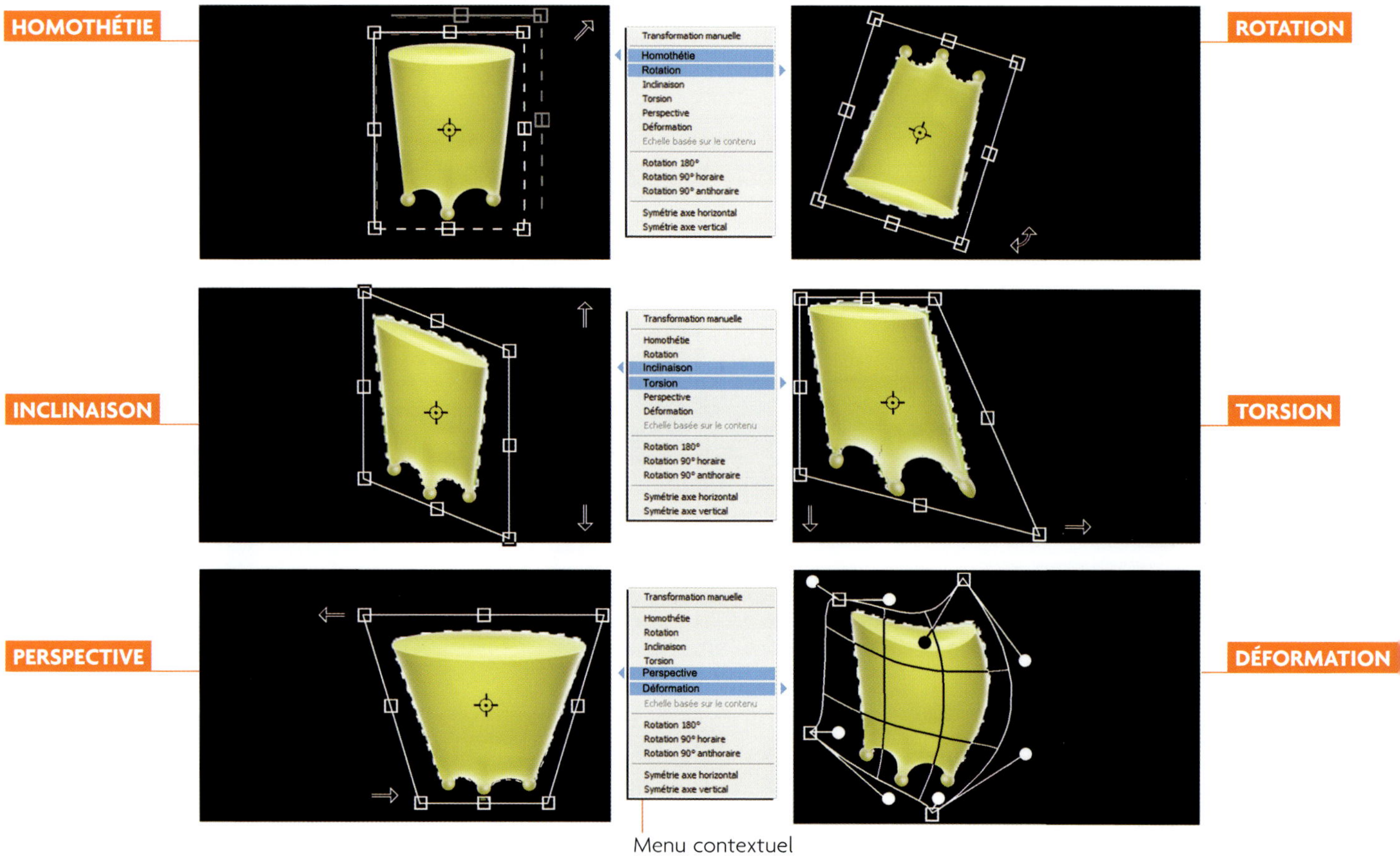

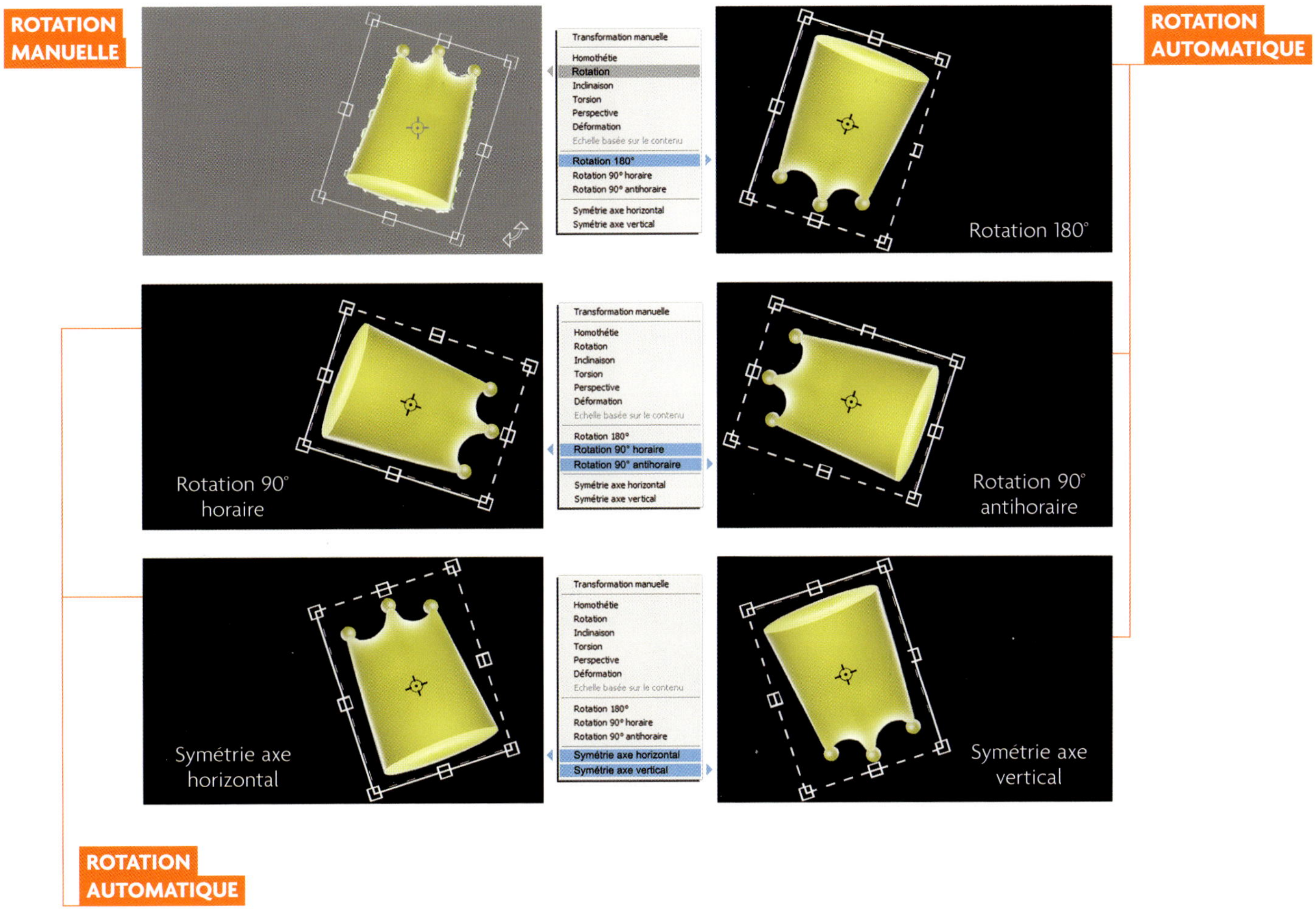

Les Rotations et Symétries automatiques se situent dans le même menu que les Transformations manuelles. Elles concernent les cinq options qui se trouvent en bas du menu.

Il existe donc trois modes de rotation possibles :

- La Rotation manuelle sert à orienter l'objet de façon aléatoire, grâce à la flèche située à l'extérieur en bas à droite de l'objet.
- Les autres Rotations et Symétries sont, elles, automatiques. Ce sont des sélections enregistrées permettant d'obtenir une transformation rapide. Elles tiennent compte de l'orientation initiale de l'objet.
- La Rotation à partir de la cible (voir p. 30).

La cible est le symbole implanté au centre de la transformation. Pour le faire apparaître, faites un clic droit sur l'objet. Puis choisissez Transformation manuelle.

DÉPLACEMENT DE LA CIBLE

La cible se présente toujours dans l'axe de la sélection (voir Fig. a), mais elle peut être déplacée. Elle permet de changer l'axe de rotation. Elle peut être déplacée avec la souris pour un changement d'axe à l'intérieur de la zone sélectionnée, mais aussi dans toute la zone de travail (voir Fig. e).

DÉPLACEMENT DU CENTRE DE ROTATION

Pour déplacer le centre de rotation sur la sélection, effectuez un clic gauche sur la cible, puis faites-la glisser sur l'une des huit poignées situées sur la sélection (voir Fig. b, c et d).
Pendant le transfert de la cible, l'objet reste en position initiale.
Pour déplacer le centre de rotation à l'extérieur de la sélection, effectuez un clic gauche sur la cible, puis faites-la glisser à l'extérieur de la sélection (voir Fig. e).

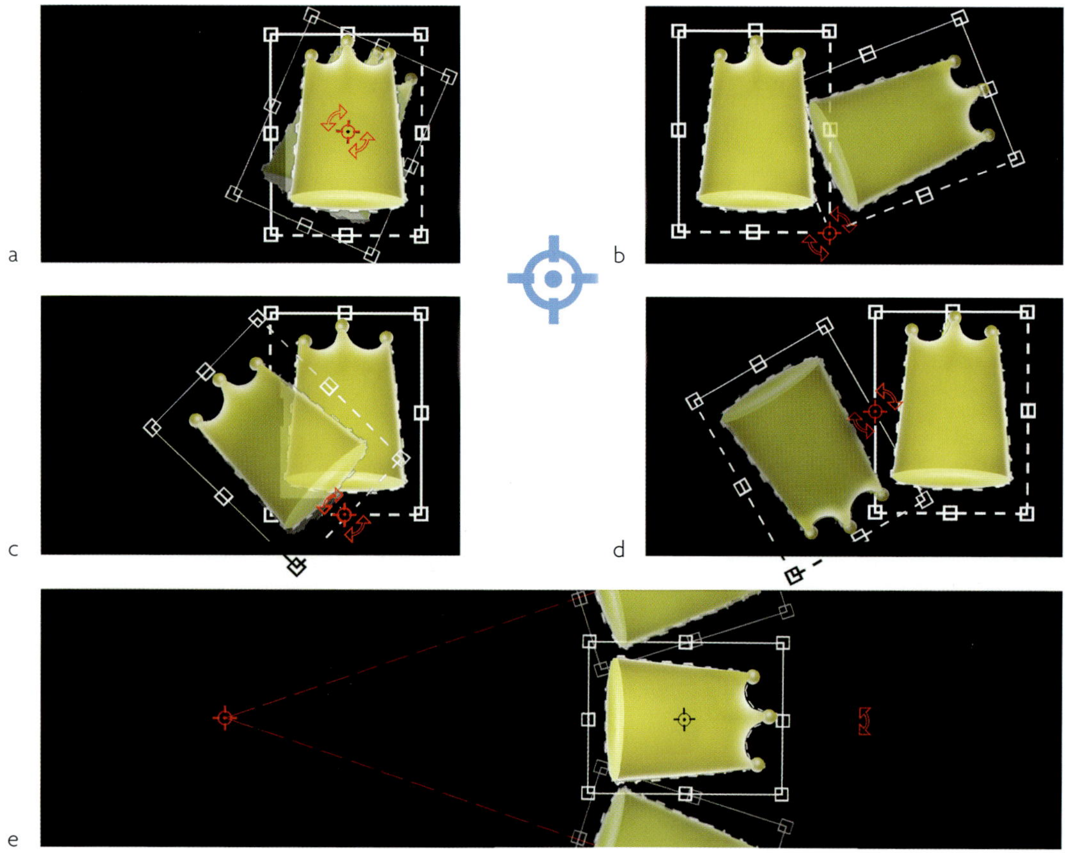

Si vous avez cliqué sur l'outil Sélection, puis choisi l'option Transformation manuelle dans le menu contextuel, une Barre d'options horizontale apparaît sous la Barre des menus. Elle permet d'obtenir toutes les options relatives aux Transformations en renseignant les cases correspondantes.

BARRE D'OPTIONS

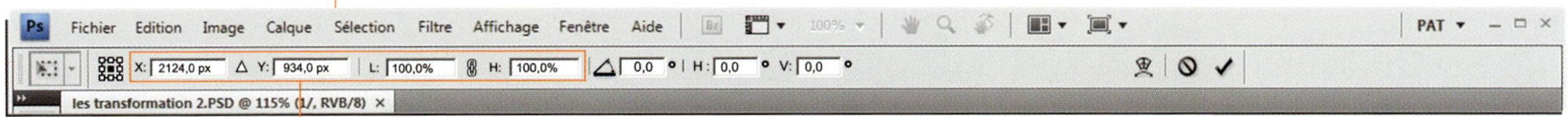

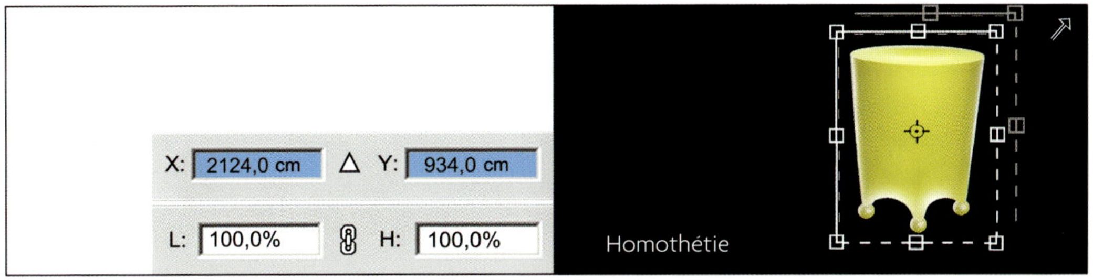

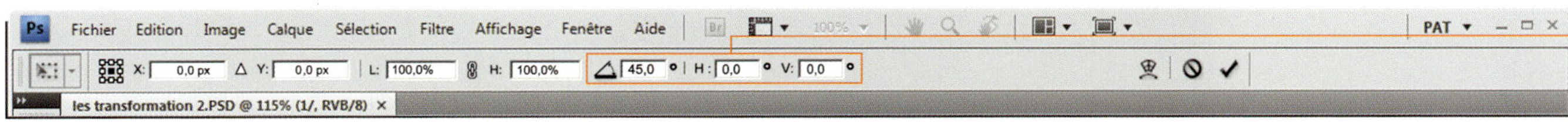

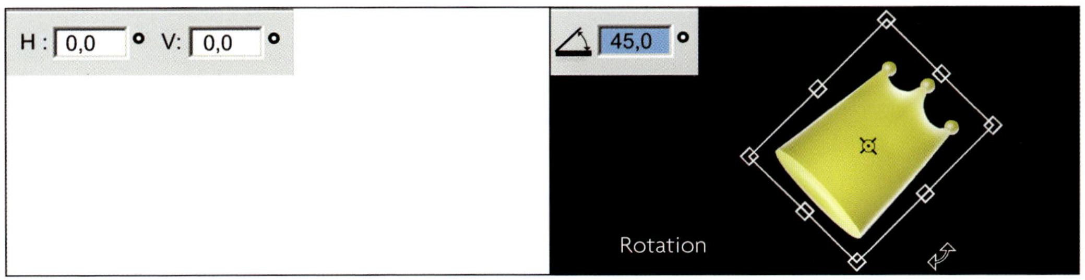

DIMENSIONS

La Barre d'options permet de saisir les dimensions de l'objet après transformation. Saisissez les dimensions dans les cases et modifiez-les à votre convenance. Les cases X et Y correspondent respectivement à la largeur et à la hauteur de l'objet. Les cases L et H représentent les échelles horizontales et verticales en pourcentage.

ROTATION

Vous pourrez obtenir une rotation au degré souhaité grâce à la case réservée à cet effet. Les cases H et V permettent d'incliner l'objet selon une rotation horizontale et verticale en plus de la rotation effectuée.

Couleur de premier et d'arrière-plans

Les couleurs des premier et arrière-plans correspondent aux deux teintes sélectionnées en bas de la Barre d'outils. Elles sont représentées par deux carrés de couleur. La flèche permet de les alterner. Grâce à elles, vous pourrez octroyer des couleurs prédéterminées aux objets.

Pour créer un damier :

1. Effectuez une sélection composée de carrés.

2. Faites un clic droit sur la sélection. Choisissez Remplir, puis sélectionnez Couleur de premier plan ou Couleur d'arrière-plan. Ici on a choisi la Couleur du premier plan. Donc le damier devient bleu.

Cette présentation est effectuée à partir d'un document avec un fond blanc. C'est très important car un fond transparent ne ferait pas apparaître la couleur de l'arrière-plan, le damier serait vide et ferait apparaître : un petit damier gris et blanc.

BOÎTE DE DIALOGUE REMPLIR

Par défaut, n'importe quel outil de dessin sélectionné prendra la couleur du premier plan.

La couleur d'arrière-plan (B) permet d'avoir une deuxième coloration et peut se changer en couleur de premier plan (A) par un simple clic sur la double flèche. La couleur d'arrière-plan peut aussi être utilisée lors de l'ouverture d'un nouveau document, en choisissant Couleur d'arrière-plan, dans l'option Contenu de l'arrière-plan.

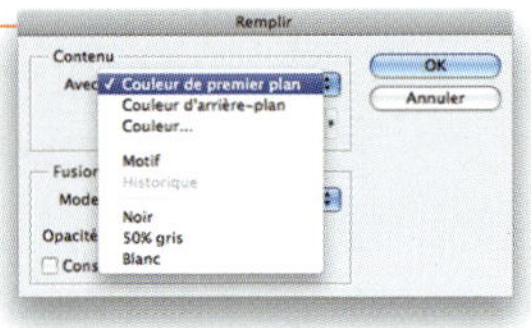

1 SÉLECTION

2 APPLICATION COULEUR

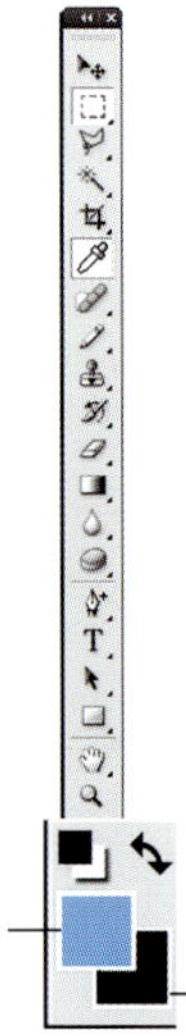

A

B

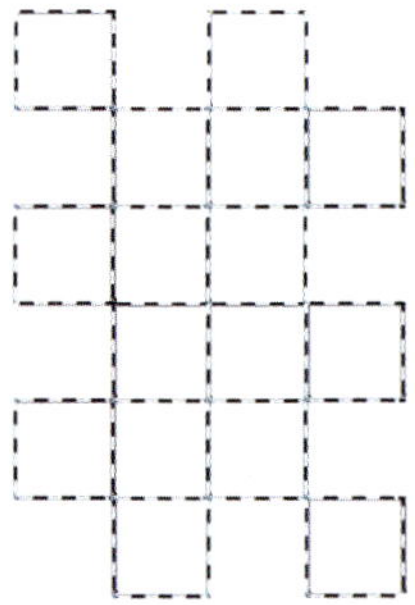

La flèche permet d'intervertir les deux plans en un seul clic.

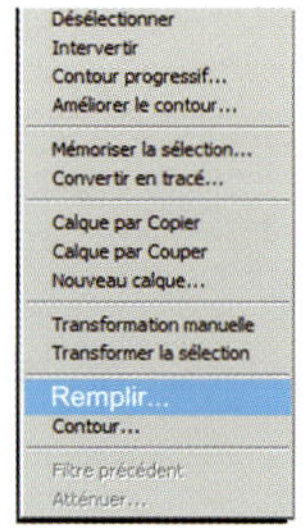

Couleur de premier plan (A)

Couleur d'arrière-plan (B)

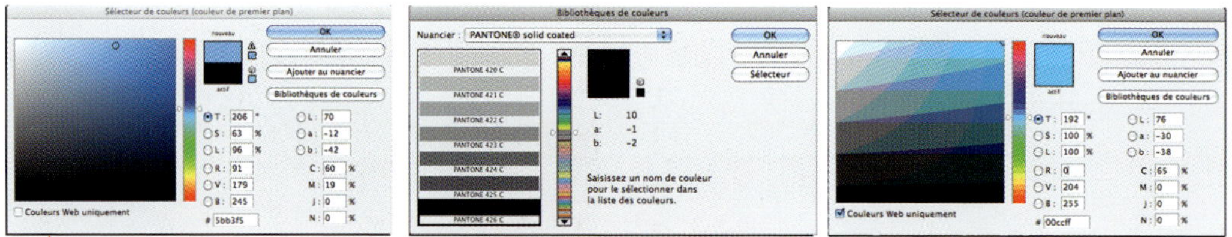

BOÎTE DE DIALOGUE SÉLECTEUR DE COULEURS

Les deux couleurs enregistrées peuvent être modifiées en cliquant une fois sur le carré, grâce à la boîte de dialogue Sélecteur de couleurs. Des Bibliothèques de couleurs vous donnent accès à une gamme de teintes très étendue (trois présentations différentes vous sont proposées).

Si vous sélectionnez un texte, vous pourrez changer sa couleur en cliquant sur la petite flèche située au-dessus des deux carrés et choisir l'une des deux couleurs.

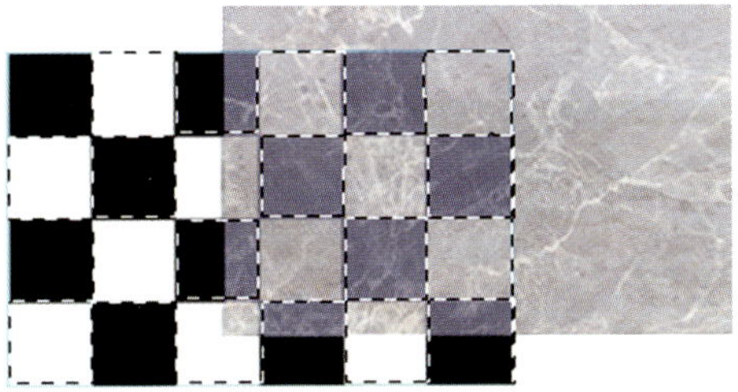

Calque 1

Calque 2

Image finale

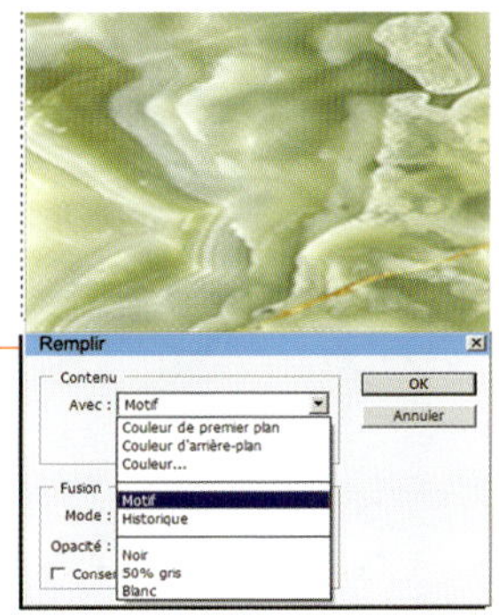

RÉUTILISER UN MOTIF

Cliquez sur l'outil Sélection et créez une sélection. Faites un clic droit, puis choisissez Remplir. Dans la boîte de dialogue Remplir, choisissez Motif dans le menu déroulant Contenu. Dans Motif personnalisé, vous retrouverez le motif enregistré.

Les calques de premier et d'arrière-plan permettent de concevoir un objet grâce à leur superposition pour enrichir le rendu de la matière.

Pour cela :

1. Créez d'abord une matrice sous la forme d'un damier à partir de deux couleurs sur un calque nommé « Arrière-plan ».
2. Importez deux images représentant deux types de marbre différents, puis nommez-les « Calque 1 » et « Calque 2 ».
3. Redimensionnez les images du calque 1 et du calque 2 pour qu'elles correspondent aux dimensions de la matrice.
4. Placez le Calque 1 sur la matrice à l'aide de la souris.
5. Placez-vous de nouveau sur la matrice. Sélectionnez les carrés blancs à l'aide de la Baguette magique.
6. Gardez la sélection à l'écran et revenez sur le Calque 1. Appuyez sur la touche Suppr du clavier. Sur le Calque 1, seuls resteront les carrés correspondant aux carrés noirs du damier.
7. Dans la palette Calques (voir p. 20), placez le Calque 2 sous le Calque 1.
8. Dans la zone de travail, cliquez sur l'outil Déplacement puis ajustez le Calque 2 sous le Calque 1. Le Calque 2 vient remplir les zones vides du Calque 1 et donne naissance au damier.

Le damier est tracé sur l'arrière-plan et sert de matrice.

ENREGISTRER UN MOTIF

Cliquez sur l'outil Sélection et sélectionnez le motif (ici le damier). Ensuite allez dans Edition›Utiliser comme motif... Dans la boîte de dialogue Nom du motif, donnez-lui un nom puis cliquez sur Ok.

Les outils Crayon et Pinceau donnent une réelle dimension artistique à Photoshop et offrent l'avantage d'être amplifiés par les filtres.

OUTIL CRAYON

L'épaisseur du trait correspond à la position du curseur sur l'échelle du « Diamètre principal ».

DIAMÈTRE DE L'OUTIL

Une fois l'outil sélectionné, un clic droit dans l'image fait apparaître une boîte de dialogue. Elle vous permet de choisir le diamètre du tracé dans une liste présélectionnée que vous pourrez enrichir. Vous pouvez saisir le chiffre souhaité ou déplacer le curseur vers la droite pour changer l'épaisseur du trait.

FORMES DU TRACÉ

Certaines formes de motifs sont déjà présélectionnées mais vous pouvez également enrichir cette liste. Pour cela, sur PC, dessinez un motif. Puis allez dans la Barre des menus, choisissez Edition›Créer une forme personnalisée. Dans la boîte de dialogue, nommez la forme et cliquez sur OK pour l'enregistrer. Sur Mac, allez dans Edition›Définir une forme prédéfinie. Puis poursuivez les mêmes étapes que sur PC.
Pour éviter l'affichage des fenêtres ou boîtes de dialogue dans la zone de travail, cliquez de préférence à l'extérieur du dessin.

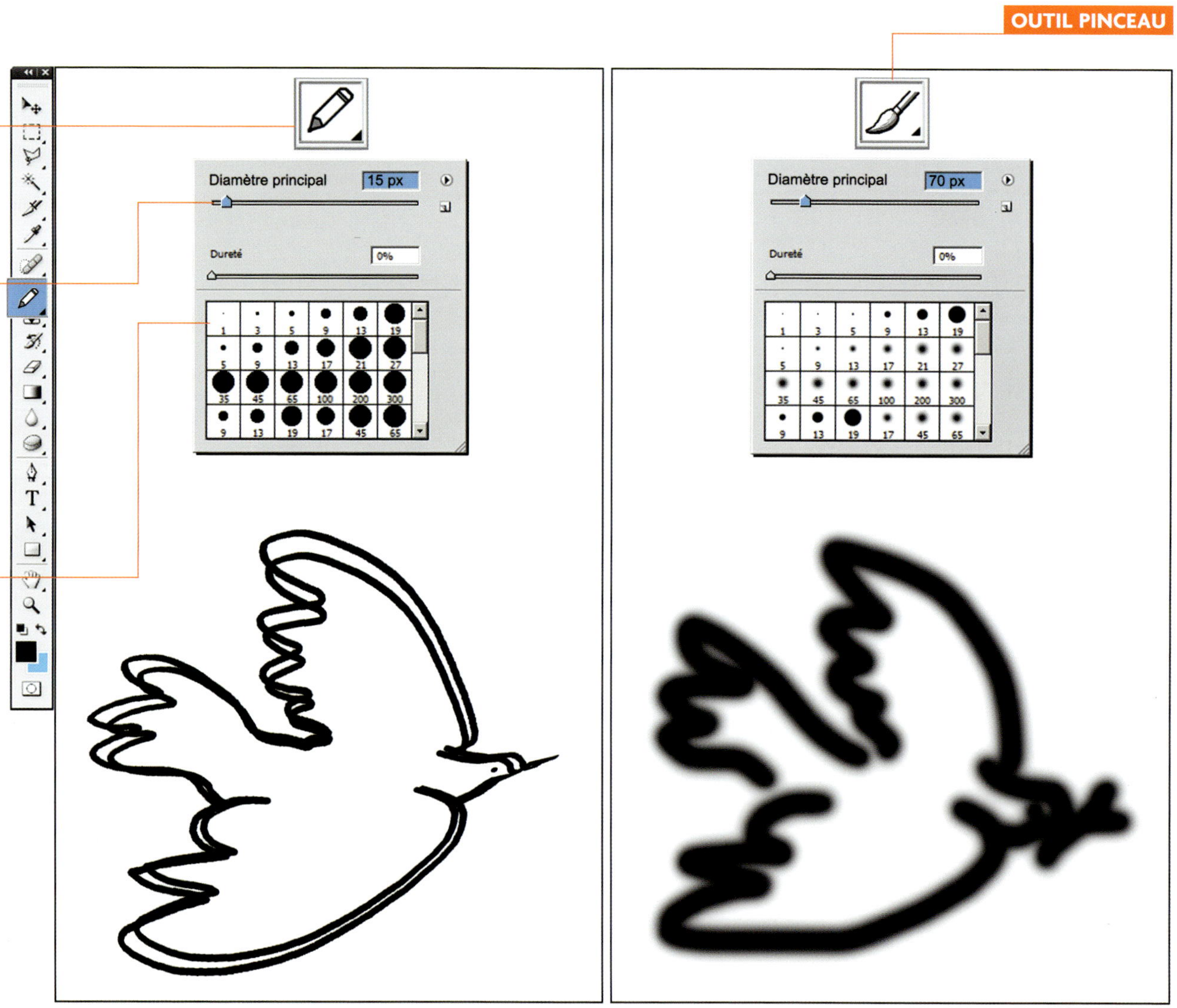

Les filtres permettent de transformer l'aspect original de l'image ou du dessin en ajoutant des effets.

Les filtres se trouvent dans le menu Filtre de la Barre des menus. Chaque type d'expression graphique s'accompagne d'un tableau de paramètres.

Vous devrez recourir à votre sens artistique au moment de modifier l'image d'origine, car les effets sont multiples et variés. Cette option Filtre se révèle très performante. Face à tant de possibilités, votre choix sera cornélien.

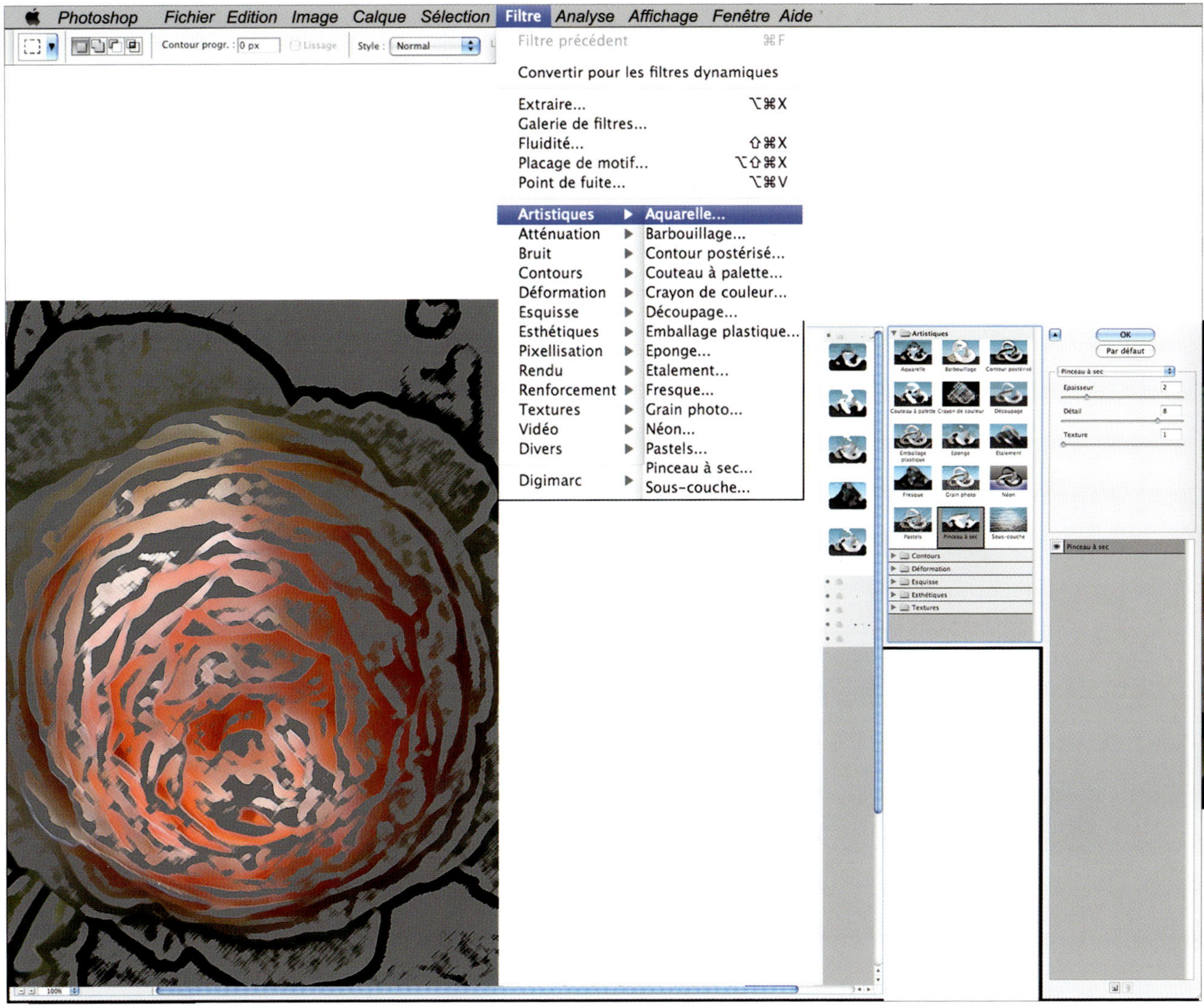

Version modifiée en allant dans Filtre›Artistiques›Crayon de couleur

Image originale

Les raccourcis clavier / Sur Mac

Voici les principaux raccourcis clavier pour Mac.
Les touches noires déclenchent la commande rouge représentée sur les images.

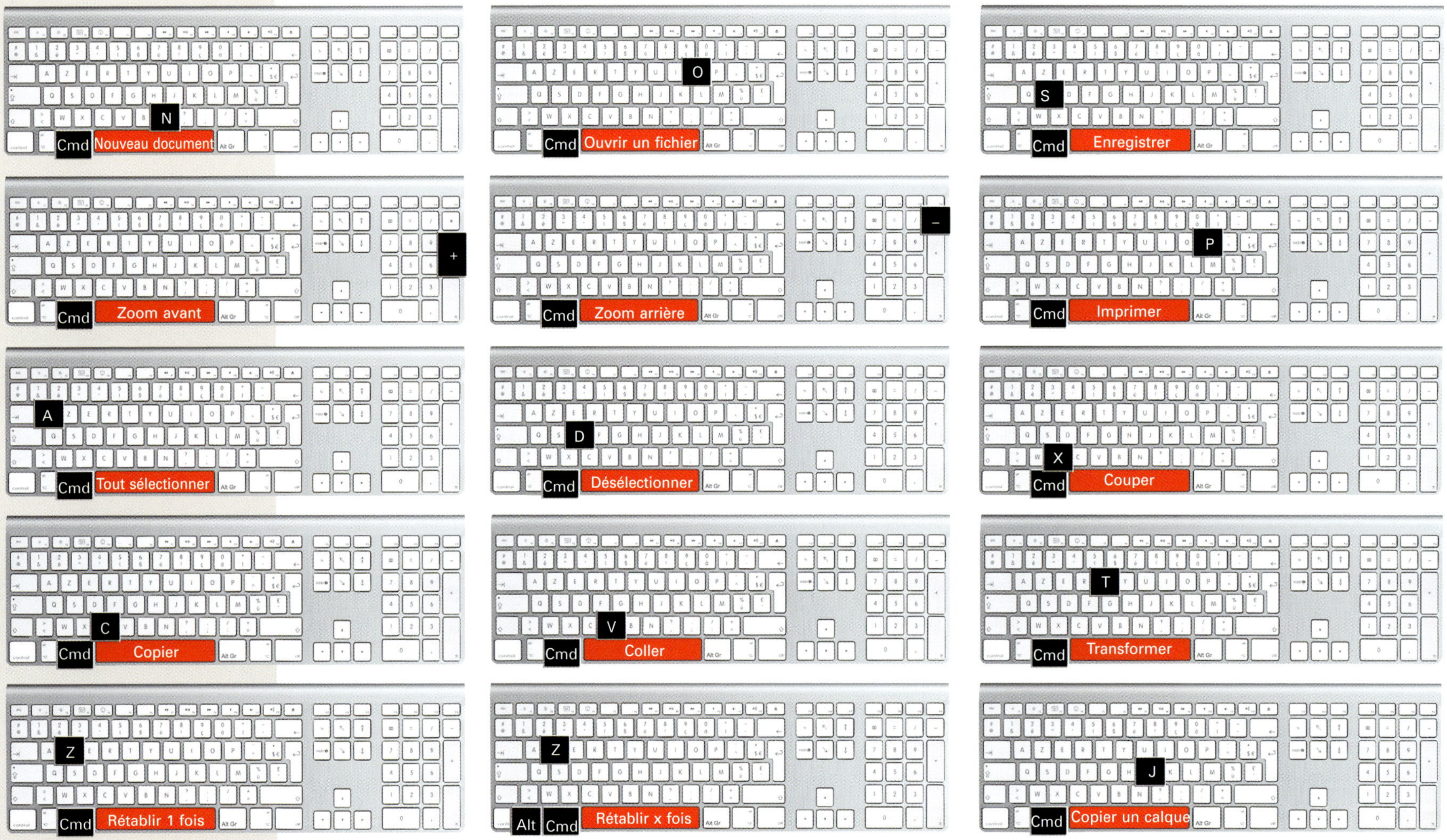

Voici les principaux raccourcis clavier pour PC.
Les touches noires déclenchent la commande rouge représentée sur les images.

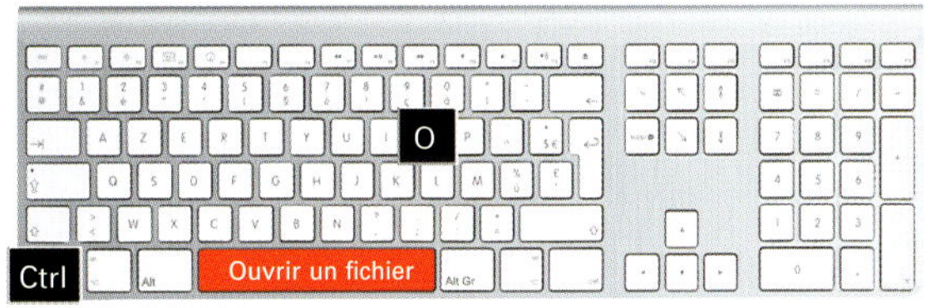

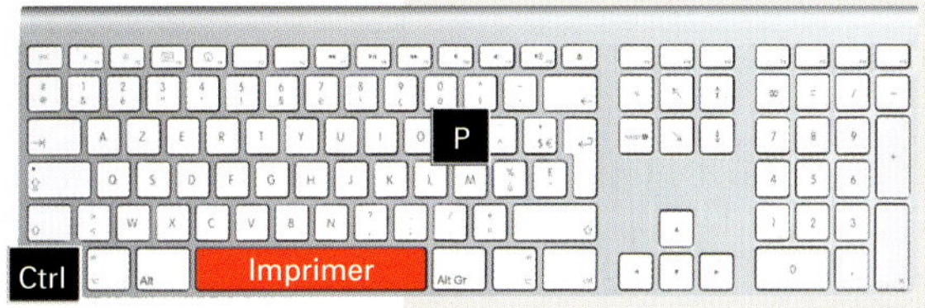

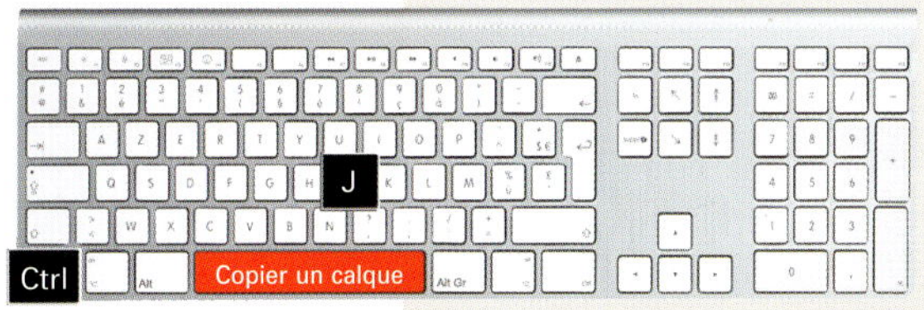

Partie 2

Les applications

Les applications fournissent des prétextes pour prendre en main les outils du logiciel. Elles vous expliqueront l'utilité et les performances des options proposées.

Cette partie a pour but de mettre en avant chaque outil ainsi que ses options. Ils seront utilisés dans des situations que vous pourrez être amené à rencontrer lors de vos propres conceptions. Elle présente une suite d'exercices choisis afin de vous permettre d'assimiler la logique des actions permises par le logiciel : retoucher, transformer, éclairer, créer... Tous les exemples sélectionnés sont à votre portée. Pour les reproduire, il vous suffira d'appliquer à la lettre les indications prescrites.

Au fil de votre apprentissage, vous allez retrouver plusieurs applications dans un même exercice. La mise en pratique de ces applications est la seule manière d'acquérir des réflexes et de devenir autonome avec Photoshop.

Changer les couleurs / Paramétrage

Les couleurs des images d'origine peuvent être modifiées. Les différents paramètres offrent des résultats précis et artistiques. Pour déplacer les boîtes de dialogue, il suffit de placer le curseur sur la barre de titre, d'effectuer un clic gauche et de la faire glisser.

Pour modifier une des couleurs de l'image :

1. Dans la Barre des menus, allez dans Image›Réglages›Remplacement de couleur... La vignette qui apparaît dans la boîte de dialogue Remplacement de couleur permet de visualiser l'image.
2. Ciblez avec la Pipette (voir p. 19) le pixel choisi dans l'image.
3. Dans Remplacement de couleur, déplacez le curseur Teinte pour changer la couleur.

SÉLECTION DE BOÎTES DE DIALOGUE

Les boîtes de dialogue sélectionnées ci-contre sont très utilisées pour paramétrer et corriger les couleurs :

a. Balance d'une couleur à une autre : en déplaçant les curseurs, vous accentuerez la dominance d'une couleur sur les autres.
b. Luminosité/contraste : ce paramètre permet de régler la lumière ou le contraste.
c. Teinte/saturation : en déplaçant le curseur, vous donnerez plus ou moins d'intensité à une couleur.
d. Correction sélective : ce paramètre augmente ou diminue le pourcentage d'une couleur dans l'image.

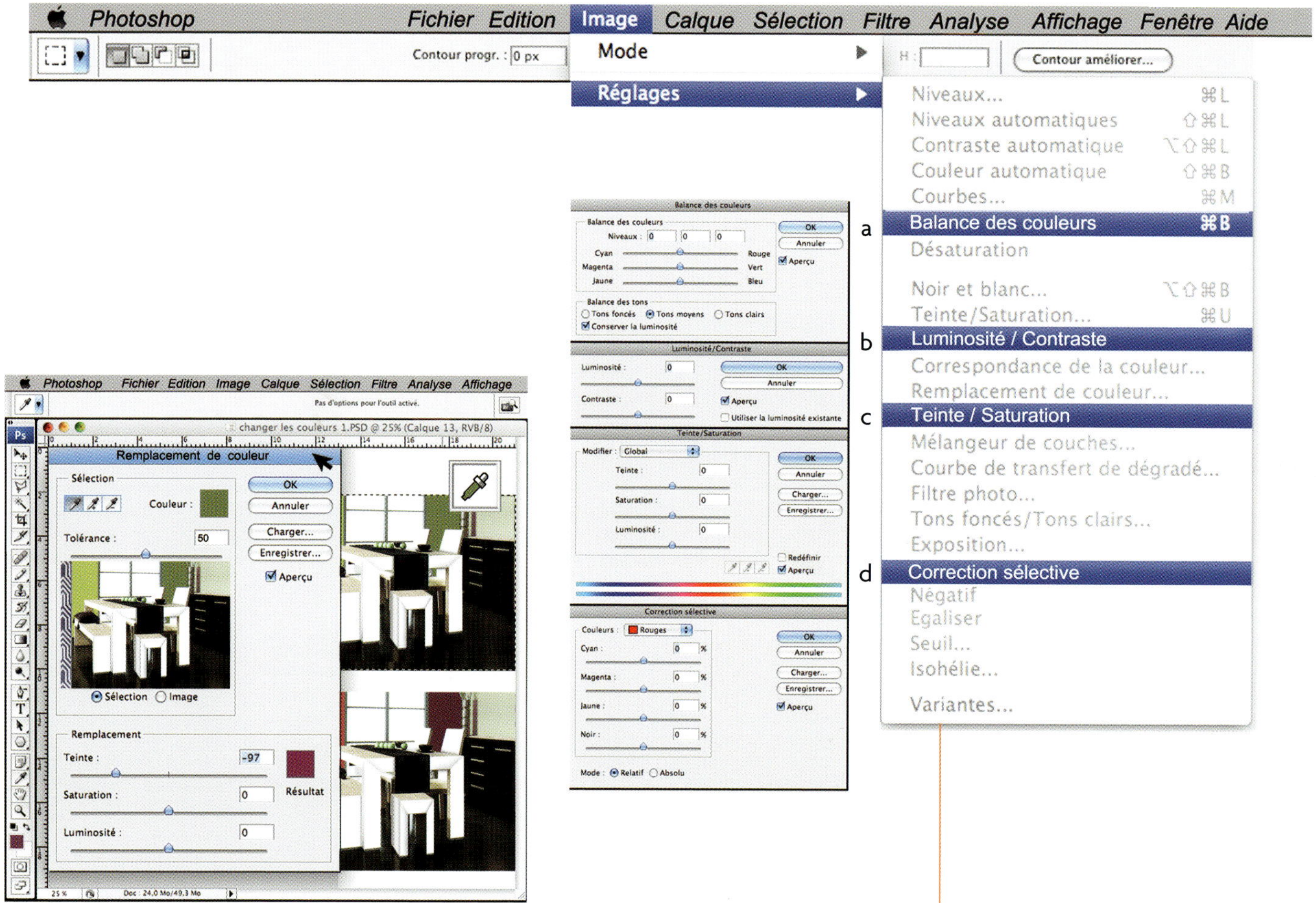

Avant

Après

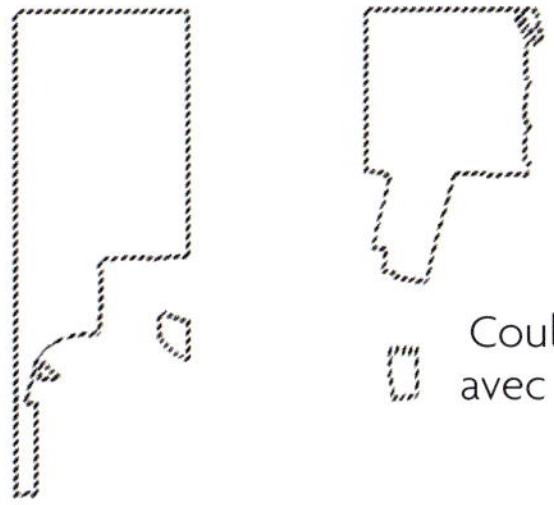

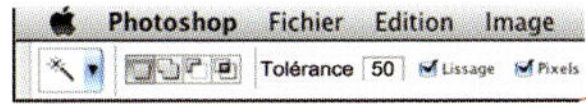

Couleur sélectionnée
avec une Tolérance 50

1 COULEURS À CHANGER

2 SÉLECTION NOUVELLES COULEURS

3 REMPLACEMENT COULEURS

Couleur remplacée

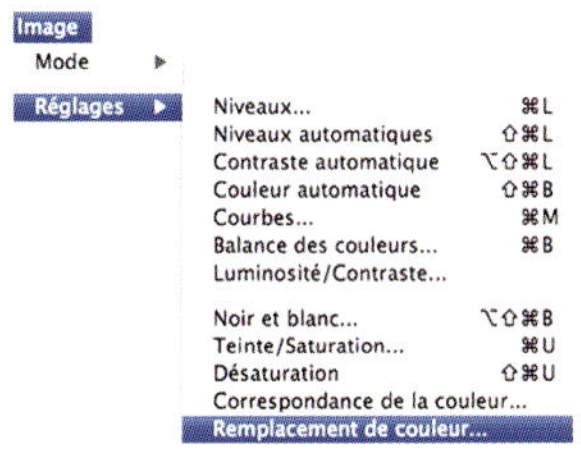

La gamme des couleurs disponibles est très étendue.

Le paramètre Tolérance se situe dans la Barre des menus. Il permet de sélectionner un pourcentage de pixels se rapprochant d'une couleur donnée. Plus le chiffre est élevé plus la sélection est étendue. Il se montre très performant lorsque la zone de couleur est unie.

Pour changer une couleur dans une image, il est nécessaire de la sélectionner :

1. Sélectionnez une couleur à l'aide de l'outil Baguette magique. Cliquez sur l'outil Pipette et placez-vous sur la couleur. Cette couleur devient la couleur de premier plan.
2. Dans la Barre d'outils, cliquez sur le carré de l'arrière-plan. La boîte de dialogue Sélecteur de couleurs s'ouvre. Choisissez une teinte. Puis cliquez sur OK.
3. Pour modifier la couleur de la sélection, dans la Barre des menus, allez dans Image›Réglages›Remplacement de couleur... Remplacez ainsi la couleur (le pixel) enregistré par la Pipette.

Habillage d'un objet simple

L'habillage correspond à une texture ou matière et permet de remplacer un revêtement sur une ou plusieurs parties de l'image. Voici une méthode applicable à la fabrication de matériaux, qui peut également s'appliquer à des objets (tels que des canapés, lampes...).

Pour habiller une table basse :

1. Choisissez un habillage dans votre bibliothèque ou sur un site Web. Réduisez son échelle en utilisant l'option Transformation manuelle›Homothétie (voir p. 31) jusqu'à ce qu'elle soit cohérente avec l'objet choisi. Copiez-collez plusieurs fois l'échantillon. Chaque fois un nouveau calque se crée. Placez les échantillons les uns à côté des autres. Fusionnez les calques pour obtenir un calque nommé Placage.
2. Sélectionnez la partie à vêtir sur l'objet avec l'outil Lasso (voir p. 19).
3. Faites glisser la sélection sur le placage. Ajustez la sélection au centre de l'échantillon.
4. Gardez la sélection. Intervertissez-la. Pour cela, dans la Barre des menus, allez dans Sélection›Intervertir. Puis appuyez sur la touche Suppr pour supprimer les parties externes.
5. Assombrissez le retour du placage pour donner du relief à l'objet. Pour cela, sélectionnez cette partie. Puis allez dans Image›Réglages›Luminosité/contraste. Avec le curseur, baissez la luminosité. Ensuite avec l'outil Pinceau (voir p. 34), ajoutez une zone verticale lumineuse pour marquer l'angle.

Objet

1 MISE À L'ÉCHELLE ET ASSEMBLAGE

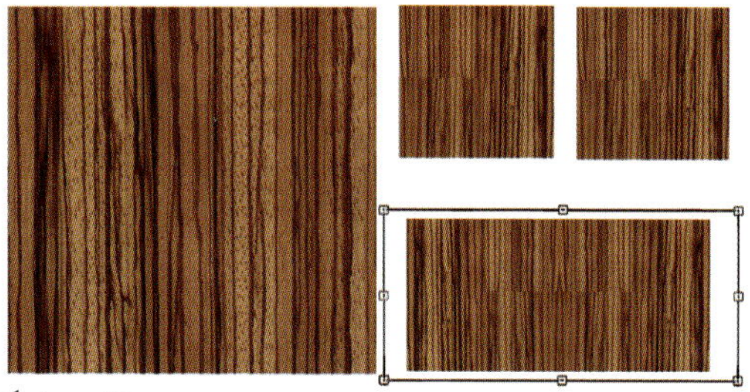

Échantillon

2 SÉLECTION

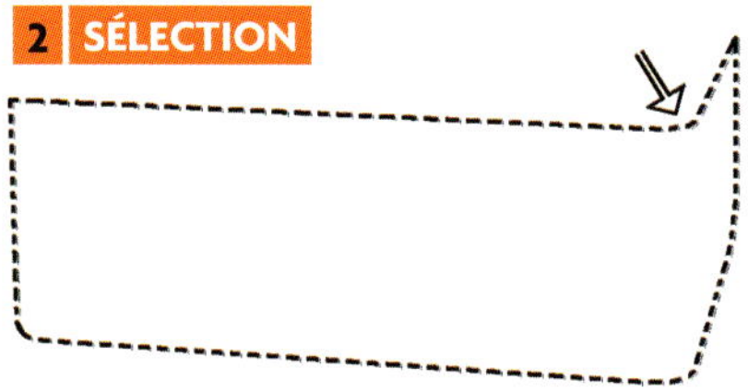

3 PLACAGE

4 DÉCOUPAGE

5 OMBRE

Image finale

Habillage d'un objet complexe

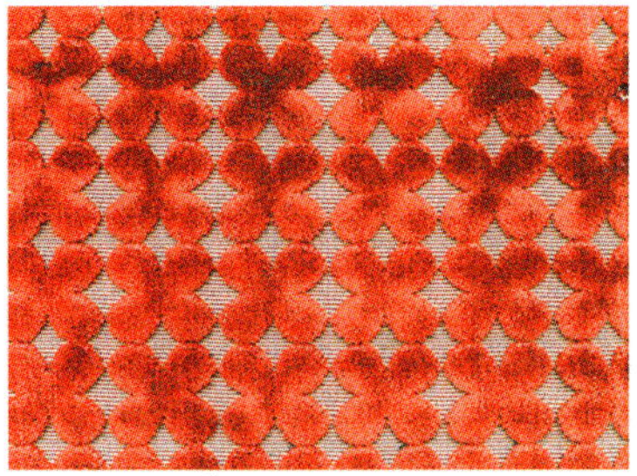

Échantillon

1 RÉDUCTION

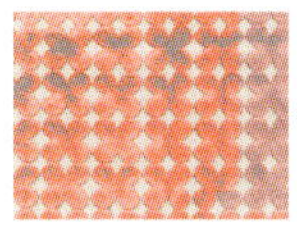

2 DUPLICATION

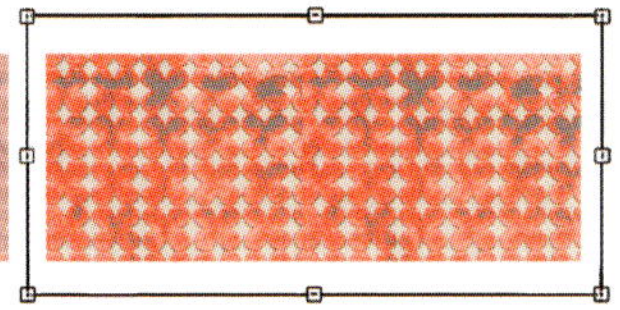

3 CALQUES FUSIONNÉS

4 SÉLECTION

5 CALQUE MATRICE

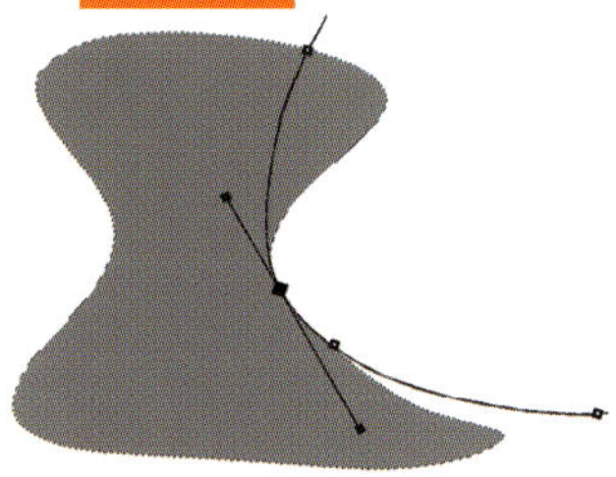

6 DÉFORMATION

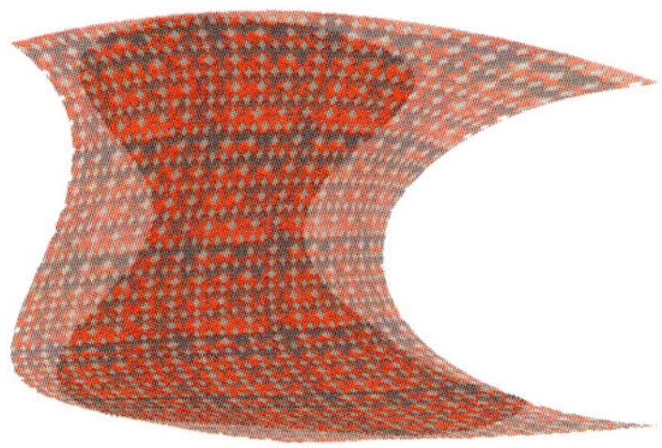

7 DÉCOUPE

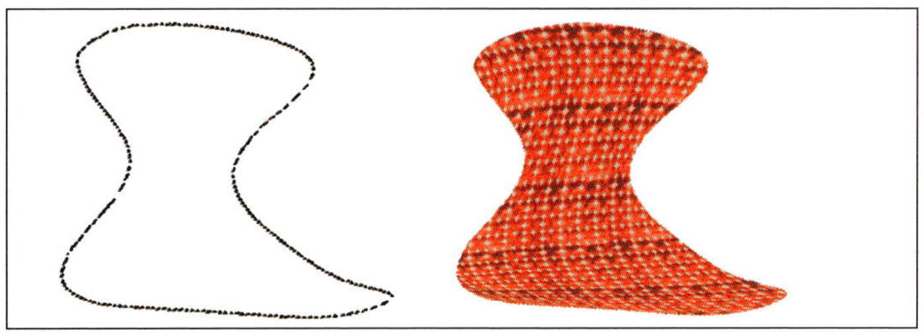

8 FINITIONS

Image finale

La mise au point d'un habillage demande certains ajustements méthodiques pour que le revêtement épouse parfaitement la forme de l'objet.

1. Sélectionnez un revêtement que vous aurez préalablement scanné ou enregistré dans la Bibliothèque. Réduisez cet échantillon pour le mettre à l'échelle du tissu.

2. Copiez-collez plusieurs fois l'échantillon. Chaque fois un nouveau calque se crée. Placez les échantillons les uns à côté des autres.

3. Fusionnez les calques créés pour obtenir un calque nommé Revêtement, assez grand pour recouvrir la chaise.

4. Avec l'outil Plume (voir p. 23), sélectionnez la partie à remplacer.

5. Créez ainsi un calque nommé Matrice, sur lequel vous placerez le revêtement.

6. Déformez le revêtement en appliquant Transformation manuelle›Déformation. Ajustez la pose à l'aide de la souris en collant au plus près des contours de la forme.

7. Sélectionnez le calque Matrice. Placez-vous sur le calque Revêtement, puis intervertissez la sélection. Pour cela, dans la Barre des menus, allez dans Sélection›Intervertir. Puis appuyez sur la touche Suppr pour supprimer les parties externes de la matrice.

8. Créez quelques effets. Allez dans le menu Filtre›Textures›Grain pour donner un aspect tissu. Avec l'outil Pinceau, ajoutez des zones lumineuses sur les parties saillantes de la chaise.

L'échelle d'un objet

L'échelle d'un objet doit être ajustée en fonction de l'environnement dans lequel il se trouve. Il est donc important de vérifier les dimensions de l'objet à importer, car il sera intégré dans un environnement ayant sa propre échelle.

IMPORTER UN OBJET

Deux solutions s'offrent à vous pour importer un objet. Choisissez d'abord une image qui constituera le nouvel environnement de votre objet, puis :

- Copiez l'objet à importer à partir d'un autre document soit par la Barre des menus, soit avec le raccourci clavier. Puis collez-le dans l'image.
- Sélectionnez l'objet à importer à partir d'un autre document avec l'outil Sélection (voir p. 22). Utilisez l'outil Déplacement (voir p. 25) et faites glisser l'objet dans son nouvel environnement.

MODIFIER L'ÉCHELLE

Pour modifier l'échelle d'un objet :

1. Sélectionnez l'objet.
2. Faites un clic droit dans la sélection, choisissez Transformation manuelle› Homothétie et utilisez les quatre poignées situées aux quatre angles pour réduire ou augmenter l'image. Ainsi le rapport hauteur/largeur sera respecté.

Sur la Figure a, l'intégration est réussie car l'échelle de l'objet correspond à celle de son environnement. Sur la Figure b, les échelles ne sont pas cohérentes entre elles.

Objet

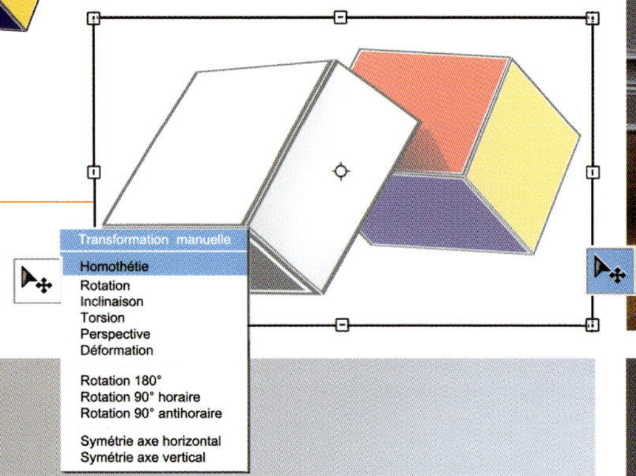

Nouvel environnement

Création d'un parquet

1 DESSIN DU MOTIF

2 ÉCHANTILLON DE PARQUET

3 ASSEMBLAGE DES ÉCHANTILLONS

4 MODIFICATION TEINTE

5 FUSION DES CALQUES

Plan

6 MISE EN PERSPECTIVE

Image finale

Pour confectionner un parquet, il est conseillé d'avoir une bibliothèque d'échantillons avec différents fichiers de matière, car le bois est souvent utilisé.

Pour créer un parquet :

1. Dans un nouveau document nommé Parquet, dessinez le motif du parquet à l'aide de l'outil Crayon en utilisant les Règles et les Extras (voir p. 26 et 27).
2. Insérez un échantillon de parquet de votre choix sur une forme géométrique. Pour cela, copiez un fragment et collez-le sur le dessin.
3. Ajustez bien l'échantillon sur le motif en utilisant l'outil Lasso pour déterminer les parties qui débordent du motif et la touche Suppr pour les découper.
Copiez cette forme et collez-la sur le calque Parquet à tous les endroits où elle se répète. À chaque fois, un nouveau calque est créé. Ensuite fusionnez tous ces calques.
4. Modifiez la teinte du calque en allant dans Image›Réglages›Luminosité/contraste et en déplaçant les deux curseurs. Procédez à l'identique pour toutes les formes géométriques.
5. Fusionnez tous les calques et nommez ce calque Plan.
6. Transformez ce calque Plan en perspective. Pour cela, sélectionnez le calque. Faites un clic droit. Choisissez Transformation manuelle›Torsion ou Transformation manuelle›Perspective et modifiez la perspective à l'aide de la souris.

Création d'un cylindre

La méthode qui permet de fabriquer une colonne, c'est-à-dire une forme cylindrique, peut être utilisée pour des applications diverses, telles que la fabrication de luminaires ou de décors.

1. Avec l'outil Sélection, créez un rectangle aux dimensions de votre choix. À l'aide de l'outil Pot de peinture, remplissez la sélection avec la couleur de votre choix.

2. À l'aide des outils Premier plan et Arrière-plan, ajoutez des reliefs. Attribuez le noir aux parties les plus éloignées (les ombres), et le blanc aux parties les plus proches (les lumières).
Créez un calque nommé Effet bombé pour exécuter l'effet cylindre.

3. Sur ce calque, avec l'outil Pinceau, intervenez ponctuellement sans sortir de la surface sélectionnée. Pour cela, cliquez sur A pour appliquer les ombres sur les extrémités de la sélection. Puis cliquez sur le Pinceau. Commencez avec une opacité de 15 % dans la Barre d'options. Passez le Pinceau de haut en bas en partant du centre vers les bords. Pour garder la verticalité du tracé, appuyez en même temps sur la touche Maj du clavier. Réalisez un dégradé en augmentant l'opacité pour ombrer davantage les bords. Procédez en plusieurs passages successifs.

4. Effectuez la même opération en utilisant la couleur de l'arrière-plan B pour créer des effets de lumière sur les parties en relief. Concentrez-vous sur la partie centrale de la sélection.

1 CRÉATION RECTANGLE

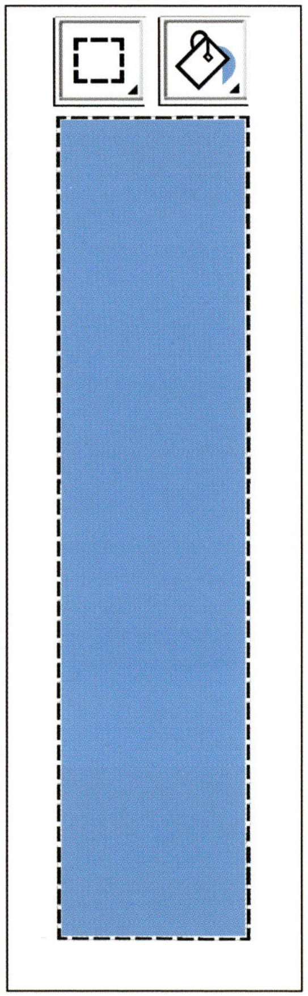

2 EFFET BOMBÉ

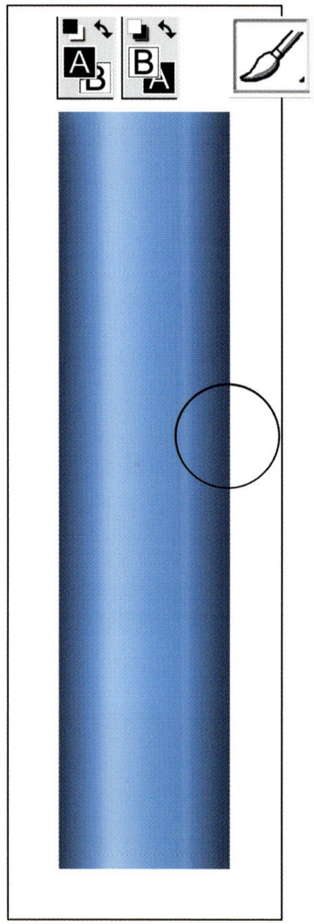

3 RÉALISATION DÉGRADÉS

Pour obtenir le diamètre de l'outil Pinceau, effectuez un clic droit n'importe où sur la zone de travail. En cliquant sur la flèche située en haut à droite, vous obtiendrez des options supplémentaires.

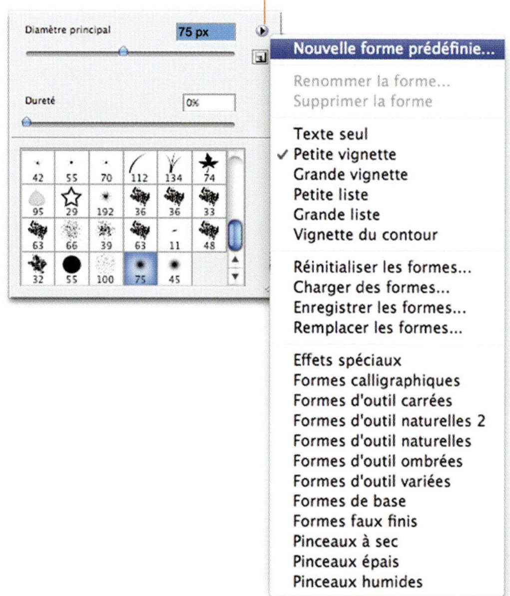

Le calque Effet bombé a été appliqué sur différentes matières :

Surface unie

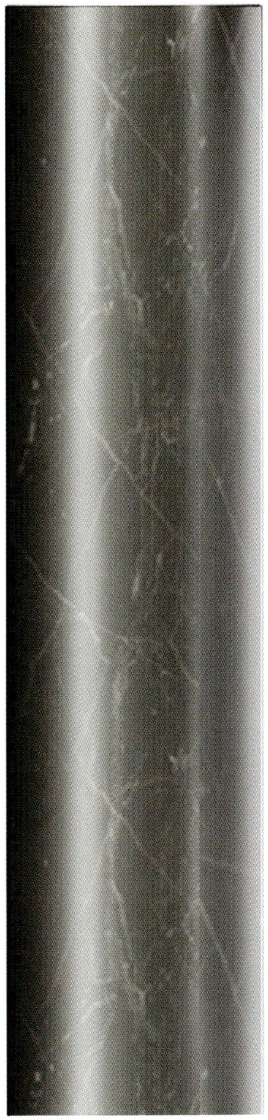

Marbre veiné

Bois texturé

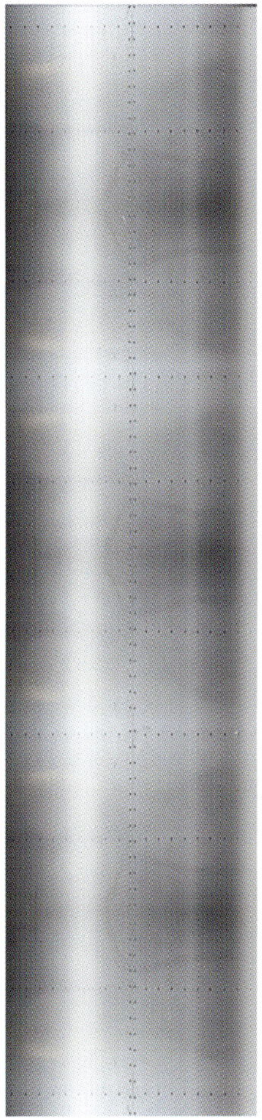

Acier riveté

Réalisé avec l'outil Dégradé

Pour créer une colonne, il suffit d'importer une matière sélectionnée sur Internet ou dans une Bibliothèque et de l'enregistrer sur un calque. Ensuite, le calque Effet bombé sera superposé à ce calque Matière.
Les revêtements (peinture, marbre, bois, métal) placés sous l'effet bombé sont obtenus à partir d'échantillons de matière sélectionnés et assemblés en amont. Il est nécessaire ensuite de les mettre à l'échelle. Dans ce cas, il s'agit d'accentuer leur verticalité et de leur donner un côté élancé.

OUTIL DÉGRADÉ

Le calque Effet bombé réalisé à la page précédente peut aussi être obtenu grâce à l'outil Dégradé, mais le résultat aura un aspect très informatisé. Pour cela, allez dans la Barre d'outils à l'emplacement du Pot de peinture. Pour activer l'outil Dégradé, cliquez sur la flèche située en bas à droite de l'icône.

Pour ma part, je préfère effectuer le dégradé manuellement avec l'outil Pinceau. Ce dernier donne la sensation d'avoir un véritable outil de dessin entre les mains, surtout si vous utilisez la tablette graphique et le stylet.

BIBLIOTHÈQUE D'EFFETS

Vous pouvez enregistrer cet effet dans un document et débuter ainsi une bibliothèque d'effets. Cela vous permettra de les réutiliser et de gagner beaucoup de temps. Enregistrez bien le calque Effet bombé sur un fond transparent.

Il est nécessaire de préciser d'abord l'échelle de la colonne. Ensuite, sa mise en perspective demandera quelques déformations.

À chaque étape décrite ci-dessous, il vous faudra créer un nouveau calque.

1. Donnez à la colonne la longueur nécessaire. Il existe pour cela deux solutions :
- cliquez sur Transformation manuelle et déplacez la poignée située sur la sélection. Respectez une lecture nette et cohérente de la texture. Enregistrez ce calque et nommez-le Montage ;
- copiez la colonne une fois. Choisissez Transformation›Symétrie axe vertical. Collez la colonne au-dessous ou au-dessus de la première. Alignez-les bien. Fusionnez les calques. Enregistrez ce calque et nommez-le Montage.

2. Enrichissez ensuite les extrémités de la colonne, en créant une matrice de la forme désirée. Pour cela, sélectionnez une forme avec l'outil Ellipse, puis choisissez Rectangle de sélection. Appuyez sur Maj pour ajouter le rectangle. À l'inverse, pour retirer une sélection, appuyez sur Alt. Remplissez la sélection (voir p. 46).

3. Placez la sélection sur le calque Montage. Allez dans Sélection›Intervertir. Puis appuyez sur Suppr pour retirer les parties extérieures à la sélection. Sélectionnez le haut de la colonne avec l'outil Ellipse et copiez-le.

4. Transformez-le pour l'agrandir et créer un chapiteau. Faites de même pour le socle, puis réduisez-le.

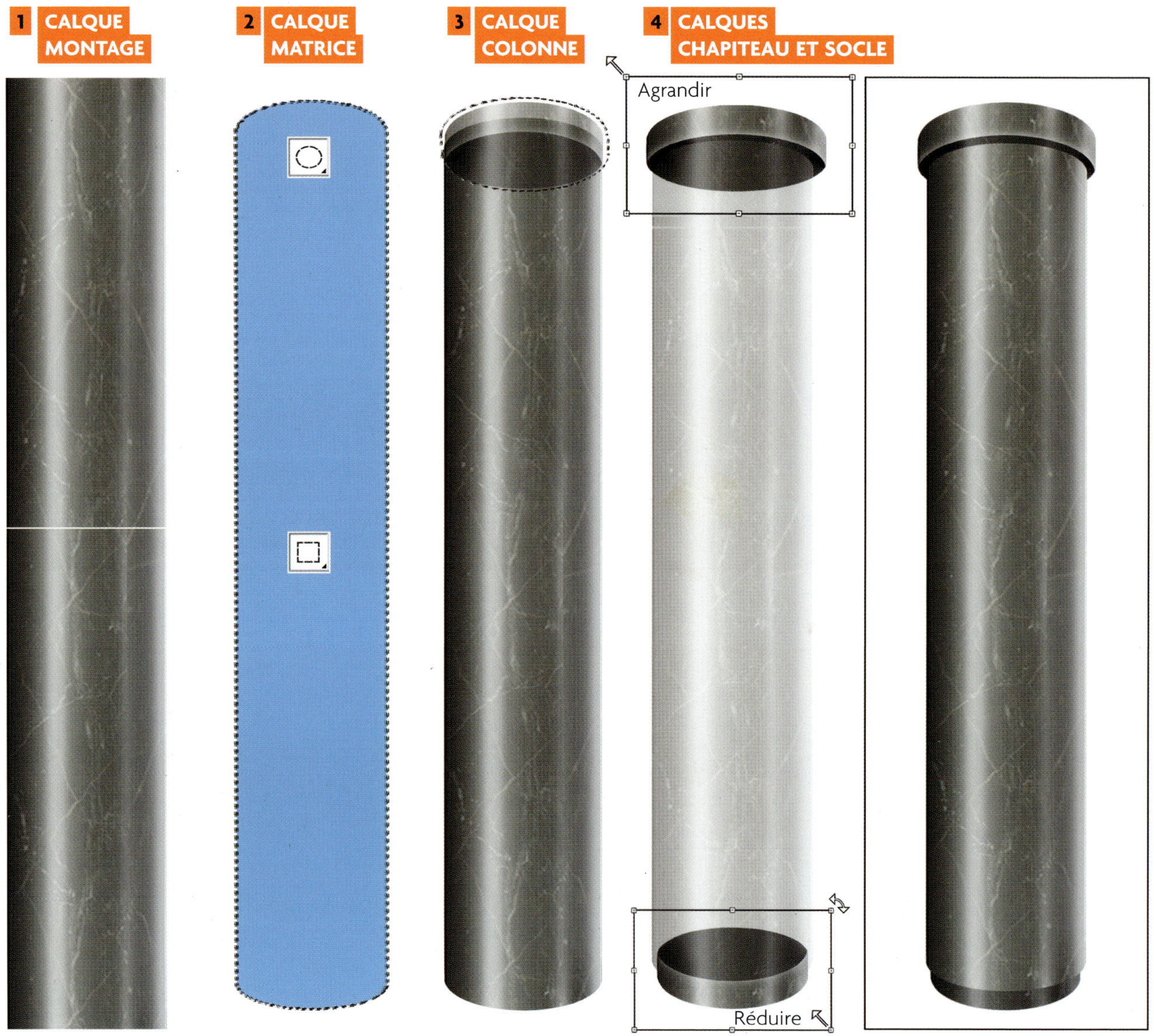

Image finale

APPLICATION D'UN FLASH LUMINEUX

Lorsqu'un rayon de lumière (naturelle ou artificielle) croise la matière : dans la Barre des menus, cliquer sur Filtre›Rendu›Halo.

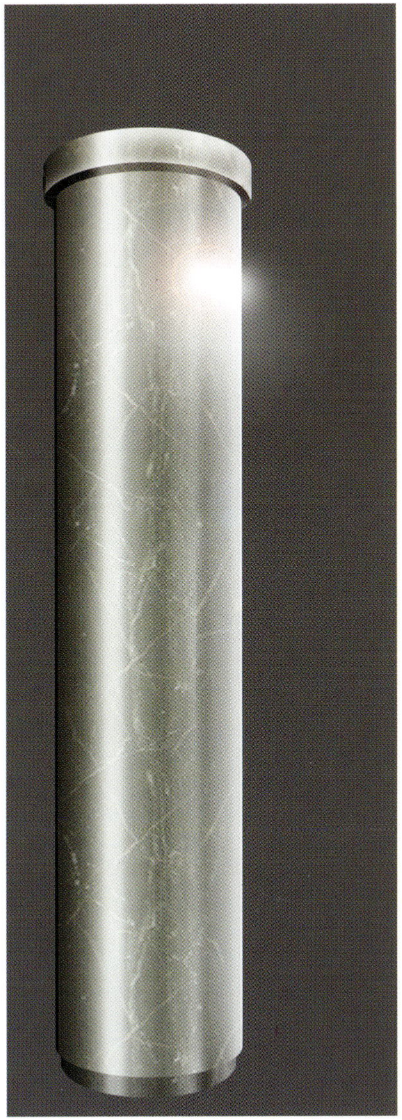

APPLICATION D'UN EFFET DE LUMIÈRE

Dans la Barre d'outils, choisir l'outil Pinceau avec une faible opacité, puis le passer en quelques clics successifs.

APPLICATION D'UNE OMBRE PORTÉE

Copier-coller l'objet à intégrer. Faire un clic droit et choisir Transformation›Symétrie axe horizontal. Avec l'outil Gomme, estomper pour donner un effet bombé à l'ombre de la guitare.

Des effets de lumière, reflets et autres additifs peuvent être ajoutés afin que l'objet s'intègre plus harmonieusement dans son nouvel environnement.
Les applications permettant d'agrémenter les objets sont illimitées.
Choisissez les effets en fonction des éléments qui entoureront l'objet une fois qu'il sera intégré.
Pour la conception et la mise en place de certains effets, vous devrez intervenir manuellement. Les dessins à la main offrent un aspect plus réaliste, moins informatisé.
Vous devrez vous montrer créatif et subtil, car les plus beaux effets restent ceux esquissés, que l'on devine à peine, mais qui ajoutent une vibration à la matière de référence.

Les empreintes permettent de changer l'esthétique visuelle d'un texte sans en modifier le contenu.

1. Sélectionnez le texte à l'aide de la Baguette magique.
2. Additionnez plusieurs sélections en appuyant sur Maj en même temps que vous cliquez.
3. Faites glisser la sélection sur l'objet à l'emplacement désiré.
4. Copiez-collez la sélection positionnée sur l'objet. Nommez ce calque A.
5. Dupliquez le calque A, puis intitulez ce nouveau calque B. Réduisez l'intensité lumineuse de B en allant dans Image›Réglages›Luminosité/Contraste. Placez-le sous le calque A et faites-le glisser vers la droite. Il figurera l'ombre du texte.
Dupliquez à nouveau le calque A. Nommez-le C. Placez le calque C sous le calque B. Faites-le glisser vers la gauche. Le relief ou la lumière est réalisé grâce à ce troisième plan placé sous le deuxième.
6. Fusionnez A, B et C. Pour cela, dans la palette Calques, sélectionnez-les. Puis dans la Barre des menus, cliquez sur Calque›Fusionner les calques.

Vous pourrez obtenir un résultat semblable à l'aide de l'option Fx. Pour cela, dans le calque A, choisissez les options Ombre portée et Lueur interne (voir Fig. 7).

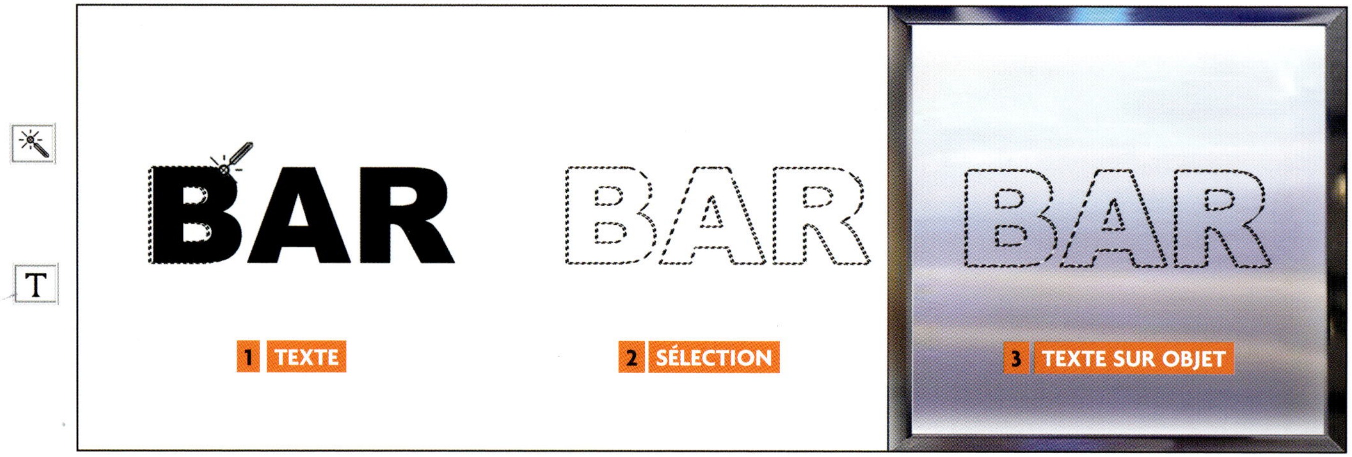

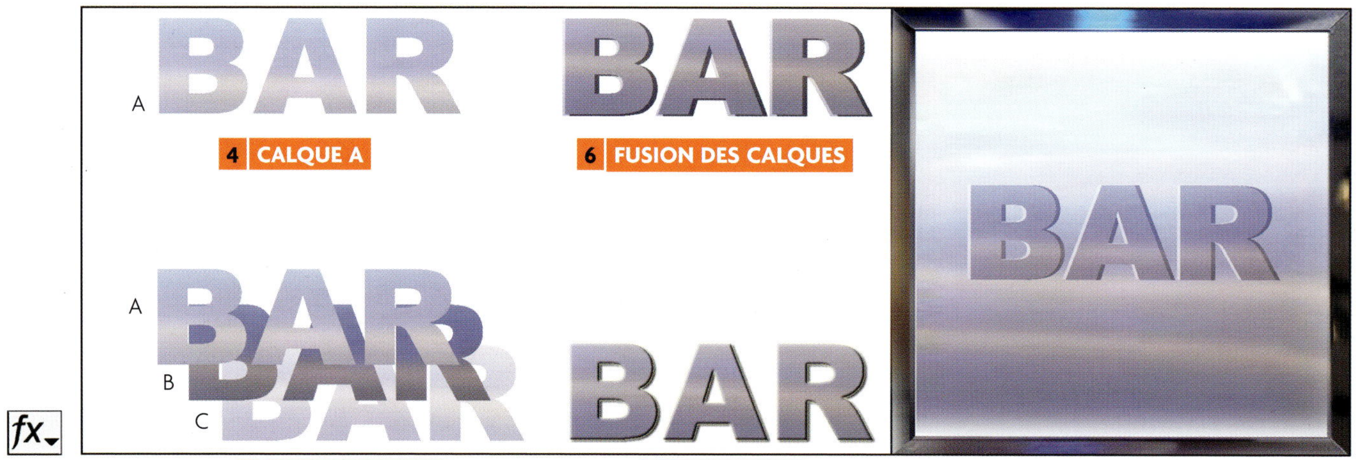

5 TROIS CALQUES

7 OPTION FX

Image finale

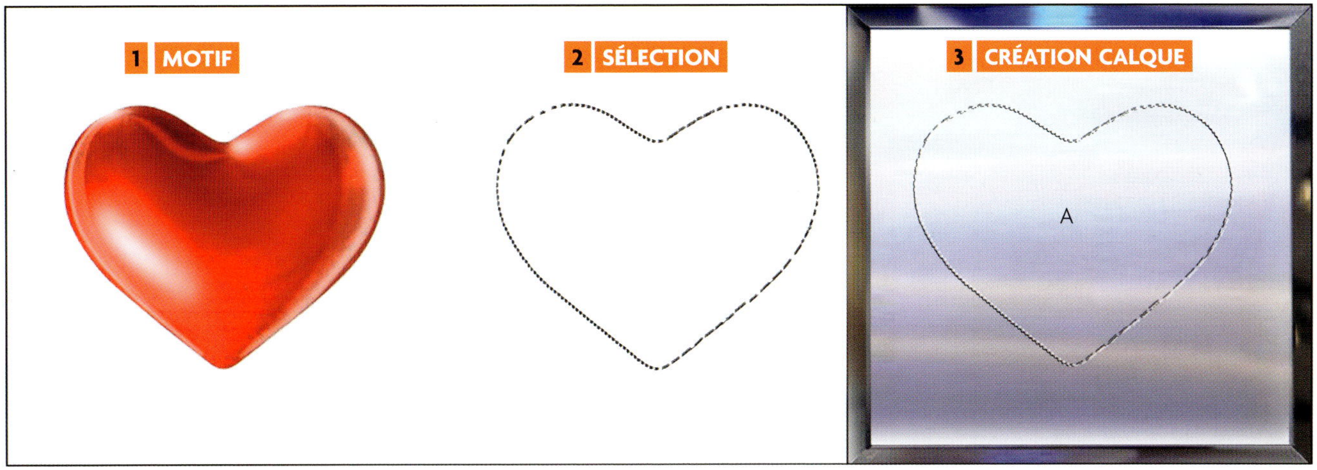

L'empreinte d'un motif est une opération simple. Il vous suffit de détourer un objet pour le transformer en silhouette.

1. Choisissez un motif. Dans la palette Calques, sélectionnez-le. Placez le curseur de la souris dessus et appuyez en même temps sur Ctrl (sur PC) ou Cmd (sur Mac).

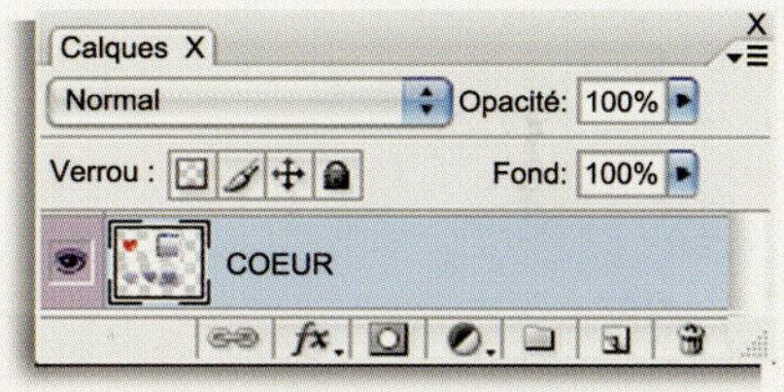

2. Dans la zone de travail, sélectionnez le cœur.
3. Placez la sélection du cœur sur l'objet de votre choix. Faites une copie. Nommez le calque A.
4. Dupliquez le calque A et nommez-le B. Prenez ce calque, puis allez dans Image›Réglages›Luminosité/Contraste. Baissez le paramètre Luminosité pour avoir un objet B plus foncé. Placez le calque B sous le calque A dans la palette Calques.
5. Dans la zone de travail, déplacez légèrement le calque B vers la droite pour créer un relief.
6. Fusionnez A et B. Puis déplacez le motif sur l'objet.

Passer en vue de face

Pour montrer une vue de face, il peut être nécessaire de passer un objet d'une vue en perspective en mode élévation. L'opération se révèle simple, mais elle demande un léger travail de finition pour obtenir un centre cohérent avec l'image initiale.

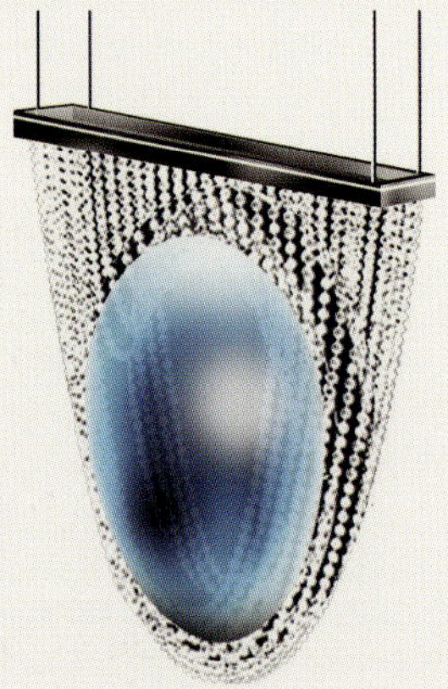

Objet

1. Prenez l'objet et sélectionnez sa partie droite. Supprimez-la avec la touche Suppr.
2. Redressez la partie gauche restante. Pour cela, faites un clic droit, choisissez Transformation manuelle›Inclinaison.
3. Copiez-collez la partie gauche redressée. Faites un clic droit et choisissez Transformation›Symétrie axe horizontal. Rapprochez les calques pour superposer les deux ellipses.
4. Ajustez-les bien pour qu'elles n'en forment plus qu'une.
5. Fusionnez les deux calques. Redistribuez les rangées de strass à l'aide de l'outil Tampon si nécessaire, pour peaufiner le raccord des deux parties.

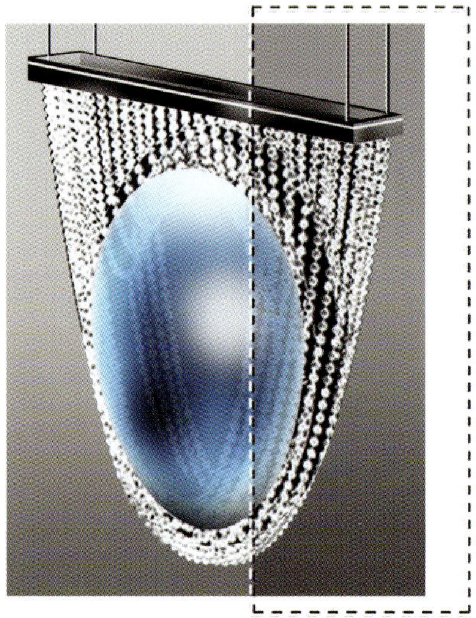

1 SUPPRESSION

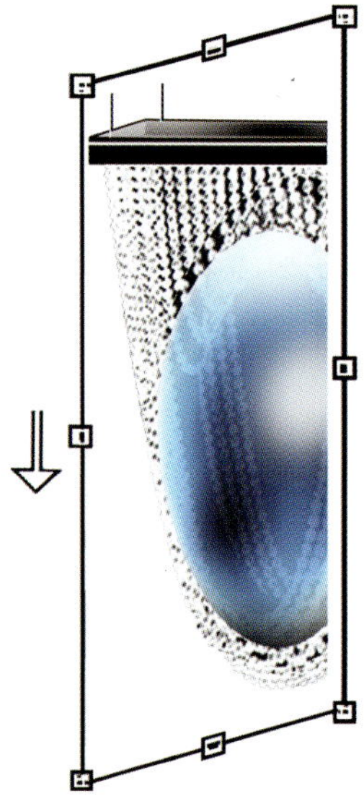

2 INCLINAISON

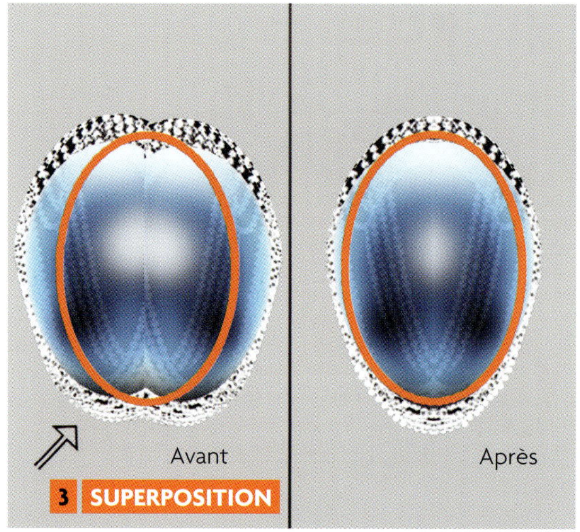

3 SUPERPOSITION

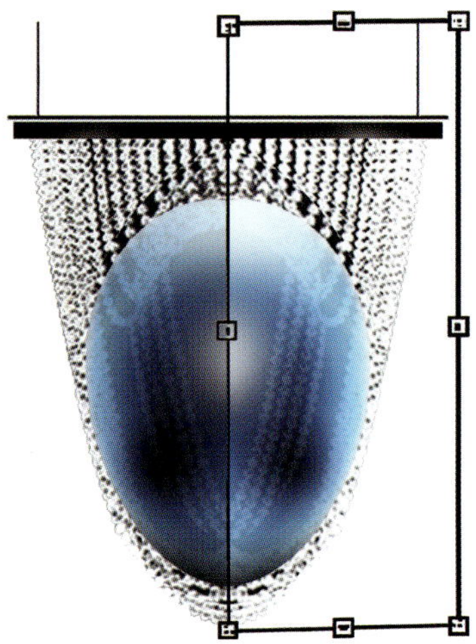

4 AJUSTEMENT

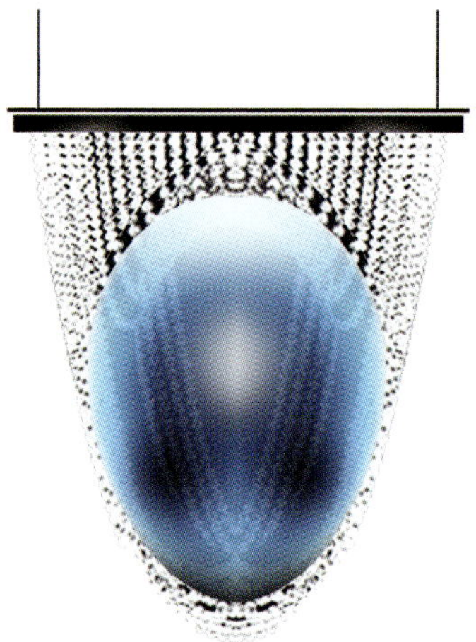

5 FUSION DES CALQUES

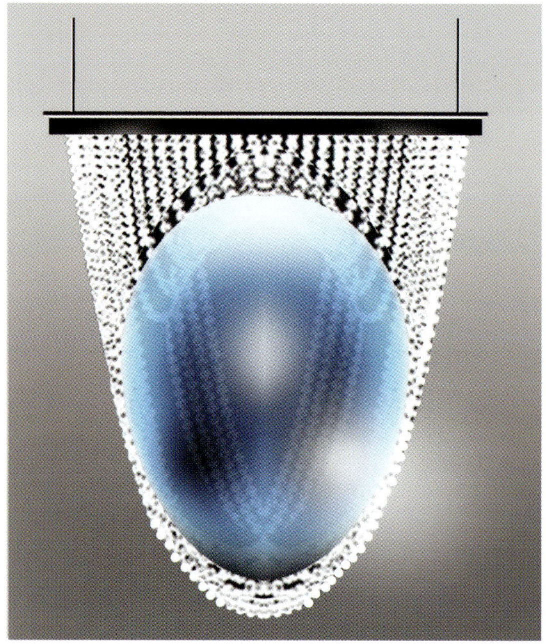

Image finale

Avant

Après

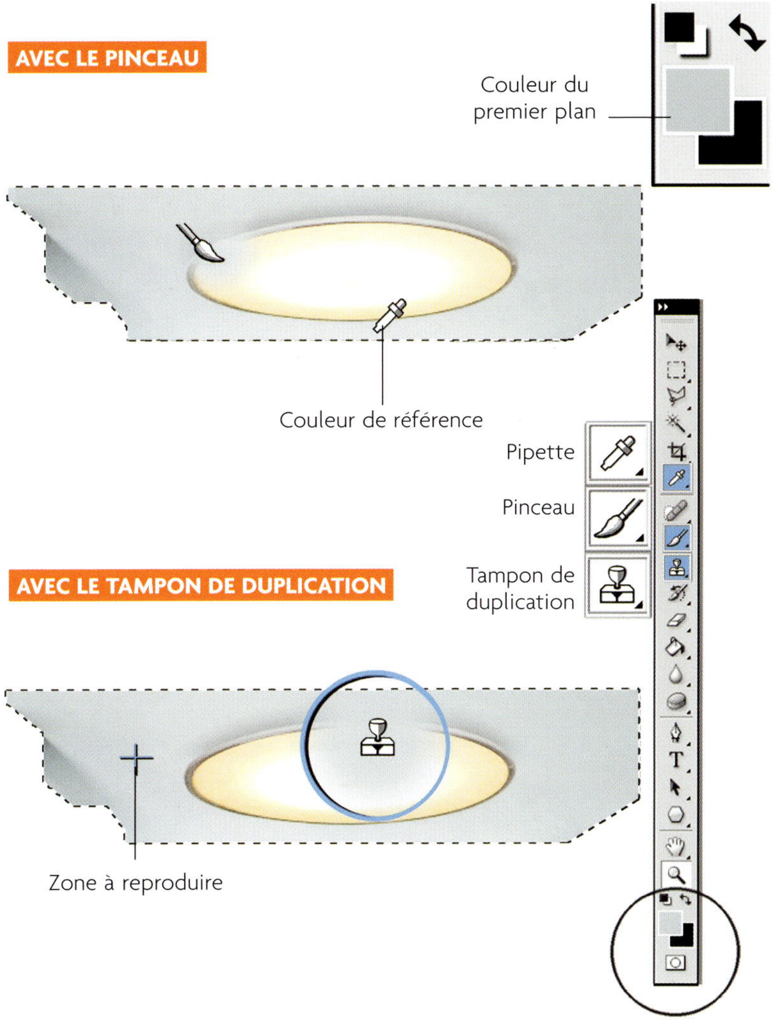

La suppression d'un objet est souvent utilisée dans les magazines pour les retouches d'images. Elle s'effectue en recouvrant l'objet avec une couleur.

Deux options sont possibles pour supprimer un objet.

Avec l'outil Pinceau :

1. Sélectionnez les zones à remplir pour éviter de copier la couleur à l'extérieur de l'image.
2. Cliquez sur l'outil Pipette afin de choisir la couleur de référence. Placez-la sur la couleur à reproduire pour l'enregistrer dans la Barre d'outils en guise de couleur de Premier plan.
3. Cliquez sur le Pinceau et passez-le sur la zone à camoufler.

Avec l'outil Tampon de duplication :

1. Sélectionnez les zones à remplir pour éviter de reproduire la couleur à l'extérieur de l'image.
2. Cliquez sur l'outil Tampon de duplication. Sélectionnez un point sur l'image avec la touche Alt. Cliquez ensuite à un autre endroit de l'image pour reproduire le point initial sélectionné et ainsi recopiez toute une partie de l'image en fonction des besoins.

La retouche d'images consiste à modifier un élément dans une image. Pour un résultat esthétique, choisissez une image enregistrée en haute définition importée du Web ou une photo scannée.

La démonstration présentée ici consiste à reconstituer un élément caché à partir d'éléments visibles.

1. Sélectionnez le module A sur l'image et faites un copier-coller pour créer un nouveau calque. Nommez-le A.
Dupliquez huit fois ce calque. Vous obtiendrez ainsi les neuf barreaux pour constituer le dossier.

2. Sélectionnez les modules A et B sur l'image d'origine. Placez-les sur un calque nommé Matrice. Puis remplissez la matrice d'une couleur au choix.
Positionnez les huit copies du calque A sur la matrice. Fusionnez tous les calques et nommez le nouveau calque A+.

3. Sélectionnez, puis copiez le module B sur l'image. Nommez le calque B. Appliquez-lui une Transformation manuelle›Torsion pour obtenir un montant plus grand.

4. Ajustez les extrémités du montant B.

5. Dupliquez le calque B et nommez-le B+. Positionnez les montants B et B+ sur la matrice.

6. Placez le calque B+ sous le calque A+ dans la palette Calques et le calque B au-dessus du calque A+.
Fusionnez les calques A+, B et B+ pour créer un nouveau calque. Nommez-le Dossier de chaise. Posez-le sur l'image d'origine. Supprimez le bas du montant gauche.

Photo originale

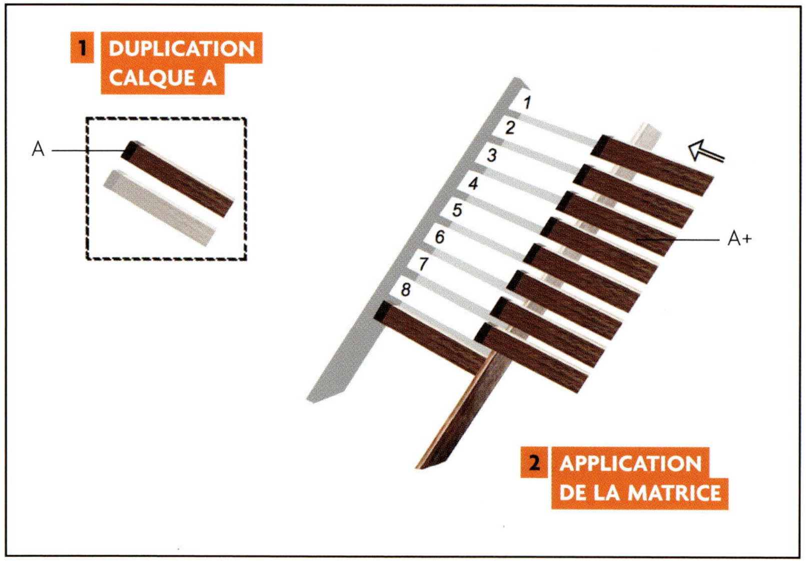

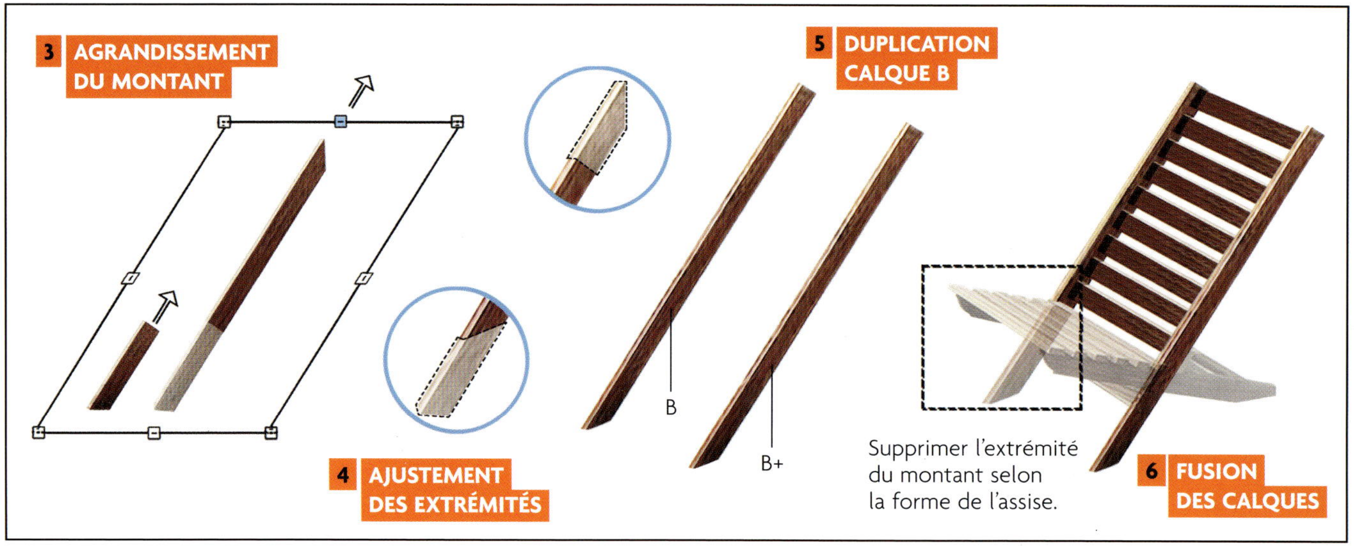

Pour peaufiner la retouche d'une image, il est nécessaire de récupérer des caractéristiques existant sur l'image d'origine (couleurs et matières) pour les reporter sur l'image retouchée. L'outil Tampon de duplication est souvent utilisé dans les magazines pour corriger certains défauts.

Pour utiliser l'outil Tampon de duplication :

1. Sélectionnez avec l'outil de sélection Lasso les zones de l'image à remplir.

2. Cliquez sur l'outil Tampon de duplication (voir p. 19). Le curseur de la souris se transforme en cible D (diamètre de reproduction de l'outil).

3. Appuyez sur la touche Alt du clavier et cliquez simultanément sur la zone de l'image à copier. Une autre cible nommée S (source) apparaît. Elle représente la source de la reproduction.

4. Déplacez la souris sur la zone à remplir en maintenant le bouton gauche de la souris enfoncé. La cible S se transforme en cible A. Pour éviter de repartir à zéro, procédez par petits clics espacés.

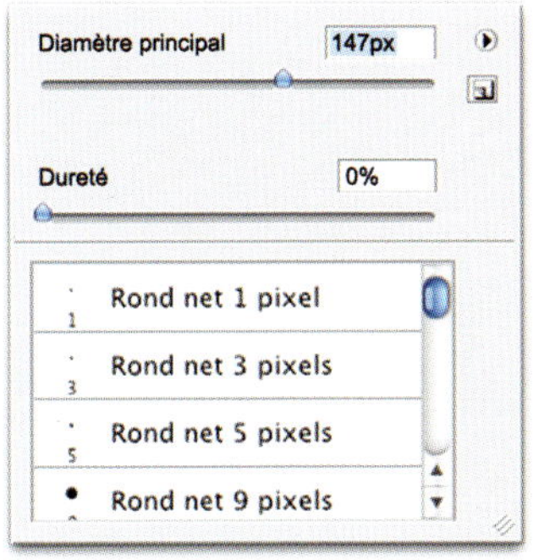

Une fois l'outil Tampon sélectionné, un clic du bouton droit donne accès aux paramètres relatifs à la cible D.

TRANSFORMATION AUTOMATIQUE DU CURSEUR

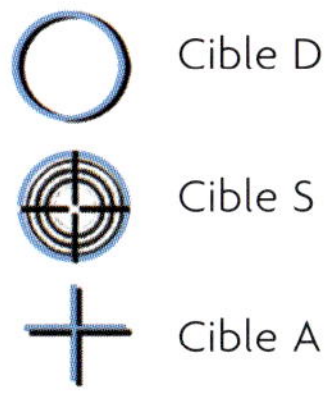

Image finale

APPLICATION DU TAMPON

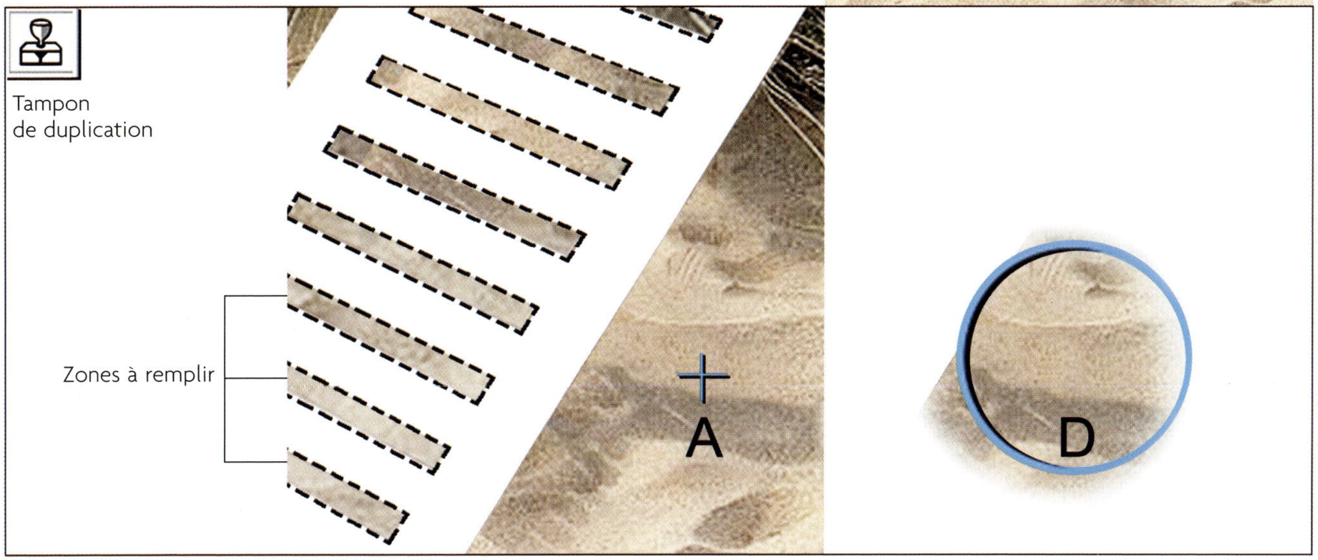

La cible A représente la zone à copier.

La cible D est la zone de reproduction.

Transformer un objet / La perspective

Pour passer d'une vue de face à une vue en perspective, vous devrez donner du relief à l'objet. Les étapes suivantes servent d'exemples et les procédures décrites peuvent s'appliquer à d'autres objets plus complexes : fauteuil, table, buffet...

Pour construire une silhouette en perspective :

1. Travaillez à partir d'un objet détouré situé sur un calque. Dans la palette Calques, cliquez sur le calque pour obtenir la sélection de l'objet.

2. Créez un calque nommé Matrice. Dans la zone de travail, sur le calque Matrice, remplissez l'intérieur de la sélection avec une couleur de votre choix.

3. Créez un nouveau calque nommé Déformations. Placez-le sur le calque Matrice puis sélectionnez et remplissez les zones à modifier (a à h) pour obtenir une silhouette en perspective. Pour cela, servez-vous des outils de sélection.

4. Fusionnez les deux calques.

1 SÉLECTION

Objet

2 CALQUE MATRICE **3 CALQUE DÉFORMATIONS** **4 FUSION DES CALQUES**

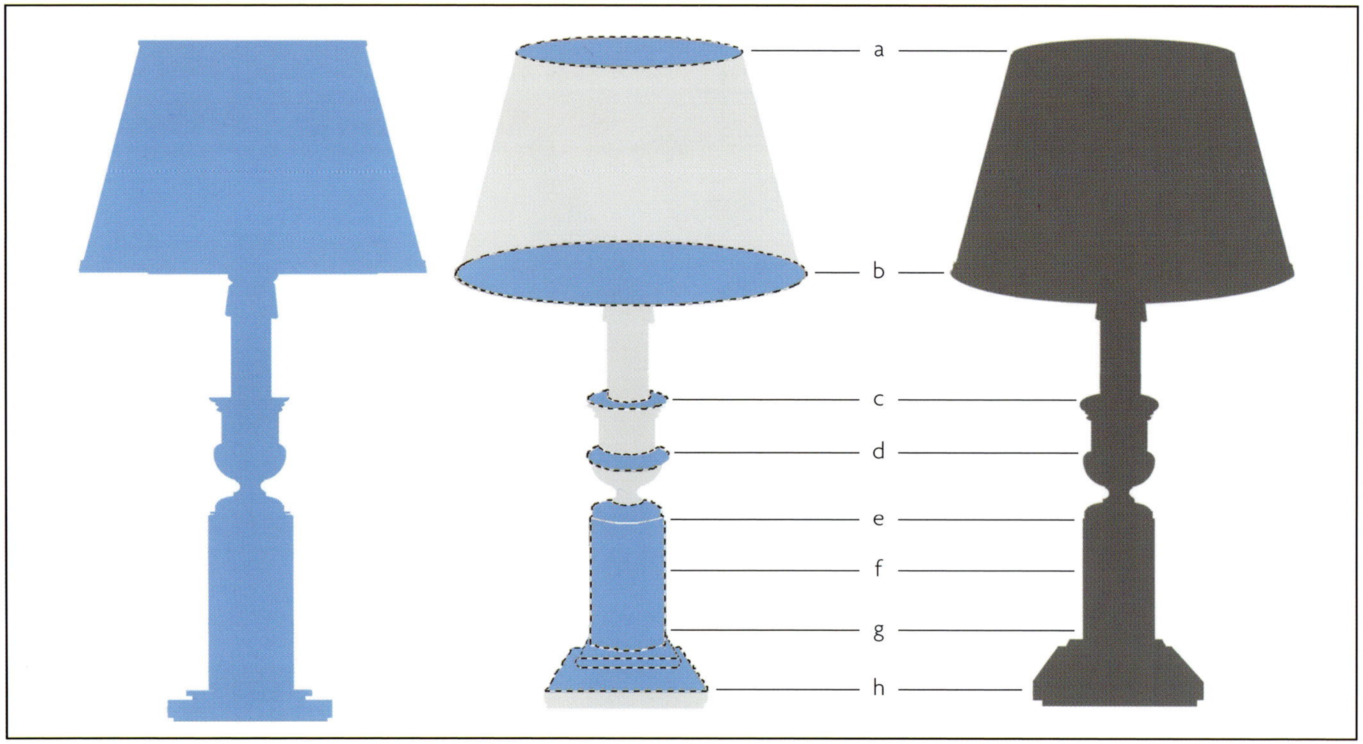

Vue de face — Vue en perspective — Zones soumises à la déformation

ÉLÉMENTS SÉLECTIONNÉS

INSERTION DES ÉLÉMENTS MODIFIÉS

Vue en perspective

Image finale

D'autres transformations concernent les matières et textures de l'objet initial.

1. Sur le calque Objet initial, sélectionnez les huit éléments de l'objet vus précédemment et copiez chacun d'eux sur un calque distinct.
2. Reprenez ces éléments un par un et déformez-les en vous aidant des calques Déformations et Matrice (Fig. 3 et 4 de la p. 56). Utilisez les options Transformations manuelles (voir p. 58 et 59).
3. Sélectionnez les éléments à modifier sur l'image originale et utilisez le Tampon de duplication pour reproduire les matières.
4. Replacez les éléments déformés sur la Matrice en perspective pour les positionner correctement.

Transformer un objet / Créer une ellipse

Voici une démonstration de l'outil Transformation manuelle›Déformation qui permet de créer une ellipse à partir d'une droite.

Créer deux ellipses correspondant aux parties hautes et basses de l'abat-jour :

1. À partir de la sélection de l'objet, étirez la ligne droite en appliquant Transformation manuelle›Déformation.
2. Sélectionnez l'arceau doré. Puis allez dans Sélection›Intervertir. Supprimez la partie blanche.
3. Copiez-collez l'arceau. Appliquez une Transformation manuelle›Symétrie axe vertical à la copie. Ajustez les deux arceaux bout à bout. Fusionnez les deux calques. Appliquez une Transformation manuelle pour aplatir plus ou moins l'ellipse.
4. Sur l'arceau supérieur, ajoutez quelques effets de lumière avec l'outil Pinceau pour simuler une projection lumineuse sur la matière.
5. Localisez les arceaux sur les abat-jour. Remplissez l'intérieur des arceaux avec la matière de l'abat-jour à l'aide de l'outil Tampon de duplication.

Objet (arceau)

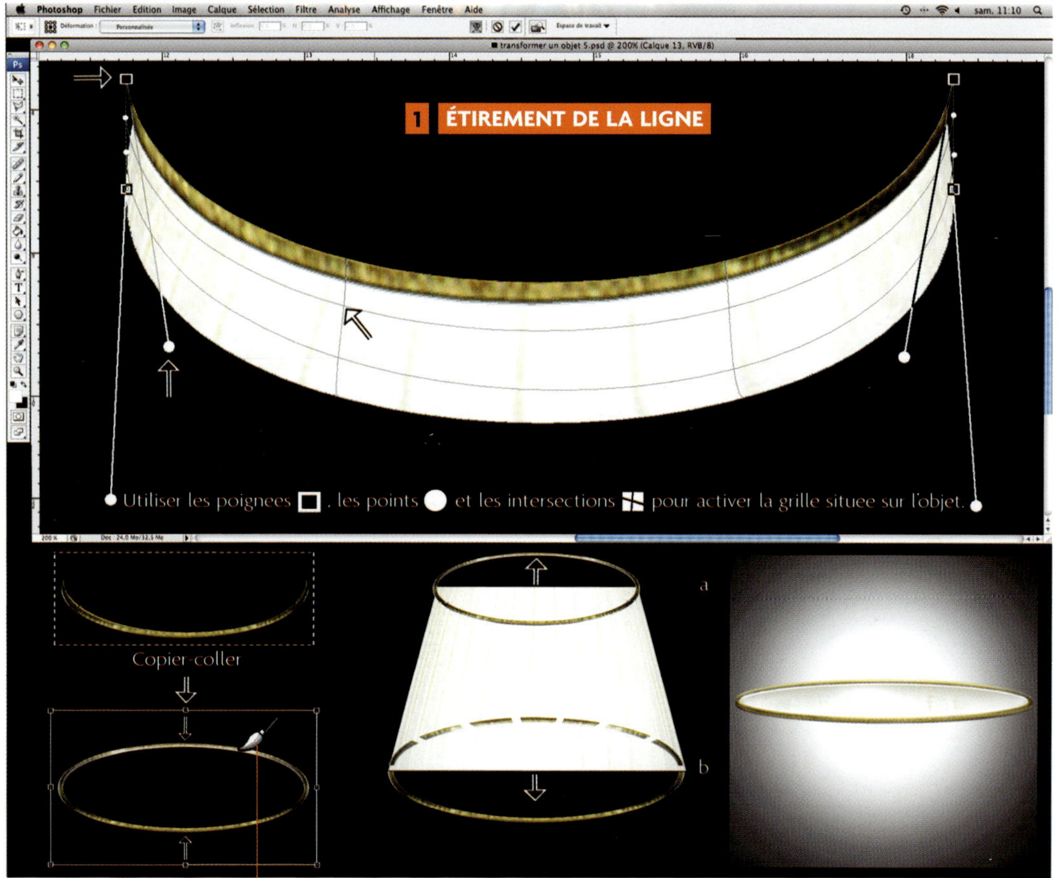

2 SÉLECTION

3 AJUSTEMENT DES CALQUES

4 EFFETS DE LUMIÈRE

5 REMPLISSAGE

Image finale

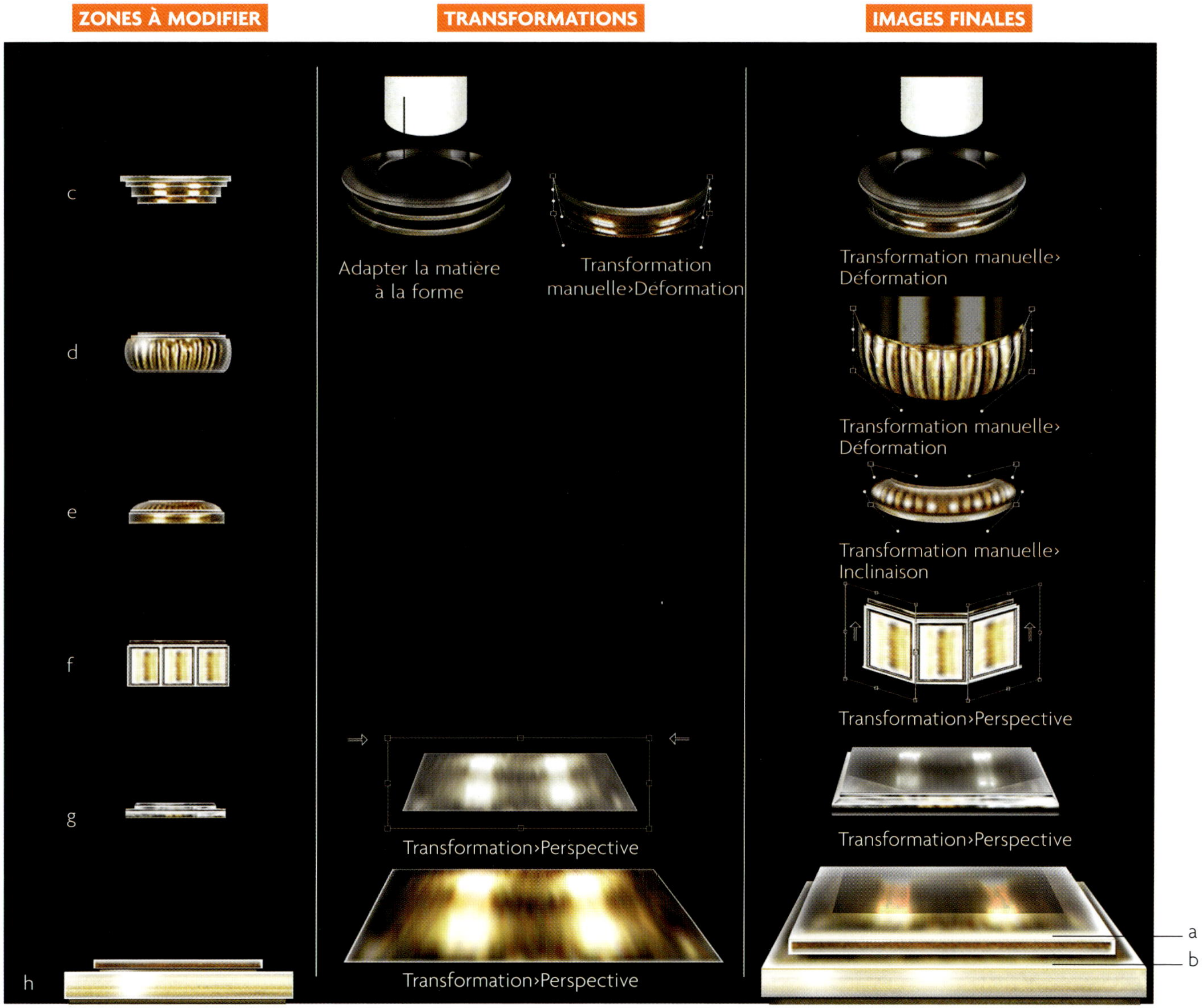

Applicable sur les deux niveaux a et b

Après avoir transformé un objet, il est nécessaire de modifier sa matière. Dans certains cas, il faut aussi récupérer de la matière présente sur l'objet initial pour en changer l'aspect et remplir les zones modifiées.

Pour modifier la matière :

1. Repérez les zones à modifier sur l'objet (Fig. 3, p. 56).
2. Copiez un élément de l'objet original pour avoir un extrait de la matière.
3. Appliquez-lui Transformation manuelle et choisissez une option en fonction des modifications souhaitées.

Pour remplir des zones modifiées :

1. Répétez les étapes 1 et 2 précédentes.
2. Appliquez à l'élément de l'objet original l'option Transformation manuelle et agrandissez-le.
3. Mettez-le en perspective avec l'option Transformation manuelle›Perspective.

Options de fusion : Fx

Cette option sert à créer des effets de lumière ou d'ombre à l'extérieur ou à l'intérieur de l'objet.

AFFICHAGE DE L'OPTION

Pour afficher cette option appelée « Fx », il faut aller dans la palette Calques et faire un clic droit sur le calque concerné. Choisissez Options de fusion. La boîte de dialogue Style de calque s'affiche et offre plusieurs options.
Pour afficher l'option Fx, vous pouvez aussi cliquer sur le raccourci placé en bas de la palette.
Dans la palette Calques, l'option Fx appliquée au calque de l'objet apparaît ainsi que l'effet choisi. Dans la palette, les options sont solidaires du calque et le suivent dans tous ses déplacements. Les modifications sont toujours possibles à n'importe quel stade de la création en double-cliquant sur le calque.

Objet

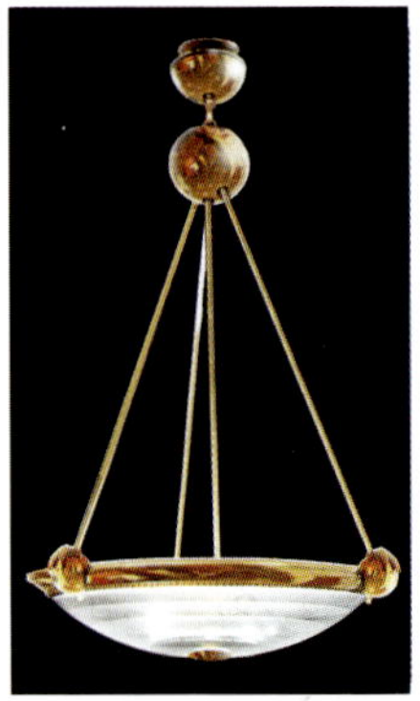

Environnement

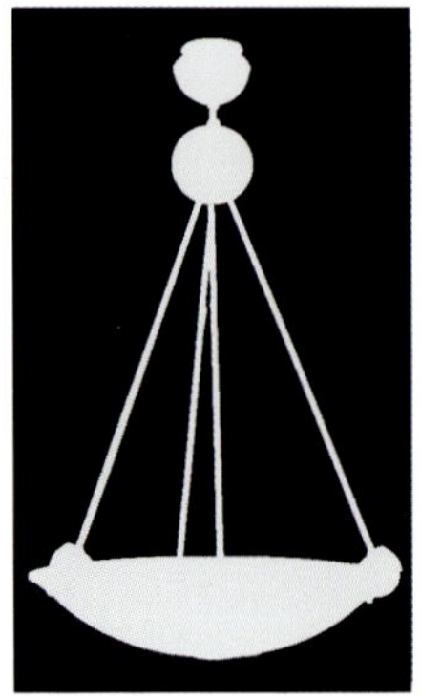

Objet Fusion

Clic droit sur le calque pour faire apparaître le menu déroulant

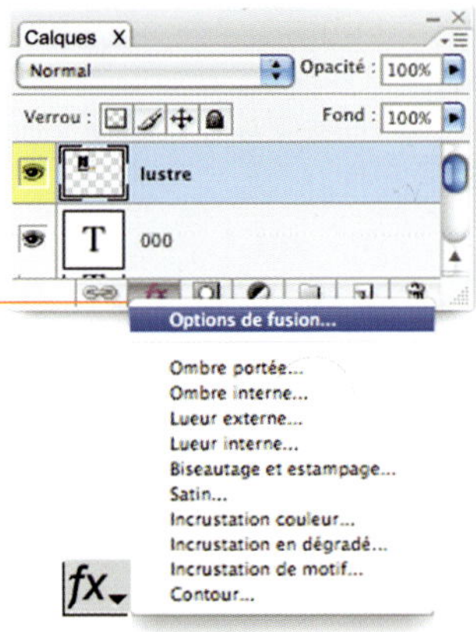

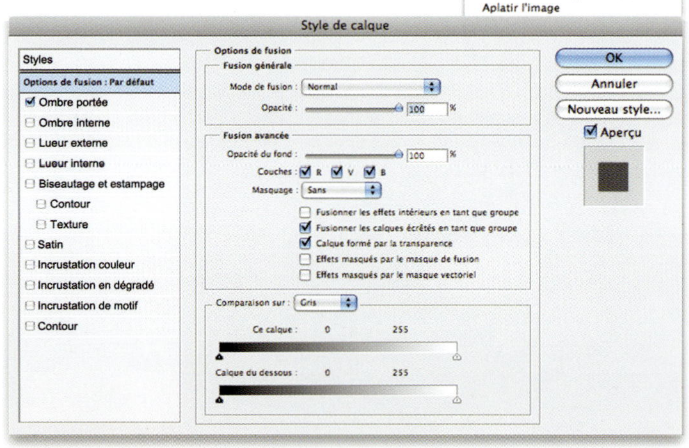

STYLE DE CALQUE

Les options de fusion permettent de créer rapidement des effets grâce à des codes préenregistrés (boîte de dialogue Style de calque). Par exemple, les ombres portées placées sous les objets peuvent être modifiées à volonté dans leurs localisations, formes et intensité. Les ombres internes apportent une lueur supplémentaire à l'intérieur de l'objet.
Dès l'option cochée dans la boîte de dialogue, l'objet est modifié à l'écran et la boîte de dialogue reste ouverte permettant d'affiner les réglages.

OMBRE PORTÉE NETTE

OMBRE PORTÉE DIFFUSE

LUEUR INTERNE

INCRUSTATION COULEUR

LUEUR EXTERNE

Voici quelques paramètres pour illustrer cette option étonnante de réalisme. Elle donne du relief à l'objet.

En général, quand vous importez des images depuis des sources diverses (Web ou magazines), les objets sont les plus neutres possibles, sans effets. La démarche créative consiste à leur apporter du relief et à les mettre en valeur par le biais de la lumière afin qu'ils s'intègrent au mieux dans leur nouvel environnement.
L'option Fx est efficace dans tous les traitements d'ombres portées.

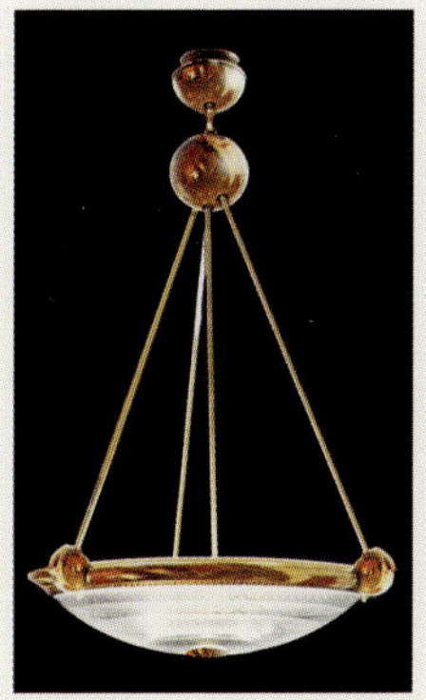

Objet

Éclairer un objet / Les éclairages dans les filtres

Les sources lumineuses peuvent être personnalisées grâce aux paramètres Eclairage.

Pour accéder à la boîte de dialogue Eclairage, dans la Barre des menus, allez dans Filtre›Rendu›Eclairage.
La matière recevant la lumière joue un rôle important dans le résultat final. Vous devrez donc adapter les effets en fonction de cette donnée. Par exemple, une surface émaillée donnera un effet très brillant. Une surface en bois entraînera un effet plus dilué.
La boîte de dialogue Eclairage propose de nombreuses solutions. La manipulation est simple et invite à réaliser quelques essais.

Objet

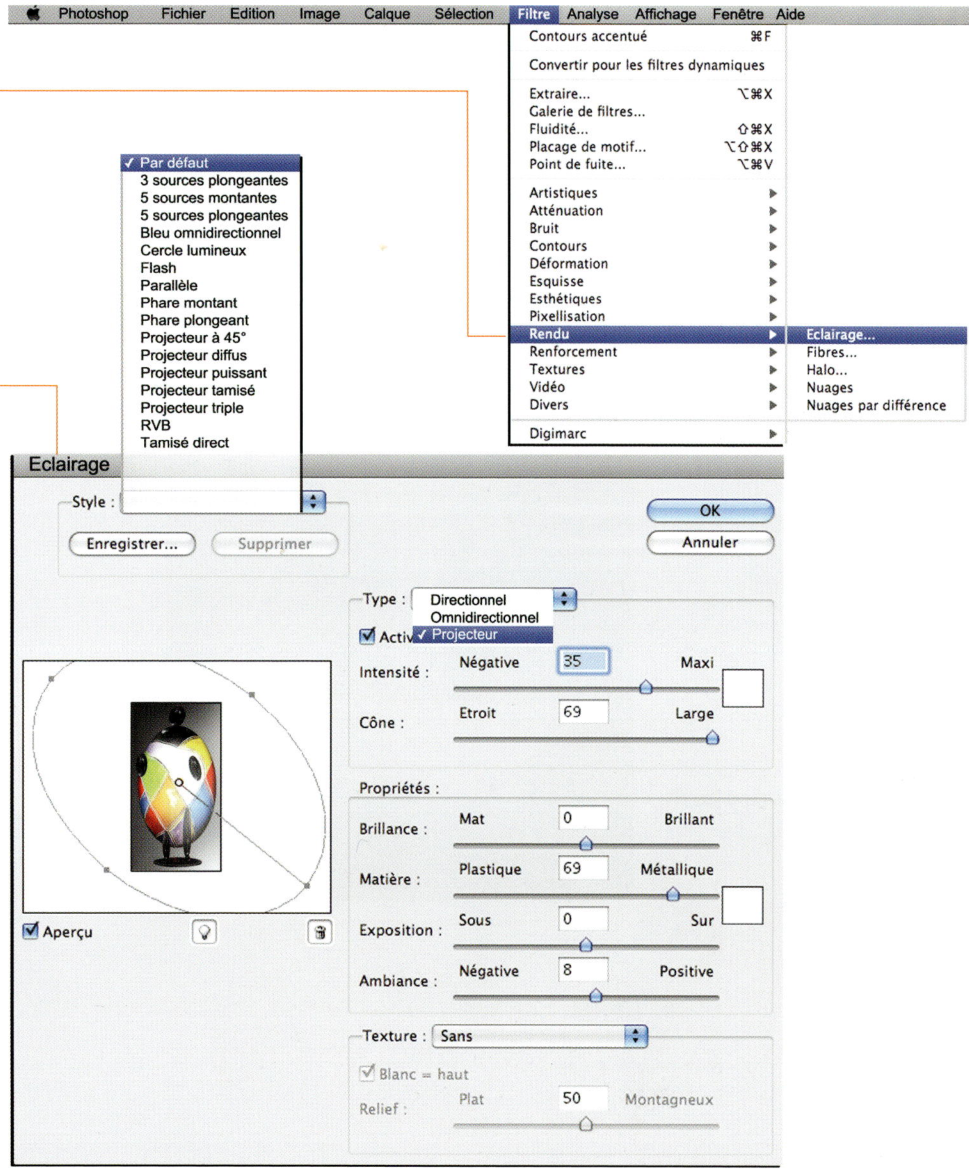

QUELQUES EXEMPLES

Par défaut

Trois sources plongeantes

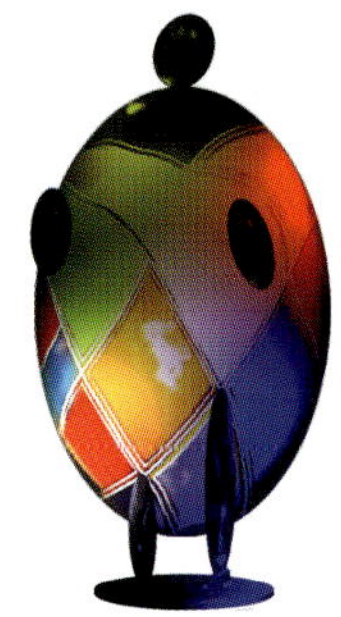

Cercle lumineux

Flash

Phare montant

Tamisé direct

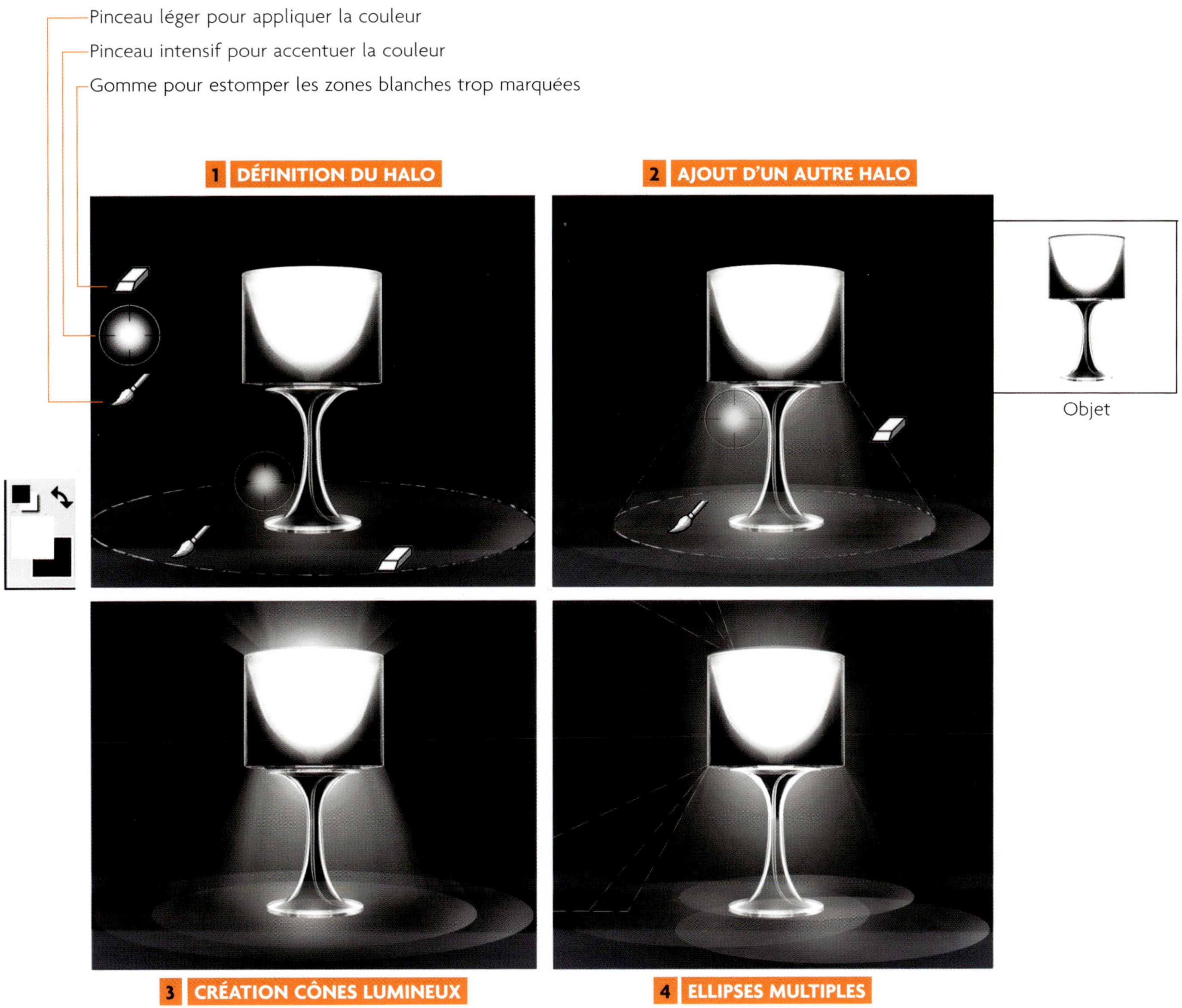

Voici une méthode pour réaliser manuellement un halo lumineux et créer ainsi un éclairage d'ambiance.

1. Exécutez une sélection au pied de la lampe pour définir le halo. Créez un premier calque (faites de même pour chaque sélection de la procédure).
Définissez deux couleurs : le blanc et le noir, mettez-les en Premier et Arrière-plan (voir p. 32). Prenez le Pinceau, paramétrez son opacité sur 15 et choisissez un grand diamètre.
Faites un clic gauche et suivez les contours internes de la sélection (avec le blanc). Puis avec la Gomme (de faible opacité), suivez ces mêmes contours pour les estomper.
2. Créez une seconde sélection de la forme d'une ellipse à l'intérieur de la première, d'un rayon inférieur. Comme aux étape précédentes, avec le Pinceau, apportez des touches de lumière (blanc) en restant au centre de l'ellipse.
3. Effectuez un ajout de sélection avec l'outil Lasso et la touche Maj (voir p. 48). Reliez-le avec l'ellipse centrale. Avec le Pinceau, passez de haut en bas afin d'orienter la lumière vers le bas. Accentuez la luminosité sous l'abat-jour. Puis reprenez la Gomme pour estomper les contours.
Copiez le cône lumineux, puis faites une Transformation›Symétrie axe vertical pour obtenir un deuxième faisceau. Placez-le en haut de l'abat-jour.
4. Vous pouvez créer de multiples ellipses, car la lampe peut renfermer différentes sources lumineuses.

Éclairer un objet / Le filtre Halo

Ce filtre se révèle très performant sur une surface sombre pour créer une source lumineuse directe ou indirecte. Dans la Barre des menus, allez dans Filtre›Rendu›Halo.

Pour placer le Halo derrière un objet :

1. Créez un calque de couleur sombre et appliquez-lui un Halo.
2. Dans la palette Calques, placez-le sous le calque Objet et donnez ainsi l'illusion d'un contre-jour.
3. Avec l'outil Pinceau, ajoutez un filet blanc sur le pourtour de l'objet pour montrer l'impact des rayons lumineux.

Pour éclairer à la fois l'objet et son environnement :

1. Créez un calque d'arrière-plan de couleur sombre. Sur le calque Objet, positionnez un Halo sur l'objet.
2. Créez un calque Lumière qui recouvrira à la fois l'objet et l'arrière-plan. Dessinez une zone lumineuse avec le Pinceau (opacité de 30 et grand diamètre).
3. Dans la palette Calques, placez ce calque Lumière au-dessus des deux autres.

a

b

DÉPLACER LA SOURCE LUMINEUSE

Pour donner l'illusion d'un déplacement de la source lumineuse, créez des calques successifs et placez sur chacun d'eux le Halo à des endroits différents (Fig. a et b). Vous pouvez éclairer plus ou moins l'objet avec le Pinceau.

Aux Figures c et d, le Halo est placé sur l'objet. La vignette Centre de la source permet de positionner la source lumineuse sur l'objet.

c

d

Éclairer un objet / Le filtre Éclairage

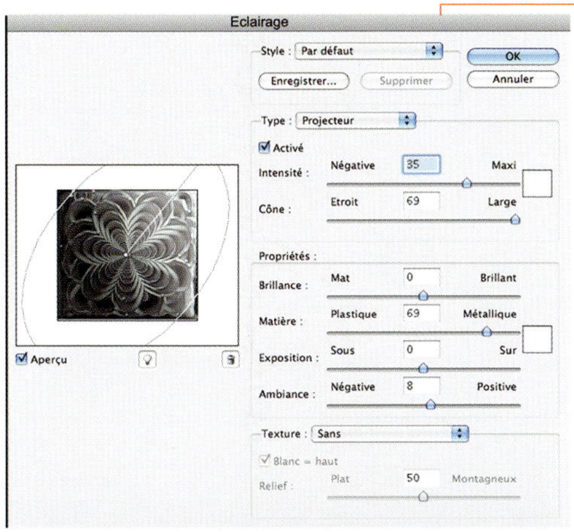

Image originale

Un objet peut être éclairé par une source lumineuse éloignée. Pour activer l'option Eclairage, dans la Barre de menus, allez dans Filtre›Rendu›Éclairage. Seul le calque d'arrière-plan (situé sous le calque Objet) sera affecté par les effets de cette option.

Sur la figure ci-contre, on a placé trois sources lumineuses sur le calque d'arrière-plan, de couleur sombre.

Pour activer et orienter les sources lumineuses, il suffit de cliquer et de déplacer les poignées sur la vignette.

Pour éclairer l'objet, vous pourrez intervenir soit manuellement soit à l'aide du filtre Halo (voir p. 64).

Les effets sont directement insérés dans le calque Objet et ne peuvent être modifiés par la suite. Il est donc préférable de dupliquer l'objet au préalable. Ainsi il vous sera possible de renouveler l'expérience et de réaliser d'autres essais.

À partir d'une image, il est possible de modifier l'éclairage afin de suggérer une ambiance différente.

Pour modifier l'éclairage :

1. Dans la Barre des menus, allez dans Image›Réglages›Luminosité/contraste. Déplacez le curseur de la Luminosité dans les moins.
2. Une fois l'image assombrie, faites une sélection sous les sources lumineuses, puis créez un calque pour chaque luminaire (p. 63). Ici il s'agit de mettre en valeur les luminaires.
3. Accentuez les zones d'ombre en grisant les sols de l'image. Pour cela, utilisez soit l'outil Dégradé situé dans la Barre d'outils soit le Pinceau.

COULEURS CHAUDES OU FROIDES

Il est possible d'intégrer des couleurs chaudes ou froides dans les effets en changeant la couleur de l'arrière-plan situé dans la Barre d'outils.

Vous pourrez aussi amplifier cet effet chaud ou froid en ajoutant une teinte à l'image.

1. Allez dans Image›Balance des couleurs.
2. Déplacez le curseur sur le bleu ou sur le jaune pour effectuer les changements de couleur.

Il vous suffira de souligner légèrement le mobilier avec l'outil Pinceau sur les parties les plus exposées à la lumière. Vous apporterez ainsi un effet tamisé et reposant. L'effet du lampadaire est très estompé, ce qui donne un aspect feutré et intime.

Couleur de référence pour une ambiance chaude

En mettant l'accent sur l'éclairage, vous ferez ressortir la fonction première des sources lumineuses et donnerez un aspect différent aux volumes.

Photo originale

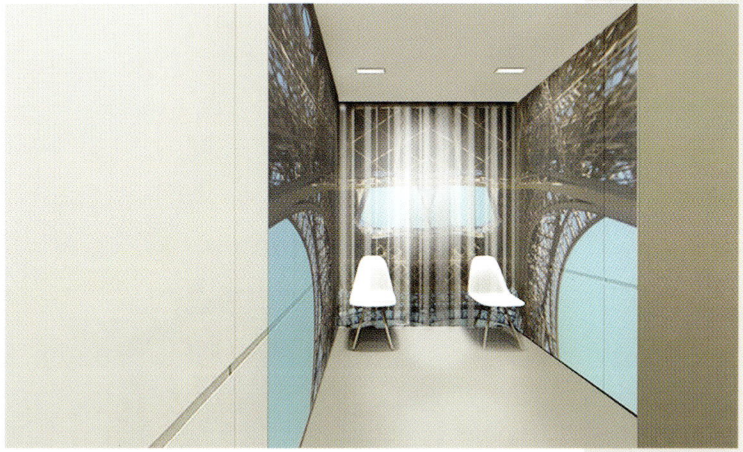

Photo originale

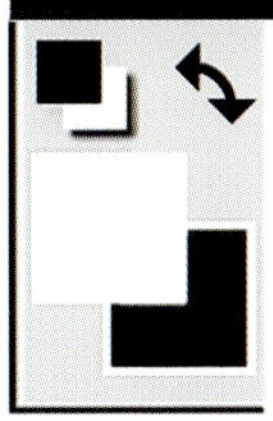

Couleur de référence pour une ambiance neutre

Couleur de référence pour une ambiance froide

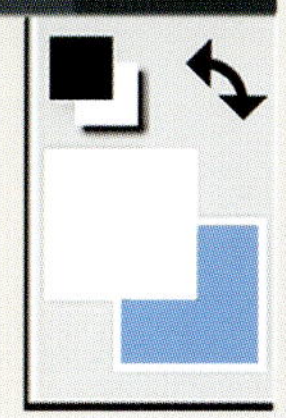

Monter un cube

La fabrication d'un meuble cubique demande la création de plusieurs éléments de forme simple.

1. Créez un carré A qui représente l'arrière du cube.
2. Dupliquez-le et créez un calque B. Supprimez la moitié du carré B.
3. Appliquez-lui Transformation manuelle› Inclinaison. Vous obtiendrez ainsi un côté du cube en perspective.
4. Copiez le calque B et créez un calque B'. Placez-le sous le calque B en le déplaçant vers la droite pour créer une épaisseur. Assombrissez-le pour matérialiser l'épaisseur du côté. Puis faites une sélection pour délimiter les extrémités en haut et en bas du côté.
5. Fusionnez les calques B et B', puis faites une copie pour obtenir le calque C.
6. Placer les calques B et C sur le calque A de chaque côté du carré.
7. Créez deux sélections représentant les traverses du cube sur un autre calque, pour relier B et C. Remplissez-les avec la couleur de B'. Puis placez-le entre B et C en haut et en bas.
8. Avec l'outil Lasso, sélectionnez le haut et le bas du cube. Puis remplissez-les en blanc.
9. Allez dans Image›Réglages›Teinte/saturation... Déplacez le curseur de la Saturation, complètement à gauche.

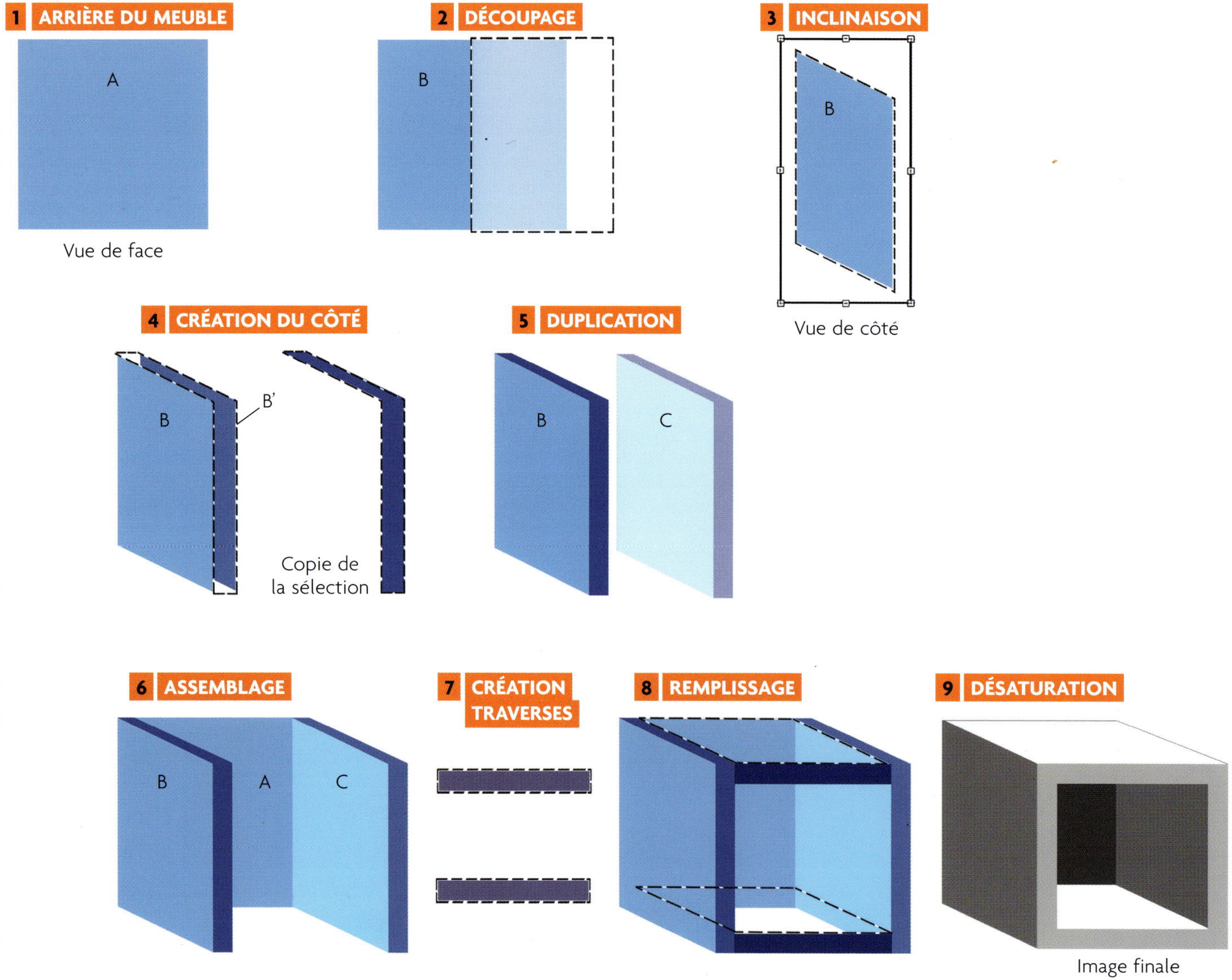

a

Texte blanc sur un calque gris

Outil texte sans option de fusion

b

Texte grisé, avec les options de fusion Ombre portée, Ombre interne et Lueur interne

c

Texte noir, avec l'option de fusion Lueur interne et Transformations›Symétrie axe vertical et Torsion

d

Texte noir, avec l'option de fusion Lueur interne et Transformation›Symétrie axe vertical
Emploi de l'outil Gomme

e

Texte noir avec l'option de fusion Océan
Outil texte sans option de fusion

Un texte peut prendre du relief grâce à des applications réalisées directement avec l'**option Fx** (voir p. 60 et 61). Ici le texte est modifié comme on le ferait avec un objet. Vous n'aurez qu'à taper le texte au préalable dans un calque, créer un nouveau calque puis fusionner ces deux calques pour obtenir le texte devenu objet.

a. Créez un calque d'arrière-plan de couleur grise. L'outil Texte permet de saisir les lettres en choisissant une couleur (ici le blanc). Ensuite, créez un nouveau calque et fusionnez-le avec le calque Texte pour créer un calque Objet.
b. Réutilisez le calque Objet précédent en le remplissant d'une couleur grise. Appliquez-lui simplement l'option de fusion, en choisissant les effets Ombre portée, Ombre interne et Lueur interne.
c. Réutilisez le calque Objet précédent en le remplissant de noir et en lui appliquant l'option de fusion Lueur interne. Dupliquez ce calque Objet, puis appliquez-lui une Transformation manuelle›Symétrie axe vertical. Enfin inclinez le texte avec l'option Torsion. Vous pourrez répéter cette opération à plusieurs reprises.
d. Réutilisez le calque Objet précédent ainsi que sa copie. Sur la copie, avec l'outil Gomme (opacité 50), effacez la partie du reflet.
e. Réutilisez le calque Objet de la Figure c ainsi que sa copie. Dupliquez le calque texte Océan dans la palette Calques. Appliquez une Transformation›Symétrie axe vertical à la copie. Puis dans la Barre des menus, cliquez dans Filtre›Déformation›Océan.

L'outil Texte permet d'intégrer un texte à une illustration avec un panel de couleurs très étendu. Pour sortir de l'outil et enregistrer le texte, il vous suffit d'effectuer le raccourci clavier Ctrl + S (sur PC) et Cmd + S (sur Mac).

1. Cliquez sur l'icône Texte située dans la Barre d'outils. Puis saisissez ensuite le texte.
2. Pour corriger le texte, sélectionnez-le. Placez le curseur sur la première lettre. Effectuez un clic gauche et faites glisser le curseur sur le texte en maintenant le bouton enfoncé.
3. Modifiez l'apparence de votre texte. Pour cela, dans la Barre d'options, réglez :
   - la typographie ;
   - l'inclinaison ;
   - la hauteur ;
   - l'épaisseur ;
   - la couleur.

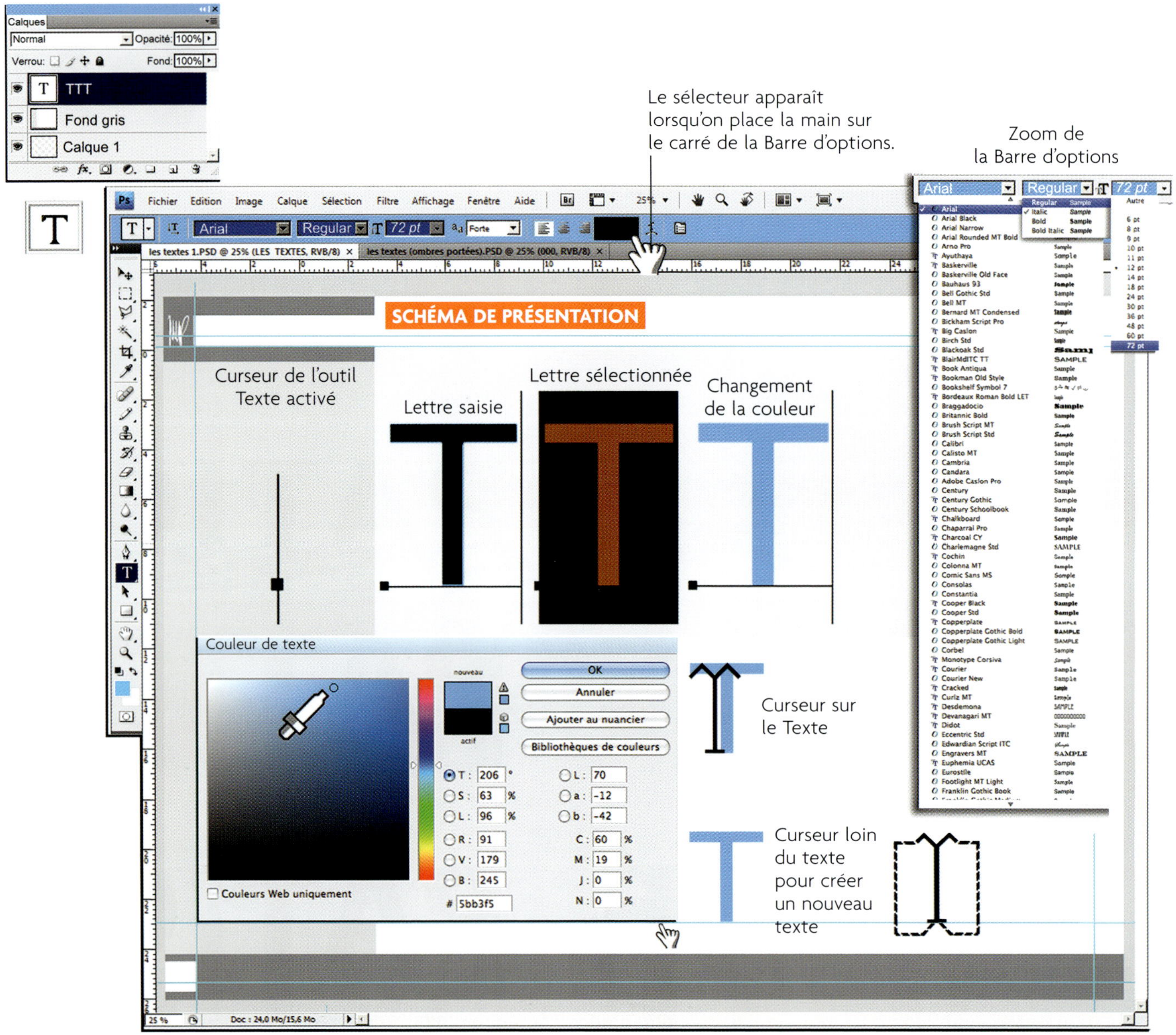

OUTIL SÉLECTION Il est utilisé après la saisie du texte.

Illustration de l'option Transformation›Symétrie axe vertical

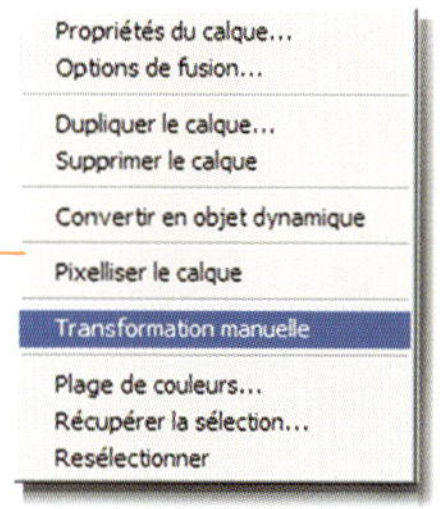

OUTIL TEXTE Il permet de sélectionner du texte.

Vous pourrez modifier l'apparence d'un texte grâce à deux options. La première consiste à lui appliquer une Transformation manuelle, la seconde une Déformation.

Pour les Figures a et b, avec l'outil Sélection activé, faites un clic droit. Sélectionnez Transformation manuelle, puis choisissez une des options. Celles-ci sont multiples : Homothétie, Rotations, Inclinaison, Déformations, Symétries... Pour les Figures c, d et e, avec l'outil Texte activé, cliquez du bouton droit et dans le menu contextuel, choisissez Déformer le texte. La boîte de dialogue présente différents paramètres et options.

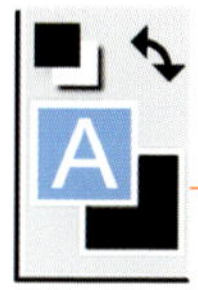

Dans la Barre d'outils, vous pouvez sélectionner une couleur avant de taper le texte. Si vous donnez aussi une couleur d'arrière-plan, vous pourrez la faire passer en premier plan.

Le traitement des ombres et des lumières s'effectue à partir des éléments architecturaux représentant les détails des fenêtres et des balustres.

1. Sur une image, augmentez le contraste au maximum.
2. Sélectionnez seulement les zones lumineuses de l'objet, puis copiez-les.
3. Appliquez-leur une Transformation›Symétrie axe vertical.
4. Avec l'outil Gomme, estompez la partie inférieure de l'image. L'intensité lumineuse doit être forte en partie haute. Pour cela, aidez-vous du Pinceau pour ajouter de la lumière. Elle est plus faible en partie basse jusqu'à la suppression complète.
5. Pour créer le reflet horizontal, appliquez une Transformation manuelle›Torsion.

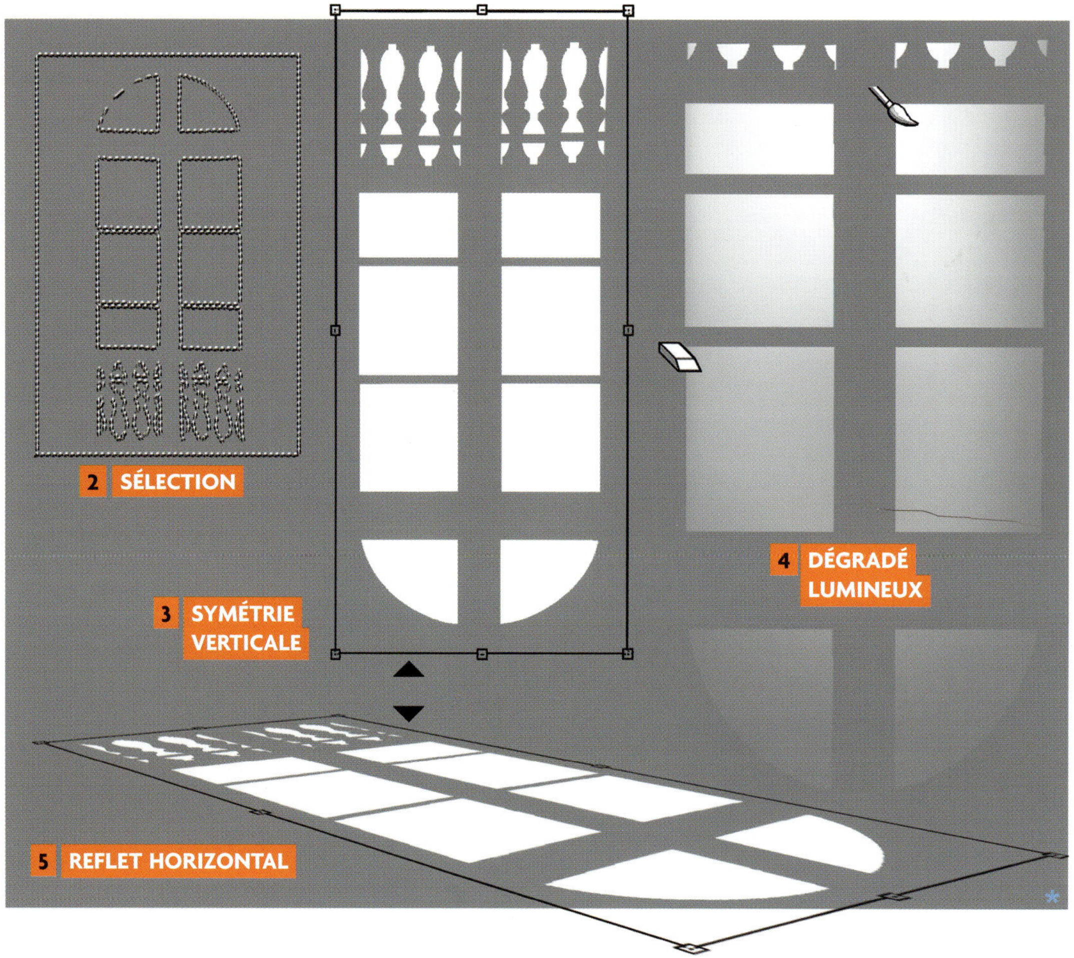

Dans certaines situations, les reflets peuvent être multiples. Ici ils sont de nature différente. Le reflet vertical est celui de la lumière extérieure sur le sol. Le reflet horizontal correspond aux rayons directs du soleil. Le revêtement du sol doit toujours être apparent sous le reflet.

Objet

Le reflet d'un objet sur un miroir est rendu par une copie de l'objet original à laquelle on applique une symétrie horizontale ou une simple réduction.

1. Sélectionnez l'objet. Dupliquez-le, puis placez ce nouveau calque sous le calque Objet dans la palette. Nommez-le Reflet.
2. Transformez le calque Reflet en lui appliquant une Transformation manuelle›Homothétie pour le réduire tout en gardant ses proportions.
3. Dans la zone de travail, placez le reflet sur l'arrière-plan miroir. Ajustez bien les lignes de fuite de l'objet original avec sa copie en vous servant de la base du miroir. Baissez l'opacité du calque Reflet de 25 %. Estompez avec l'outil Gomme les contours du reflet situés à l'arrière-plan.

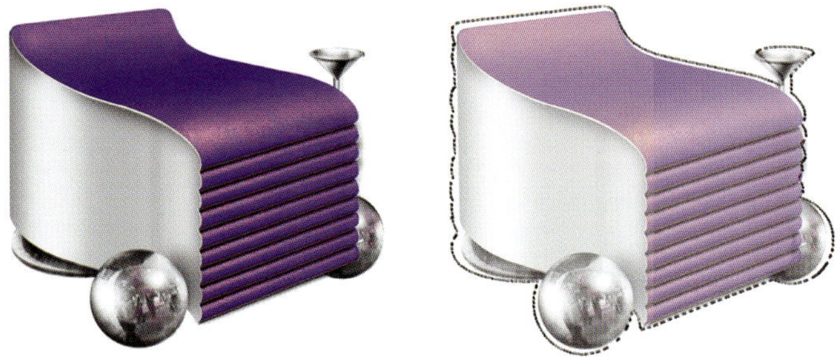

1 DUPLICATION

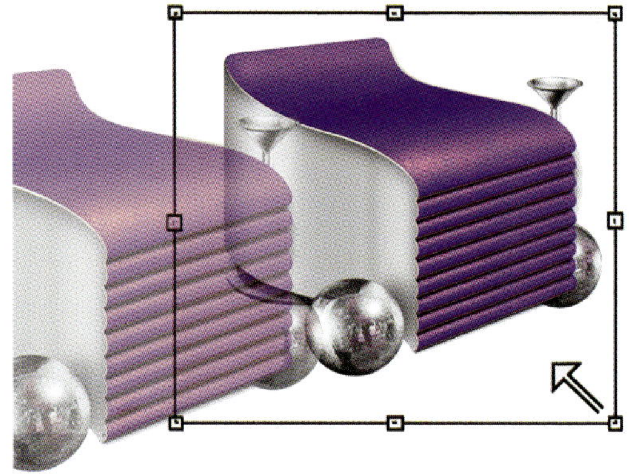

2 RÉDUCTION

Outil Gomme

3 FINITIONS

Objet

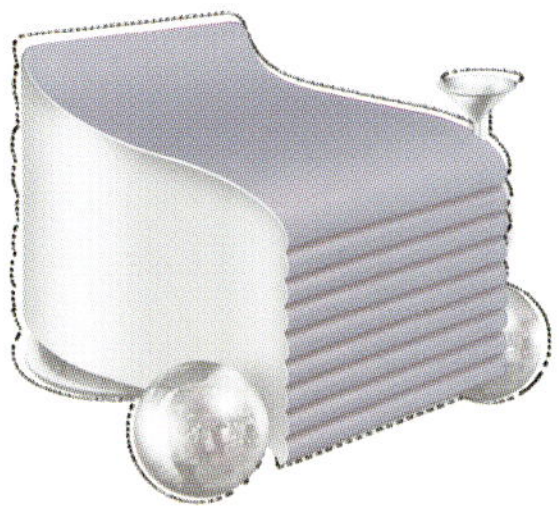

1 DUPLICATION

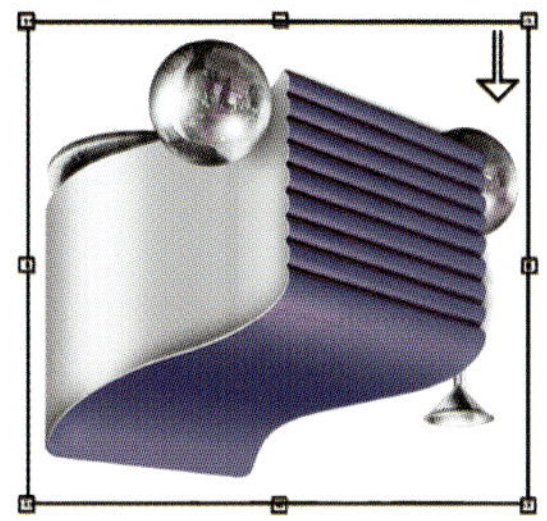

2 SYMÉTRIE VERTICALE

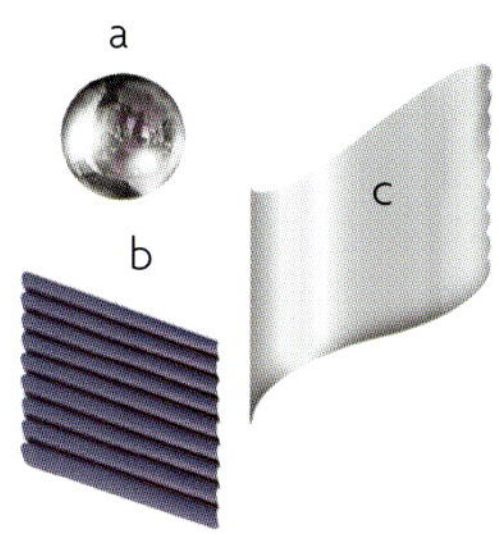

3 SÉPARATION DES ÉLÉMENTS

4 HOMOTHÉTIE

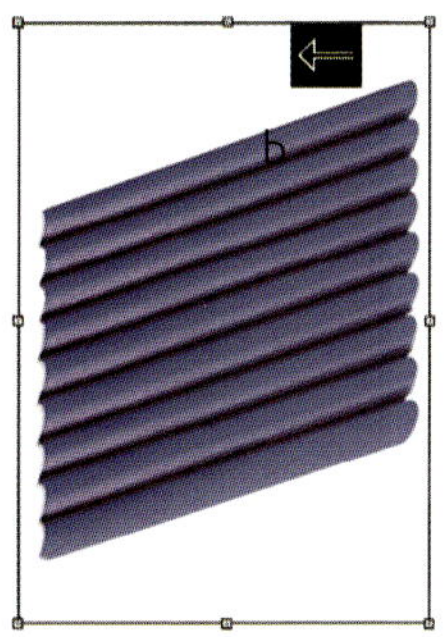

5 SYMÉTRIE HORIZONTALE

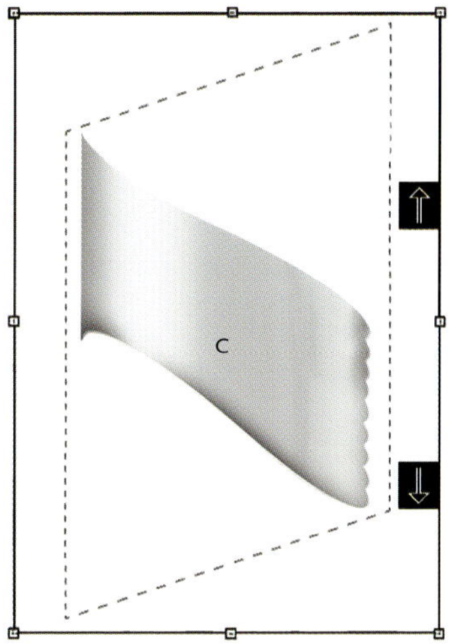

6 INCLINAISON

7 À 10 RECONSTITUTION ET FINITIONS

Le reflet d'un objet sur un sol brillant est rendu par une copie de l'objet original à laquelle on applique une symétrie verticale.

1. Sélectionnez l'objet et dupliquez-le.
2. Appliquez-lui une Transformation›Symétrie axe vertical.
3. Copiez séparément les éléments à reproduire sur le sol (ici numérotés a, b et c).
4. Dupliquez l'élément a. Nommez cette copie a'. Appliquez-lui une Transformation manuelle›Homothétie.
5. Appliquez à l'élément b une Transformation›Symétrie axe horizontal.
6. Appliquez à l'élément c une Transformation manuelle›Inclinaison.
7. Faites glisser ces éléments sur l'arrière-plan sol en marbre.
8. Dans la palette Calques, placez le calque Objet en haut de la liste. Puis positionnez les éléments copiés les uns au-dessous des autres : élément a, puis b, c et enfin a'. Dans la zone de travail, ajustez-les en vous alignant sur l'objet original.
9. Dans la palette Calques, fusionnez les quatre calques et nommez le nouveau calque Reflet. Baissez son opacité de 50 %.
10. Estompez avec l'outil Gomme les contours du reflet les plus éloignés de l'objet.

Les ombres portées / Horizontales

L'ombre dite « horizontale » est une projection de l'objet sur un plan (le sol).

1. Si l'objet est incrusté dans un décor, détourez-le avec l'outil Sélection (voir p. 24). Nommez le calque Objet.
2. Faites une sélection de l'objet et placez-la sur un autre calque, que vous nommerez Ombre.
3. Transformez la sélection avec l'option Transformation›Symétrie Axe vertical.
4. Ombrez la sélection à l'aide du Pinceau en choisissant une couleur sombre (ici, du noir) et une faible opacité (ici, 50). Pour cela, appliquez la couleur progressivement et effectuez un dégradé. Éclaircissez les parties les plus éloignées de l'objet à l'aide de l'outil Gomme (opacité à 20).
5. Glissez le calque Ombre sous le calque Objet dans la palette Calques. Transformez l'ombre avec l'option Transformation manuelle›Torsion pour l'incliner.
Vous pourrez intégrer la même ombre en opérant un copier-coller de l'objet. Il suffit ensuite de le modifier (Image› Réglages›Noir et blanc). Puis de lui appliquer Transformation›Symétrie axe vertical. Pour terminer, vous n'aurez plus qu'à répéter les étapes 4 et 5 précédentes.

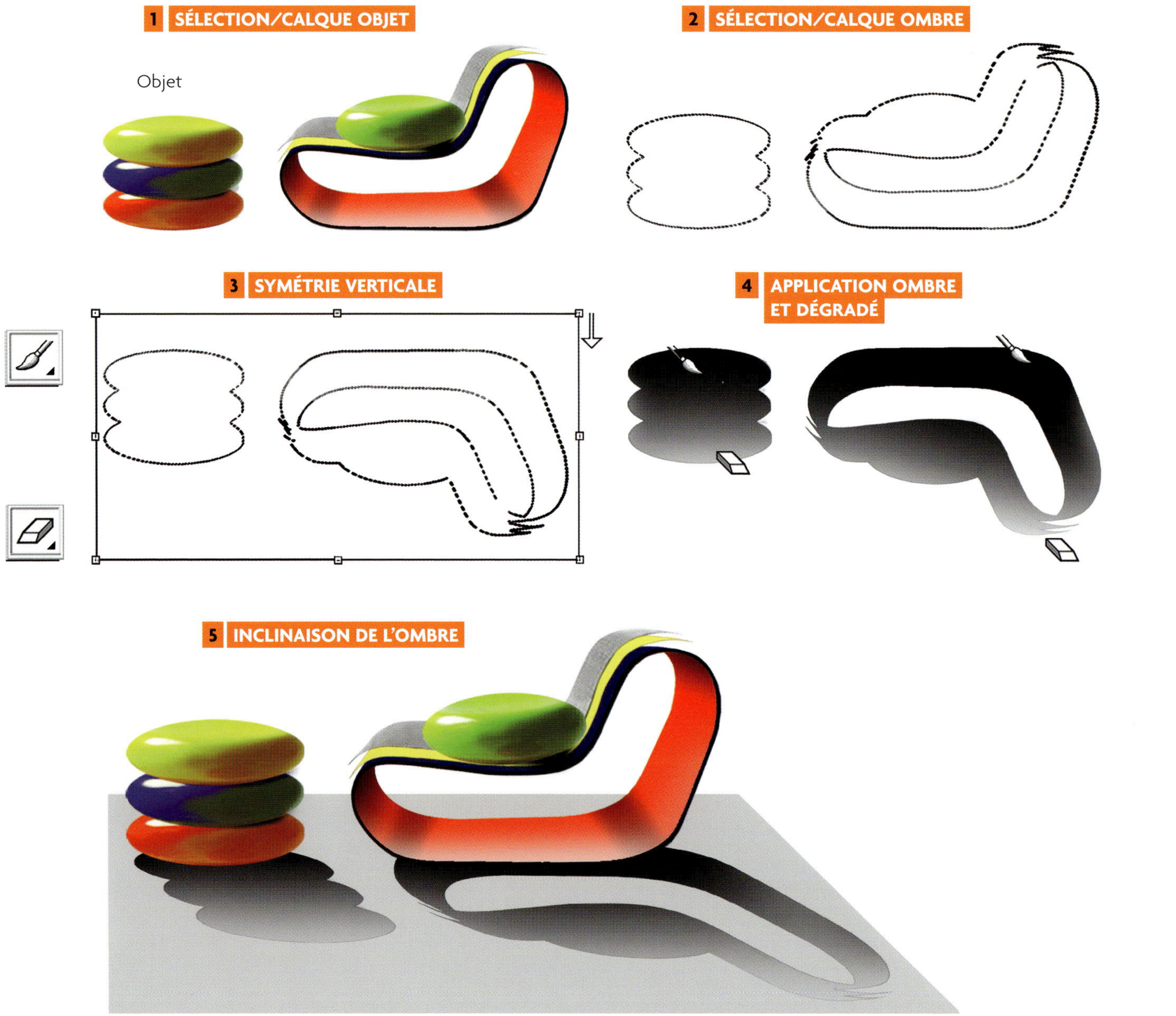

1 SÉLECTION/CALQUE OBJET

2 SÉLECTION/CALQUE OMBRE

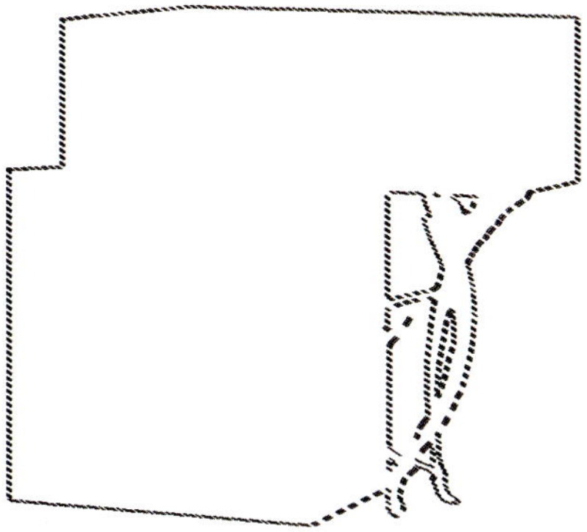

3 APPLICATION OMBRE ET DÉGRADÉ

4 COMBINAISON CALQUES

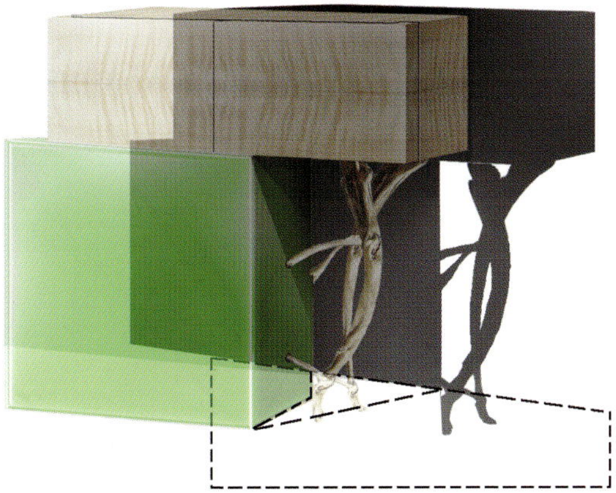

5 TORSION DE L'OMBRE

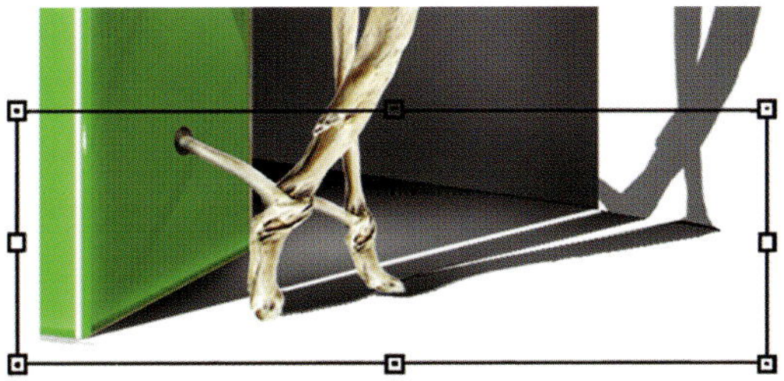

Image finale

L'ombre dite « verticale » est une projection de l'objet sur une paroi (un mur).

1. Si l'objet est incrusté dans un décor, détourez-le avec l'outil Sélection. Nommez le calque Objet.

2. Faites une sélection de l'objet et placez-la sur un autre calque que vous nommerez Ombre.

3. Ombrez la sélection à l'aide du Pinceau en choisissant une couleur sombre (ici, du noir) et une faible opacité (ici, 50). Éclaircissez la partie basse et la plus éloignée de l'objet à l'aide de l'outil Gomme (opacité à 20).

4. Glissez le calque Ombre sous le calque Objet dans la palette Calques. Dans la zone de travail, décalez le calque Ombre sur la droite (si la lumière vient de la gauche) par rapport à l'objet. Sur le calque Ombre, sélectionnez la partie située entre le cube et le mur à l'aide l'outil Lasso.

5. Avec l'outil Pinceau (opacité 50), remplissez l'intérieur de la sélection. Sur le calque Ombre, sélectionnez la partie qui dépasse de la paroi, ici le pied. Appliquez une Transformation manuelle›Torsion à cette partie. Puis étirez cette partie à l'aide des poignées et ajustez-la pour qu'elle se place entre le pied de l'objet et la paroi.

Les sources d'éclairage (naturel ou artificiel) sont souvent multiples. Par souci de réalisme, il est nécessaire de multiplier en conséquence les ombres portées. Elles indiqueront l'orientation des sources lumineuses : zénithales ou directionnelles.

Pour créer une ombre, vous aurez le choix entre deux options.

OPTION 1

1. Si l'objet est incrusté dans un décor, détourez-le avec l'outil Sélection. Nommez le calque Objet.
2. Copiez l'objet. Nommez ce nouveau calque Ombre. Modifiez ses paramètres en allant dans Image›Réglages›Noir et blanc. Affinez le réglage dans Image›Réglages›Luminosité/contraste et baissez la Luminosité au maximum.
3. Transformez la sélection avec l'option Transformation›Rotation 90° antihoraire (voir p. 29). Ombrez la sélection à l'aide du Pinceau en choisissant une couleur sombre (ici, du noir) et une faible opacité (50). Effectuez un dégradé. Éclaircissez les parties les plus éloignées de l'objet (ici la partie gauche) à l'aide de l'outil Gomme (opacité à 20).
4. Glissez le calque Ombre sous le calque Objet dans la palette Calques.

OPTION 2

1. Répétez l'étape 1 de l'option 1 puis sélectionnez l'objet.
2. Avec le Pinceau (opacité 50), ombrez la sélection (comme à l'étape 3 de l'option 1).
3. Appliquez-lui l'option Transformation› Rotation 90° antihoraire.

OPTION 1
Cette option, plus complexe, se révélera utile si vous souhaitez conserver la texture de l'objet dans l'ombre (par exemple un objet en verre).

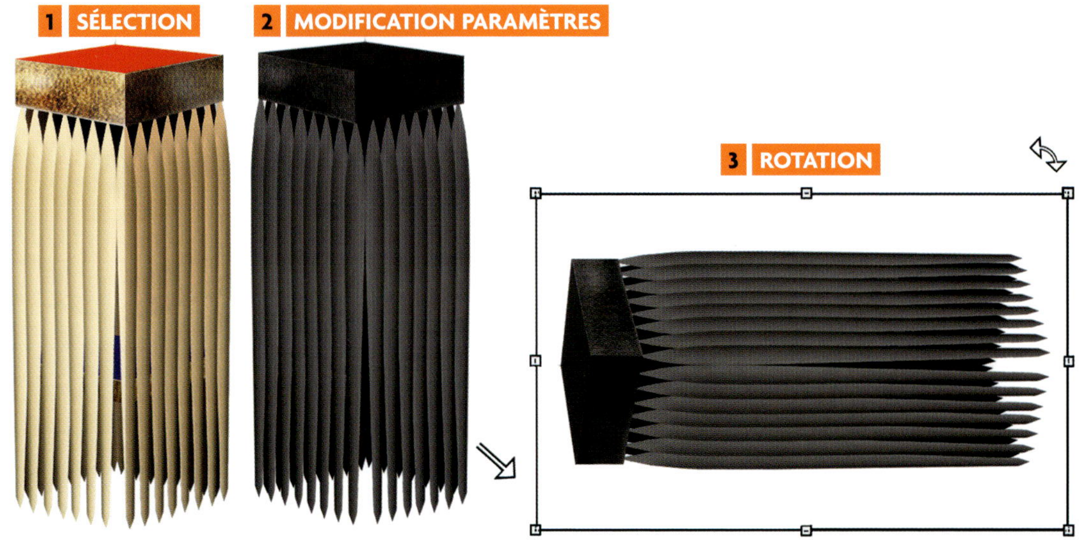

OPTION 2

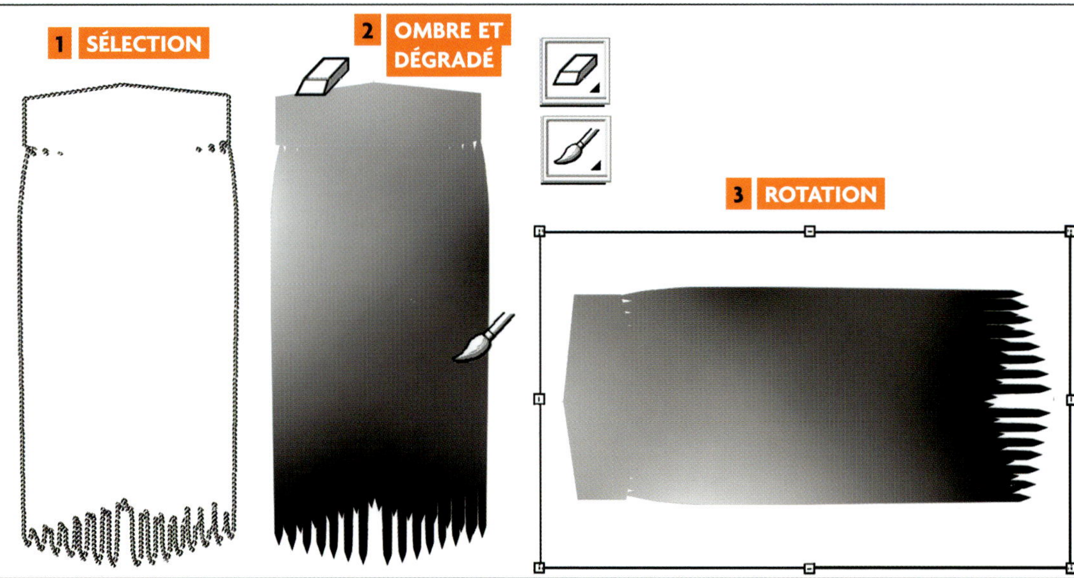

1 PLACEMENT DE L'OMBRE

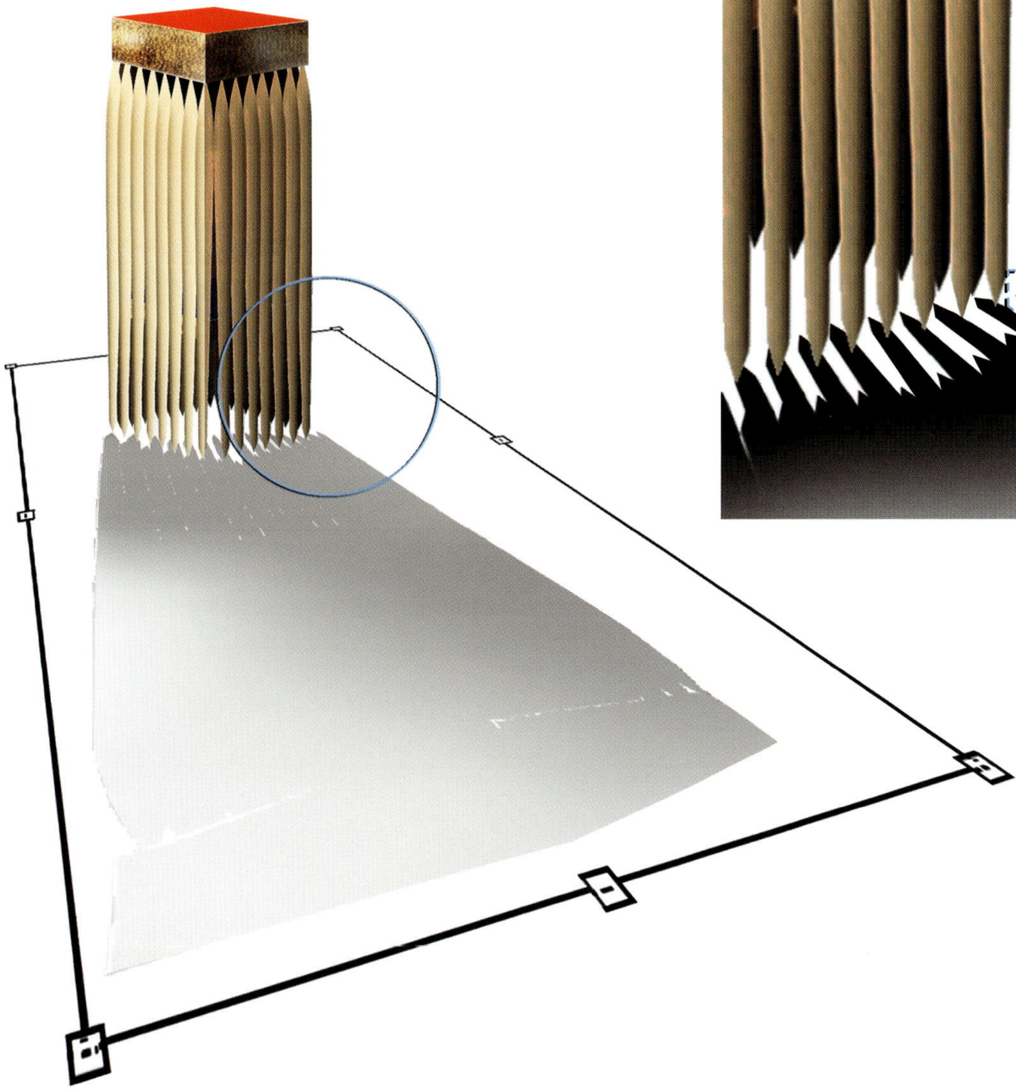

2 CORRECTION

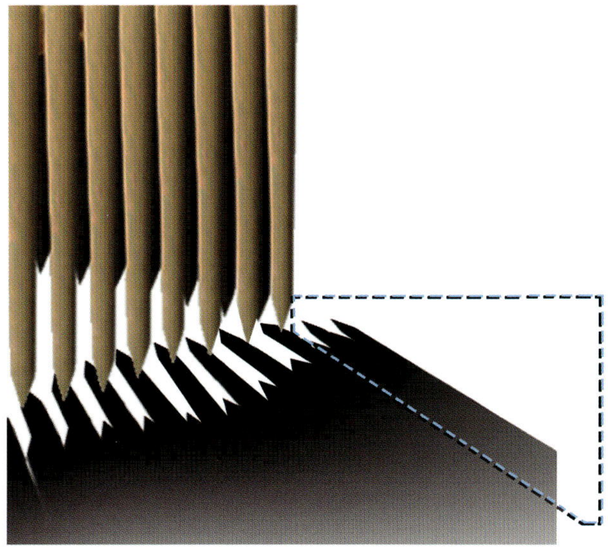

Zoom

Pour intégrer une ombre dans un décor, il est nécessaire d'effectuer quelques ajustements.

Pour peaufiner l'ombre du pied au sol :

1. Dans la zone de travail, placez l'ombre sous l'objet et alignez les pieds avec leurs ombres. Appliquez une Transformation manuelle›Torsion pour orienter et déformer l'ombre. L'ajustement des deux calques reste une manipulation précise et délicate. Avancez progressivement en alternant les déplacements de l'avant vers l'arrière, puis de droite à gauche.
2. Sélectionnez avec l'outil Lasso les parties des ombres qui dépassent de l'alignement avec l'objet (voir zoom). Puis supprimez-les.
3. Atténuez les contours de l'ombre les plus éloignés de l'objet avec la Gomme (opacité 20).

Les ombres sont implantées sous l'objet et tournent autour de lui. Leur intégration dans un décor dépendra de l'orientation de la source lumineuse.

Dans cet exemple, les sources lumineuses sont zénithales. Vous pourrez intégrer autant d'ombres que vous le voulez. Ce choix est libre et il dépend de l'effet souhaité. Toutefois, l'ombre ne doit pas dominer l'objet. Son rôle consiste à le mettre en valeur. L'ensemble ne doit pas être agressif.
D'un point de vue technique, il sera nécessaire d'ajuster chaque ombre au pied de l'objet et de l'aligner convenablement. Il est préférable de dédier un calque à chaque ombre. Cette façon de procéder permet de créer des effets personnalisés pour chacun d'eux.
Il est possible de créer des vibrations harmonieuses à l'aide du Pinceau et de la Gomme en accentuant ou en atténuant certaines parties. Par ailleurs, vous pourrez baisser l'opacité du calque dans la palette Calques afin de rendre sa présence plus subtile.

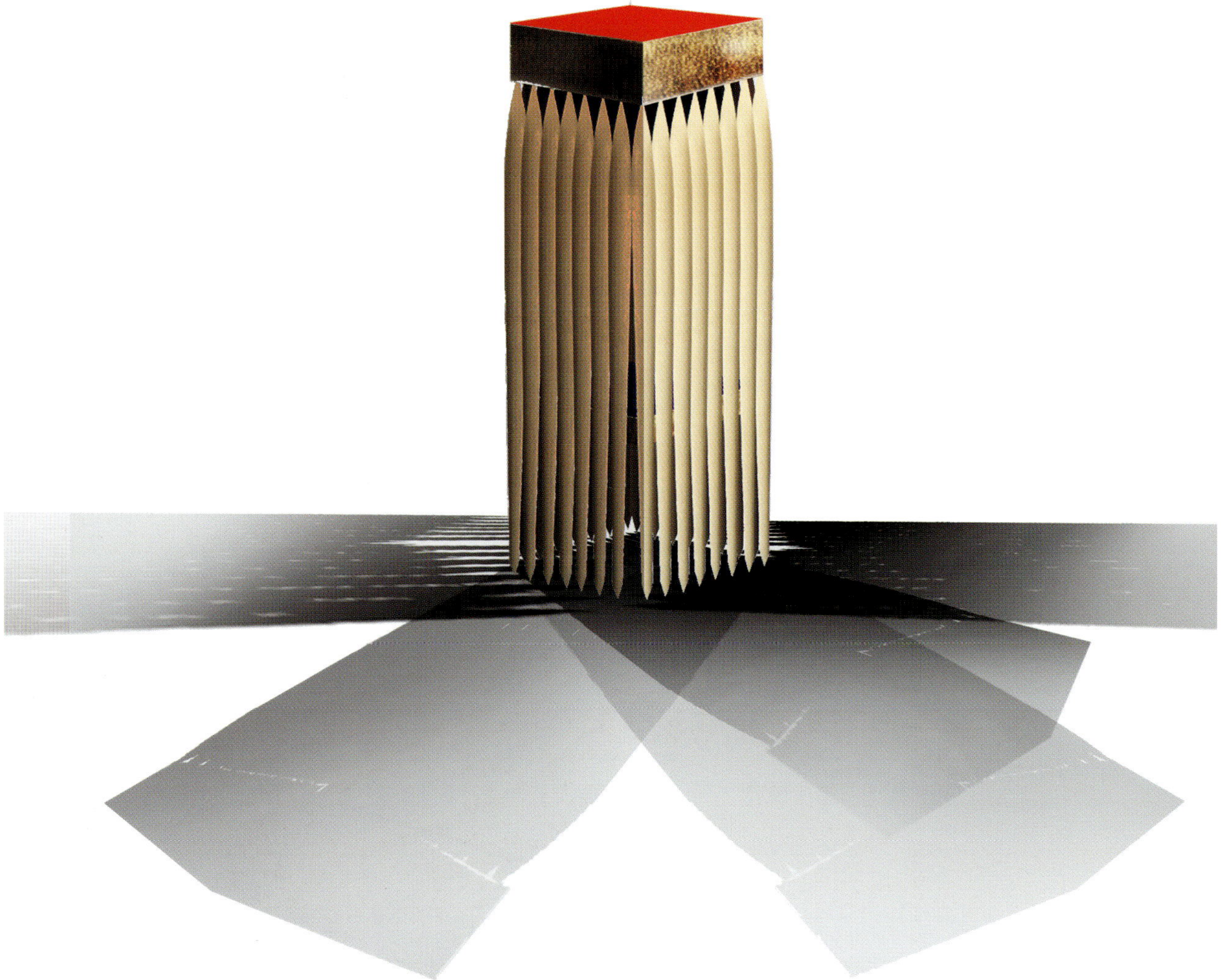

Objet

1 SYMÉTRIE HORIZONTALE

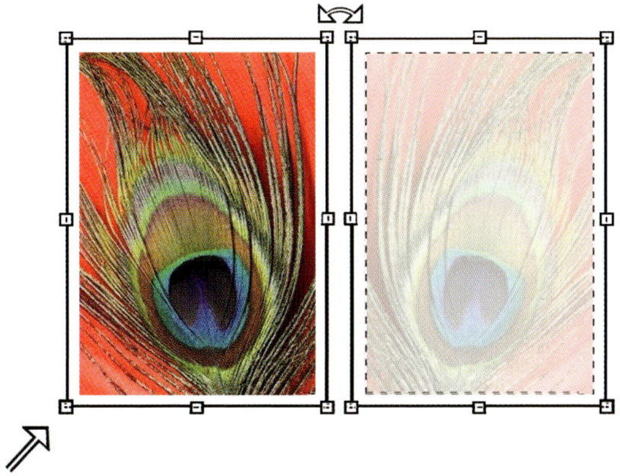

2 DUPLICATION

3 SYMÉTRIE VERTICALE

4 COMBINAISON

Pour confectionner un papier peint, il vous faudra effectuer une succession de collages et d'assemblages.

Pour confectionner un papier peint inspiré du modèle représenté ci-contre :

1. Copiez l'objet de votre choix. Si nécessaire, réduisez ses dimensions grâce à la Transformation manuelle›Homothétie. Dupliquez cet objet. Puis appliquez-lui Transformation›Symétrie axe horizontal.

2. Fusionnez les deux calques. Copiez et collez le calque obtenu autant de fois que nécessaire pour obtenir une rangée de motifs.

3. Dupliquez la rangée obtenue. Puis appliquez-lui Transformation›Symétrie axe vertical. Assemblez les motifs et ajustez-les convenablement.

4. Fusionnez les deux rangées de motifs. Puis répétez cette opération autant de fois que nécessaire pour obtenir une surface de papier peint.

Dans un décor, les effets de matière sont multiples et variés. Ils contribuent au réalisme d'un dessin. Pour les réaliser, vous devrez vous servir du menu Filtre qui se trouve dans la Barre des menus. Le verre est un matériau très courant qui revêt de nombreuses apparences.

En suivant cette démonstration, vous pourrez reproduire l'effet qui se trouve sur la photo ci-dessous.

1. Sur des calques séparés, tracez plusieurs cercles de dimensions différentes. Aidez-vous pour cela des Extras (voir p. 27) et de l'outil de sélection Ellipse. Décomposez les couleurs de la photo d'origine et appliquez-les aux cercles.
2. Fusionnez tous les calques des cercles en un seul calque. Allez dans le menu Filtre, cliquez sur Textures›Vitrail. Puis choisissez l'option Verre. Modifiez les paramètres en déplaçant les curseurs pour vous rapprocher de l'effet désiré.
3. À l'aide du Pinceau, choisissez une teinte de bleue. Optez pour une couleur proche de celle qui se trouve autour du centre lumineux. Privilégiez un diamètre aussi large que le centre lumineux avec une opacité de 15. N'effectuez qu'un seul passage. Avec le Pinceau, appliquez ce même bleu dans les angles de l'image.

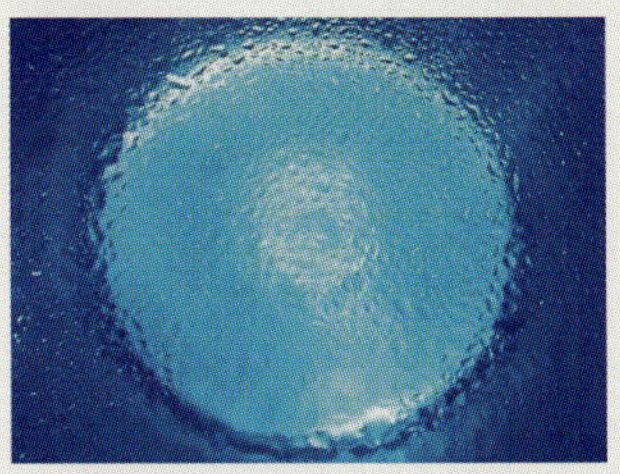

Photo d'origine

1 DÉCOMPOSITION COULEUR

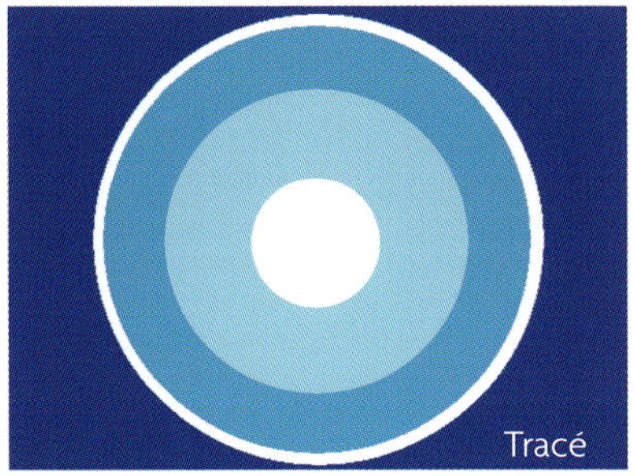

2 OPTION VERRE

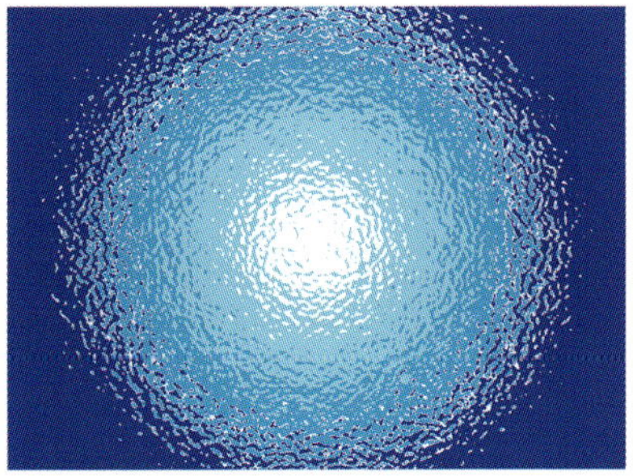

3 FINITIONS COULEUR

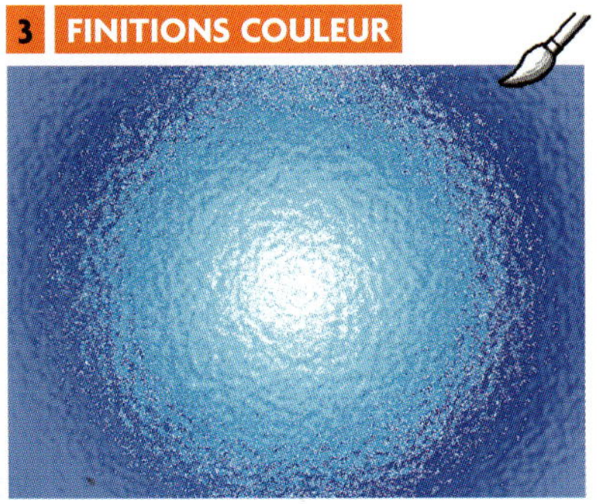

BOÎTE DE DIALOGUE VERRE

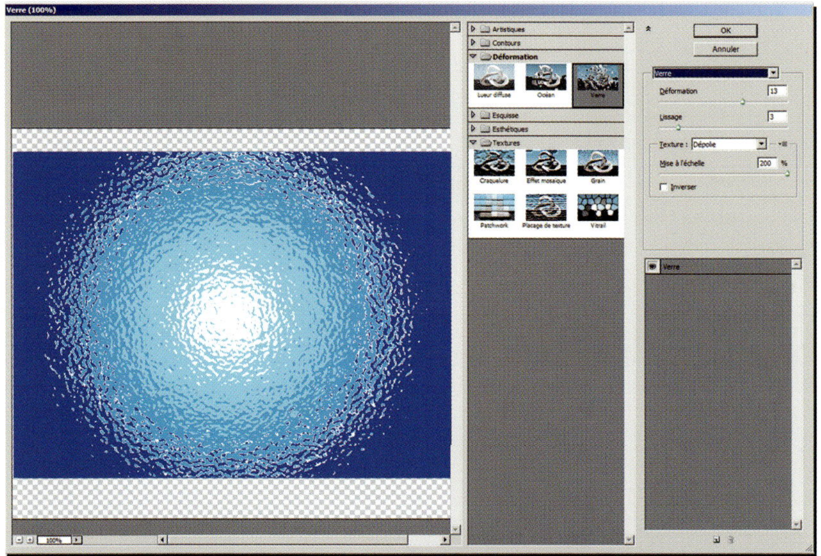

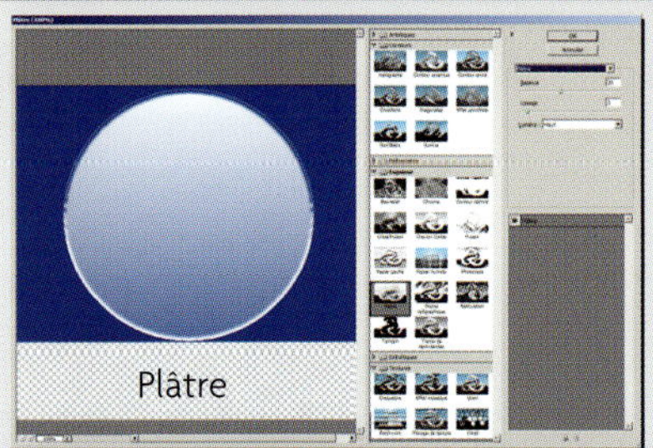

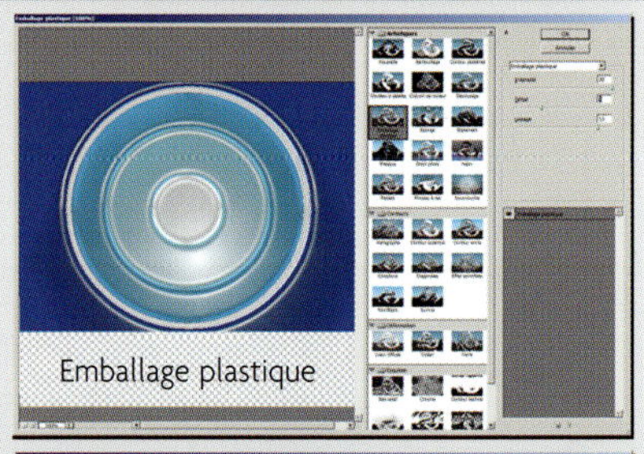

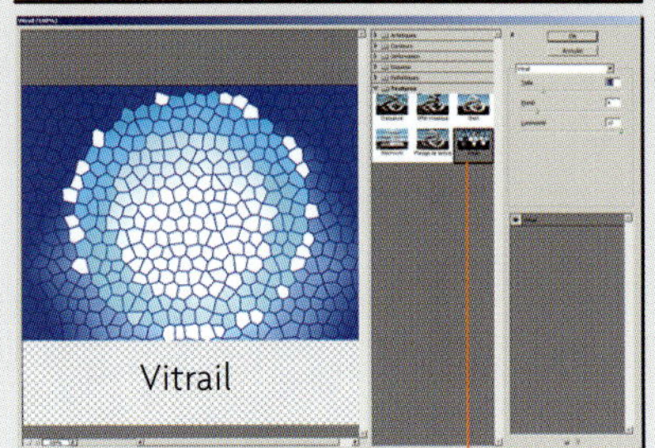

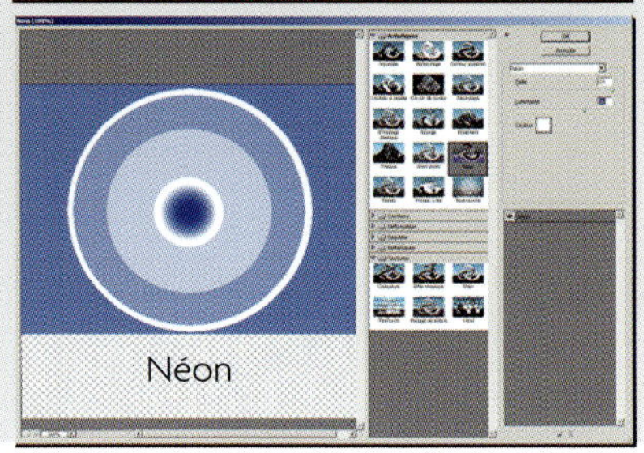

Allez dans Filtre, choisissez Textures›Vitrail.
Dans le menu déroulant, il est possible d'appliquer d'autres effets à partir du tracé.

Échantillon (verre)

1 CALQUE MATIÈRE

Image en arrière-plan

2 SÉLECTION D'UN REFLET

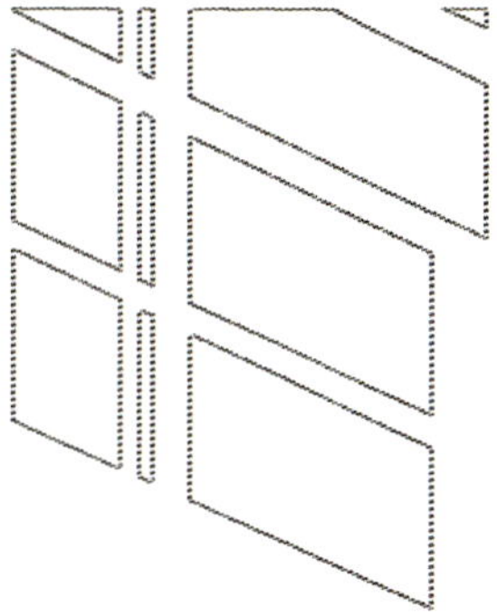

3 EFFET DE LUMIÈRE

4 EFFET D'OMBRE

5 COMBINAISON DES CALQUES

Deux principaux éléments interviennent dans la conception d'une surface vitrée : la transparence et les reflets. Ici, nous allons les créer manuellement.

Il s'agit de réaliser une porte vitrée par laquelle on distingue un espace par transparence. Un reflet est projeté sur cette porte en respectant la perspective de l'espace en arrière-plan.

1. À partir d'un échantillon, créez un calque Matière d'une opacité réduite (ici 40). Donnez-lui les dimensions d'une porte. Choisissez une image et placez-la derrière le calque Matière afin de visualiser la transparence.
2. Faites la sélection d'un reflet soit en vous servant d'une fenêtre représentée sur l'image soit en le concevant de toutes pièces. Nommez le calque Reflet lumière.
3. Remplissez cette sélection de blanc. Faites un clic droit, choisissez Remplir, puis opacité 40.
4. Conservez la sélection. Créez un calque nommé Reflet ombre. Dans la Barre des menus, allez dans Sélection›Intervertir. Prenez le Pinceau. Avec une couleur foncée et une opacité de 70, longez les contours de la sélection.
5. Dans la palette Calques, placez le calque Reflet lumière sur le calque Matière et le calque Reflet ombre sous le calque Matière pour donner de la profondeur. Dans la zone de travail, ajustez le calque Reflet lumière sur la porte en respectant la perspective. Ajustez le calque Reflet ombre et décalez-le vers le bas.

La méthode fait intervenir deux éléments essentiels : la transparence de la matière et un motif.

Pour créer deux effets susceptibles de donner plus ou moins de profondeur à la gravure :

1. Choisissez ou créez un motif sur un calque. Nommez-le Matrice.
2. Vous allez appliquer deux effets distincts au motif. Pour cela, sélectionnez certains traits (voir A). Copiez-les pour créer un calque A. Puis sélectionnez les traits restants et créez le calque B.
3. Appliquez la couleur jaune au calque A pour évoquer la dorure. Faites de même pour le calque B.
4. Dans la palette Calques, appliquez l'option Fx au calque A et choisissez le style Lueur interne (voir p. 60).
5. Puis, appliquez l'option Fx au calque B et choisissez le style Ombre interne.
6. Fusionnez les calques A et B. Prenez l'échantillon de matière et mettez-le aux dimensions adéquates. Puis déplacez le nouveau calque sur le calque Échantillon. Faites de même dans la palette Calques.

Échantillon de matière

1 CHOIX MATRICE

2 SÉLECTION ÉLÉMENTS DU MOTIF

3 APPLICATION DORURE

4 LUEUR INTERNE

5 OMBRE INTERNE

6 FUSION

Mise en situation

Vous pouvez intégrer cette gravure directement à une photo de porte vitrée par exemple.

Les matières / La moquette

Pour restituer une moquette mouchetée, vous pourrez soit appliquer un effet Grain soit scanner directement la matière.

OPTION 1

1. Créez une surface unie de la couleur de votre choix. Dans la Barre d'outils, cliquez sur Premier plan et appliquez-lui cette couleur. Pour l'arrière-plan, optez pour du noir.
2. Dans le menu Filtre, cliquez sur Textures› Grain. Modifiez les paramètres à votre convenance.

OPTION 2

1. Scannez un échantillon de moquette. Nommez ce calque Moquette.
2. Dans la Barre d'outils, cliquez sur le Tampon (voir p. 55). Cliquez à l'intérieur de l'image, puis placez-vous à la périphérie et utilisez le Tampon pour agrandir la surface.

OPTION 1

1 SÉLECTION COULEURS

2 BOÎTE DE DIALOGUE GRAIN

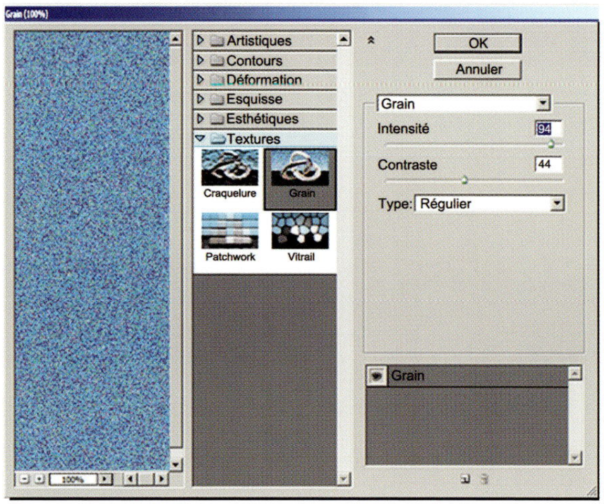

OPTION 2

1 ÉCHANTILLON MOQUETTE

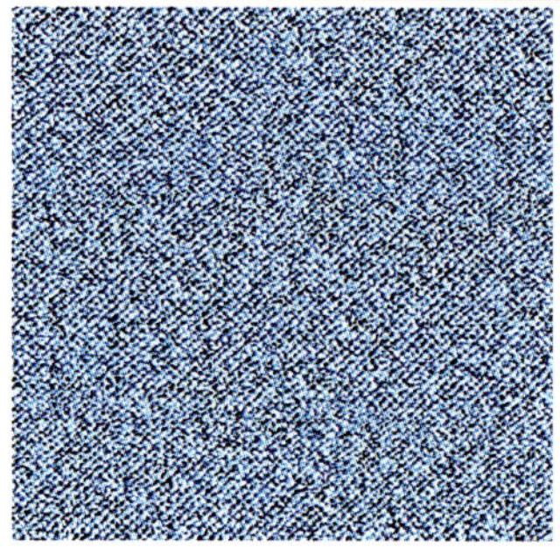

2 OUTIL TAMPON

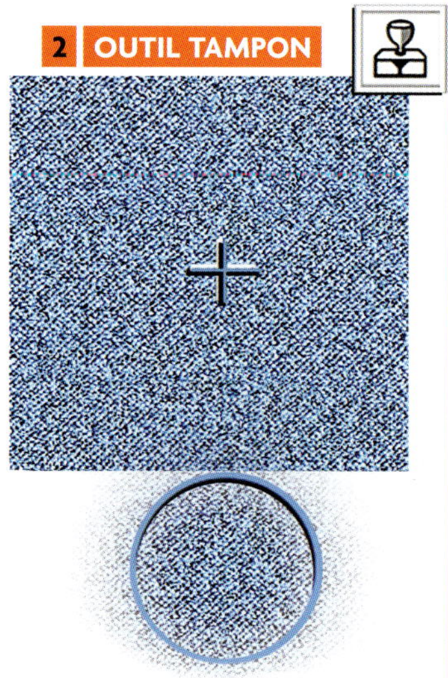

1 CHOIX MOTIF

2 AJUSTEMENT ASSEMBLAGE

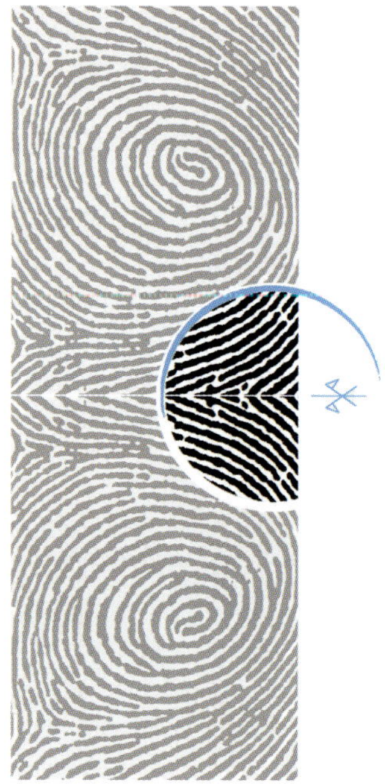

3 CRÉATION MOQUETTE

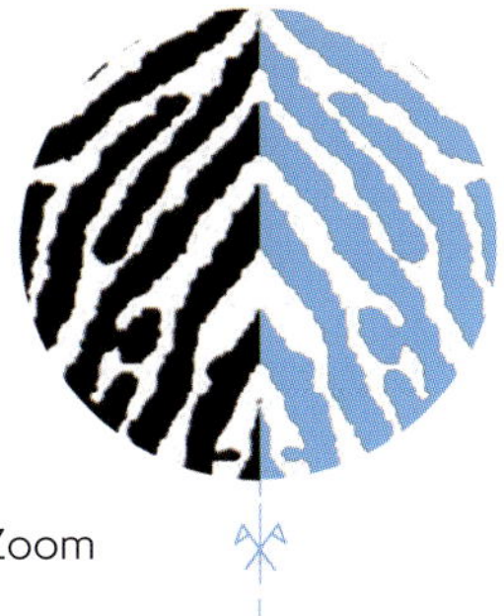

Zoom

4 EFFET GRAIN

5 EFFET POINTILLISTE

Pour reproduire un sol recouvert de moquette, toute la difficulté réside dans l'assemblage des motifs.

1. Copiez le motif de votre choix. Si nécessaire, réduisez ses dimensions grâce à la Transformation manuelle›Homothétie.
2. Dupliquez-le. Puis appliquez-lui Transformation›Symétrie axe vertical. Fusionnez les deux calques. Copiez et collez le calque obtenu autant que nécessaire pour obtenir une colonne de motifs.
3. Dupliquez la colonne obtenue. Puis appliquez-lui Transformation manuelle›Symétrie axe horizontal. Assemblez les motifs et ajustez-les convenablement. Fusionnez les deux colonnes de motifs. Puis répétez cette opération autant de fois que nécessaire pour obtenir une surface de moquette.
4. Allez dans Filtres›Textures›Grain pour obtenir un léger effet.
5. Pour une texture plus épaisse, choisissez l'option Effet pointilliste. Elle renferme des paramètres comme le Rayon et le Lissage qui peuvent apporter plus ou moins de volume au revêtement de sol.

Le métal peut revêtir des aspects multiples : brossé, chromé, oxydé… Cette méthode convient à tous à condition de respecter : le fond, la matière et la finition.

Pour reproduire l'échantillon ci-contre :

1. Choisissez une couleur de base dans les tons gris.
2. Créez des lignes horizontales à l'aide du Pinceau d'un ton plus clair que la couleur de base. Appliquez-les sur toute la hauteur sans trop les espacer.
3. Passez le Pinceau, au diamètre assez large et de couleur sombre, sur les extrémités. Puis avec un diamètre plus faible et une couleur claire, placez un reflet lumineux au centre.
4. Pour le relief, cliquez sur Image›Réglages›Luminosité/Contraste… Augmentez les deux paramètres en vous référant à l'échantillon.

Pour ce bouton de porte en laiton :

1. Choisissez une couleur avec la Pipette. Nommez ce calque Couleur de base.
2. Sélectionnez une image figurant l'environnement de l'objet et appelez le calque Image. Placez-le sur le calque Couleur de base.
3. Appliquez-lui Transformation manuelle›Déformation. Orientez-la vers le centre de l'objet pour rendre la surface bombée.
4. Sélectionnez trois couleurs et créez un calque Finition. Placez-le sur le calque Image. Tracez des anneaux de couleur en périphérie du cercle, en vous référant à la photo. Au centre déposez du blanc au Pinceau avec un large diamètre.
5. Passez la Gomme (opacité 20 %) sur le calque Finition pour faire apparaître l'image sous-jacente. Ajoutez un effet Halo en allant dans Filtre. Augmentez le contraste dans Image›Réglages›Luminosité/Contraste…

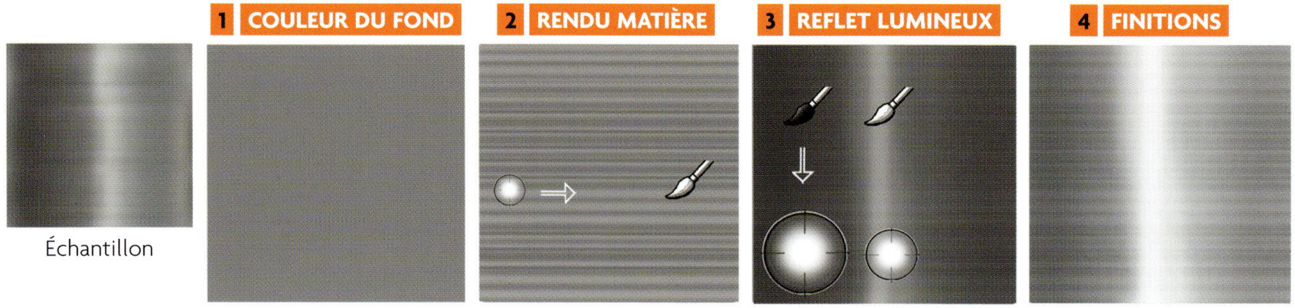

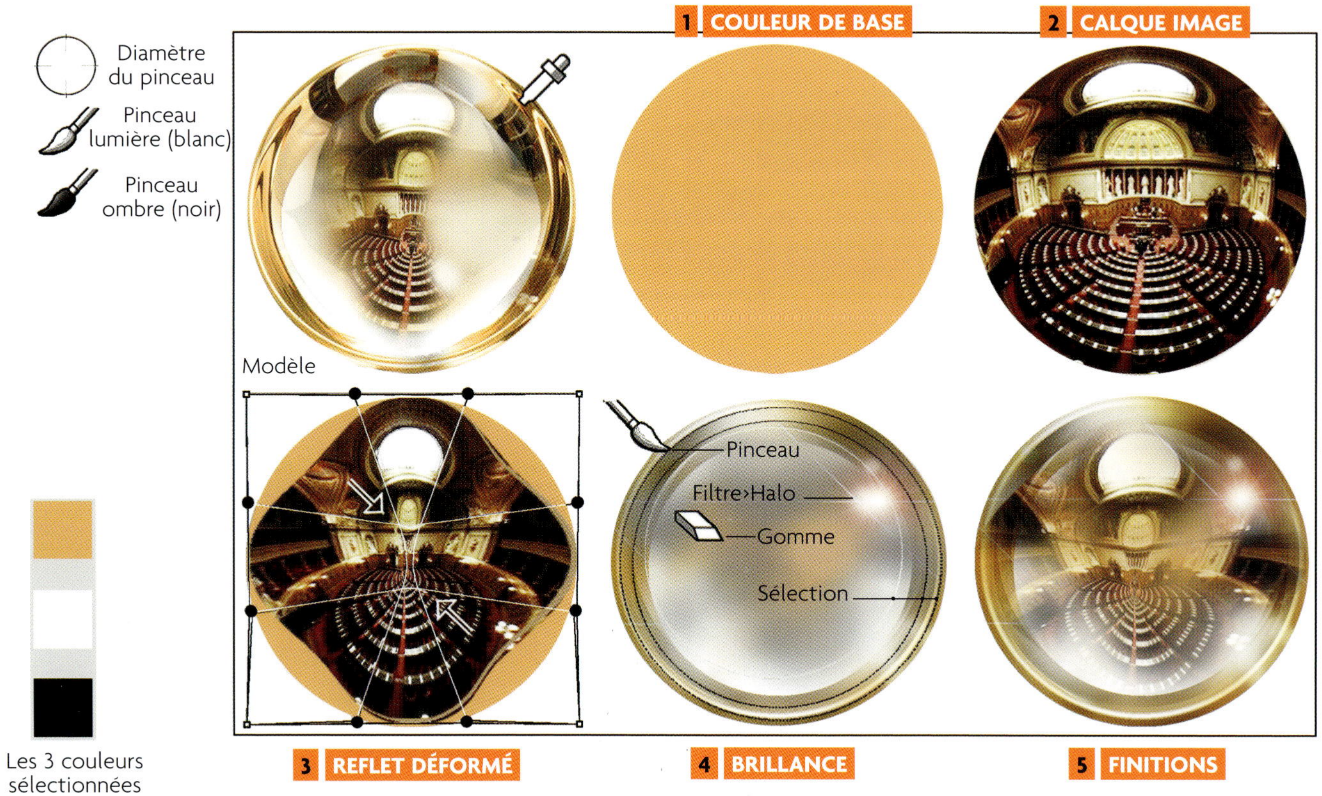

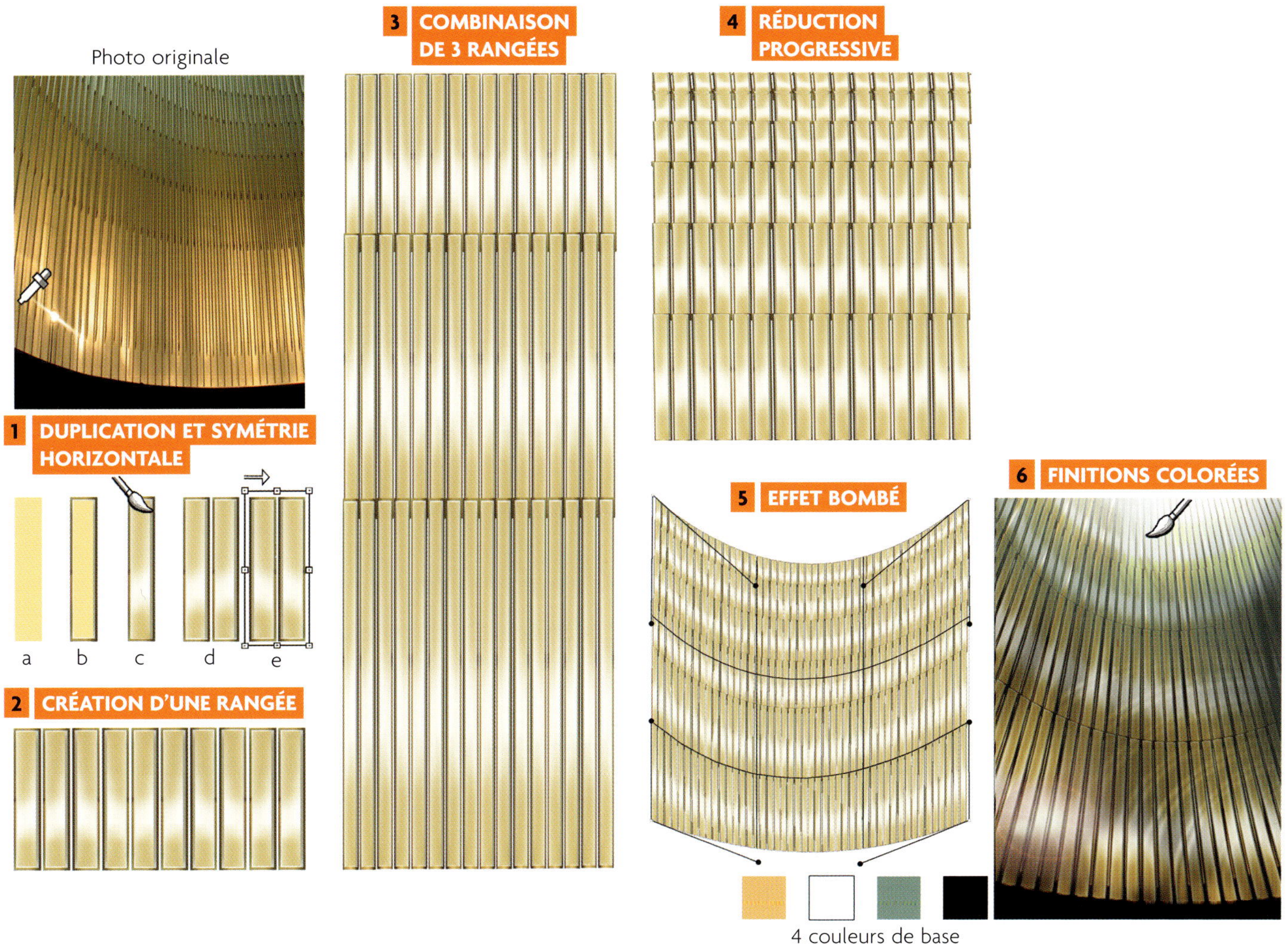

Les effets relatifs aux métaux sont rendus par les paramètres Lumière et Contraste de façon à créer des zones claires et sombres très marquées.

Réalisation d'un décor architectural métallique à partir d'une photo :

1. Prenez une sélection d'une couleur de référence (Fig. a). Appliquez-lui Ombre portée (Fig. b) et une brillance au Pinceau (Fig. c). Copiez-la (Fig. d). Puis effectuez une Transformation›Symétrie axe horizontal (Fig. e).
2. Créez une rangée en dupliquant la sélection autant de fois que nécessaire.
3. Copiez la rangée trois fois et à chaque rangée, donnez une hauteur différente à l'aide de l'option Transformation manuelle. Placez-les les unes sur les autres et fusionnez les calques.
4. Dupliquez ce calque. Collez-le au-dessus du précédent. Les six rangées doivent montrer une réduction progressive.
5. Effectuez une Transformation manuelle› Déformation pour créer l'effet bombé.
6. Placez les ombres et les lumières avec le Pinceau. La couleur verte vient contrebalancer l'orange afin de restituer l'aspect métallique. Ajoutez aussi un effet Halo pour enrichir l'éclat de la matière (en bas à gauche).

Le marbre peut, lui aussi, présenter des aspects très variés (uni ou veiné) et des finitions différentes (mat et brillant).

Pour réaliser un calepinage, il sera nécessaire d'effectuer un dessin au préalable afin d'assembler les différentes plaques dans les espaces réservés. Chaque plaque correspondra à un calque.

1. Choisissez un échantillon de marbre et nommez le calque Marbre. Nettoyez les imperfections et les taches trop présentes avec l'outil Tampon en dupliquant une zone neutre.

2. Copiez ce calque Marbre 13 fois. Numérotez ces calques de M1 à M13.

3. Placez-les ensuite sur le dessin aux emplacements prévus. Utilisez l'option Transformation manuelle pour les ajuster au dessin. Réduisez un calque au maximum pour la cimaise et la plinthe

1 NETTOYAGE TEXTURE

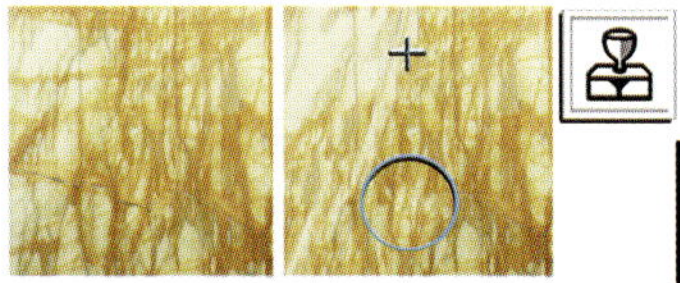

Avant Après

2 CALEPINAGE

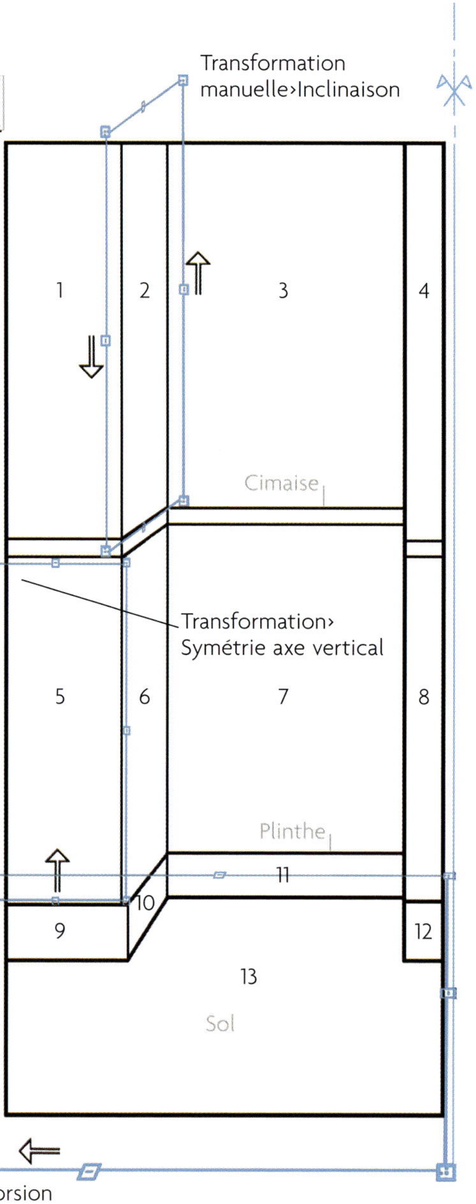

3 MONTAGE DU DESSIN

Les ombres et lumières sont réalisées avec l'outil Pinceau sur deux calques distincts (Ombre et Lumière) placés au-dessus des autres calques.

Mise en lumière

Modifier l'apparence du marbre :

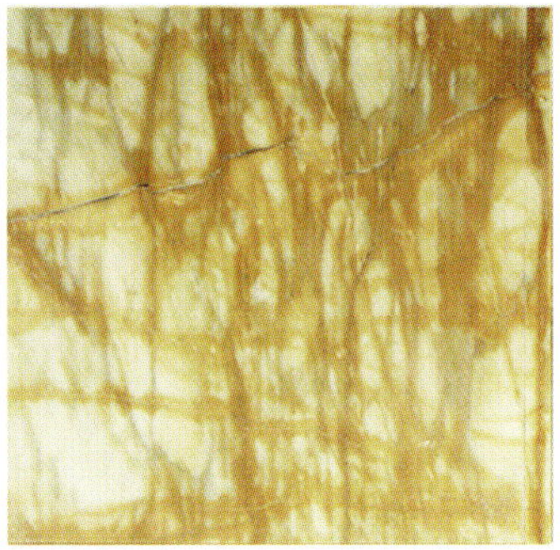

Échantillon

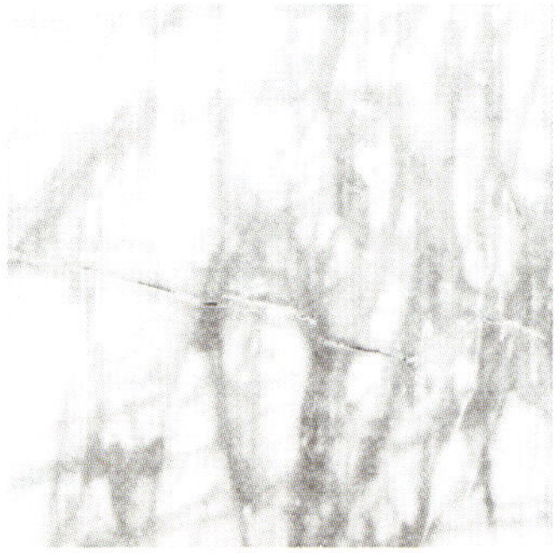

1 COULEUR SUPPRIMÉE

2 ÉCHANTILLON NOIRCI

Ajouter une texture :

Échantillon

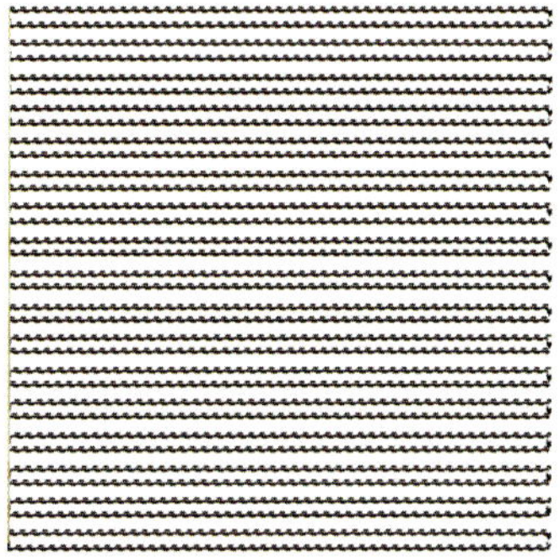

1 SÉLECTION

2 CALQUE DÉPOLI

3 EFFET GRAIN

4 EFFET PLACAGE DE TEXTURE

5 FINITIONS

À partir d'un échantillon, quelques réglages rapides permettent d'obtenir des types de marbre très différents. Par ailleurs, il est possible d'ajouter une texture à un échantillon.

Pour modifier l'apparence d'un échantillon de marbre :

1. Choisissez un échantillon de marbre. Pour ôter la couleur de l'échantillon, allez dans la Barre des menus, puis cliquez sur Image‹Réglages‹Teinte/Saturation et déplacez le curseur vers la gauche.
2. Pour noircir l'échantillon, allez dans la Barre des menus, puis cliquez sur Image‹Réglages‹Négatif.

Pour ajouter une texture :

1. Choisissez un échantillon de marbre. Créez une sélection sous la forme de lignes horizontales parallèles et régulières.
2. Appliquez-la sur l'échantillon. Puis effectuez un copier-coller. Nommez le calque Effet dépoli.
3. Appliquez-lui une option en allant dans Filtre›Textures›Grain.
4. Affinez l'aspect en allant dans Filtre›Textures›Placage de texture.
5. Amenez le calque Effet dépoli sur l'échantillon. On obtient ainsi par transparence des lignes polies et dépolies.

Certains échantillons de bois peuvent s'appliquer directement sans retouche ou transformation, et être intégrés tels quels dans un décor ou sur un meuble.

Cet échantillon donne à tort l'illusion d'une surface unie car les nœuds peuvent créer des lignes et donc un motif répétitif.

Échantillon

Cet outil permet de dupliquer ou de camoufler les nœuds de façon aléatoire.

Cet échantillon de bois est idéal pour l'intégration. Il suffit de lui appliquer une Transformation›Rotation 180° avant de le juxtaposer à sa copie pour rompre la monotonie. Après l'avoir dupliqué une fois, créez une rangée en le copiant x fois pour recouvrir toute la surface de votre choix.
Pour recouvrir une surface plus grande dans le sens de la hauteur, il sera nécessaire d'effectuer une copie de la rangée, puis de pratiquer une Transformation›Symétrie axe vertical.
Cette texture présente un autre avantage : elle peut être étirée sans subir trop de déformations, car le veinage est suffisamment grand et large pour être allongé dans les deux sens.

Échantillon

Échantillon

PLACAGE

1 INCLINAISON

Échantillon

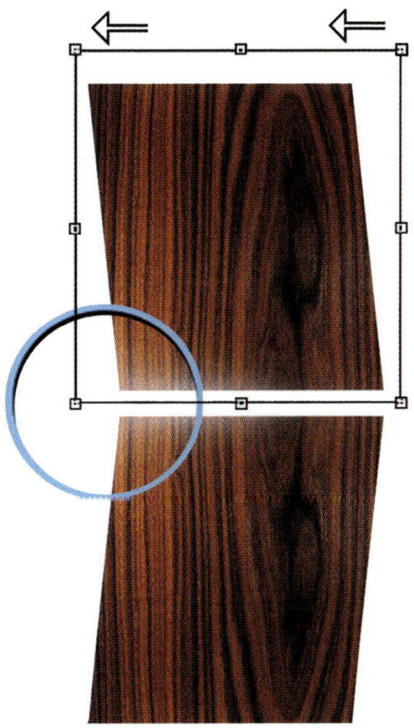

2 DUPLICATION

PLACAGE

3 SUPPRESSION ZONE DE LUMIÈRE

La texture du bois peut soulever des difficultés. Il est nécessaire de l'adapter en fonction du type d'intégration souhaité, par exemple sur un meuble ou un parquet.

Certains placages unis ou peu texturés (comme celui en bois clair ici) ne nécessitent pas de reprises. Par souci de réalisme, il est intéressant de conserver le motif qui se dessine au montage, lors de la juxtaposition des calques.
L'échantillon d'acajou est une base qui doit être retravaillée en vue d'obtenir une surface homogène et harmonieuse.

Afin d'obtenir un ensemble esthétique :
1. Réduisez l'échantillon puis appliquez-lui une Transformation manuelle›Inclinaison.
2. Dupliquez-le, puis faites-lui subir une Transformation›Symétrie axe vertical.
3. Ajustez les motifs des deux calques et fusionnez-les. Pour supprimer la zone lumineuse de la partie gauche, dupliquez une zone neutre de l'échantillon et reportez-la grâce à l'outil Tampon.
4. Copiez la planche obtenue autant de fois que nécessaire.

Un miroir peut être argenté et présenter un simple reflet, ou encore gravé ce qui augmente la difficulté de la réalisation.

L'effet miroir est obtenu avec l'outil Pinceau paramétré avec une faible opacité (20 %) et une couleur blanche, il suffira alors d'effectuer un passage incliné sur une surface grise.
Pour reproduire un effet gravé :

1. Choisissez un motif et nommez le calque A. Il sera utilisé comme ombre. Copiez le calque A et nommez-le B. Dans la Barre d'outils, cliquez sur le Premier plan et choisissez le blanc. Sélectionnez le calque B, puis faites un clic droit et choisissez Remplir. Dans Contenu, sélectionnez Couleur de premier plan.

2. Copiez à nouveau le calque A et nommez-le C. Ses paramètres seront modifiés. Pour cela, dans la Barre des menus, allez dans Filtre›Textures›Grain pour obtenir un effet.

3. Sur le calque Miroir, superposez progressivement les calques les uns sur les autres pour obtenir le résultat souhaité. Placez C au milieu, A à gauche et B à droite. Plus le décalage entre les calques augmentera, plus la profondeur sera accentuée. Dans la palette Calques, le calque C se placera en haut, puis viendront le calque Lumière B et enfin le calque ombre A en dernier.

1 CALQUE A

Objet (calque Miroir)

Motif

2 BOÎTE DE DIALOGUE GRAIN

3 SUPERPOSITION DES CALQUES

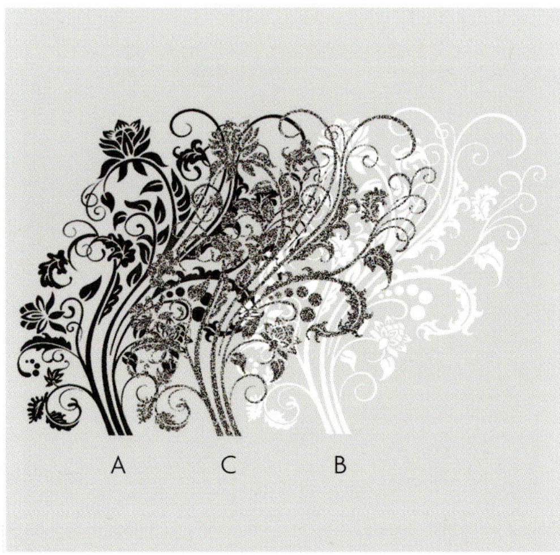

Image finale

Le reflet proposé ici est une interprétation simplifiée. Pour être exact, il aurait demandé beaucoup plus de manipulations.

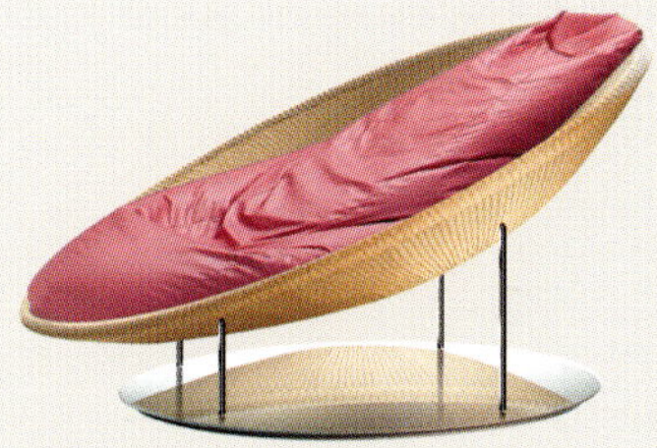

Objet

Le reflet se situe ici sur une paroi en verre teinté, ce qui amène une différence de traitement par rapport au reflet sur un miroir. La transparence prédomine sur le reflet lui-même, qui se retrouve en arrière-plan.

1. Choisissez une paroi vitrée. Sélectionnez la partie en verre teinté (sans l'encadrement). Avec l'outil Gomme (opacité 40 %), créez une transparence en l'ajustant selon l'effet que vous souhaitez.
Choisissez un objet et sélectionnez-le. Puis dupliquez-le pour obtenir le calque Reflet. Transformez-le avec l'option Transformation›Symétrie axe horizontal.
2. Réduisez ses dimensions pour donner un effet fuyant, une légère perspective au reflet. Pour cela, appliquez-lui Transformation manuelle›Homothétie.
3. Dans la palette Calques, placez le calque Reflet sous le calque de la paroi vitrée pour garder la teinte du verre en premier plan. Baissez l'opacité du calque Reflet entre 50 % et 80 %.
4. Dans la zone de travail, placez le calque Reflet dans la zone vitrée, puis coupez la partie du reflet qui dépasse avec l'outil Lasso et la touche Suppr.
À l'aide de l'outil Gomme, estompez la partie proche de l'encadrement pour adoucir la coupe.

Les reflets multiples

Un miroir prend toute sa dimension lorsqu'il reflète l'espace dans lequel il se trouve.

La photo originale représente un escalier en colimaçon avec un garde-corps central. Le reflet ne peut être effectué à partir d'une simple copie de l'objet. Les éléments A et B serviront à réaliser la vue cachée, nécessaire au montage du miroir.

1. Dessinez une matrice pour créer le limon central (partie grisée). Sélectionnez l'élément A avec l'outil Lasso.

2. Faites une copie de A, puis appliquez-lui une Transformation›Symétrie axe vertical. Ensuite, pratiquez également une Transformation›Symétrie axe horizontal. Ajustez cette copie de A sur la matrice.

3. Dessinez une matrice pour créer l'escalier sur lequel vous viendrez placer les marches.
Sélectionnez l'élément B avec l'outil Lasso.

4. Faites une copie de B, puis appliquez-lui une Transformation›Symétrie axe vertical.

5. Ajustez-la sur la matrice en appliquant une Transformation manuelle›Torsion. Faites de même pour chaque marche à chaque emplacement prévu sur la matrice. Effectuez les contremarches en dupliquant une partie de la marche pour en retirer la matière.

6. Dessinez le limon central suffisamment haut pour recevoir les marches (voir C). Fusionnez l'ensemble des calques formant les marches et le garde-corps sur le limon central.

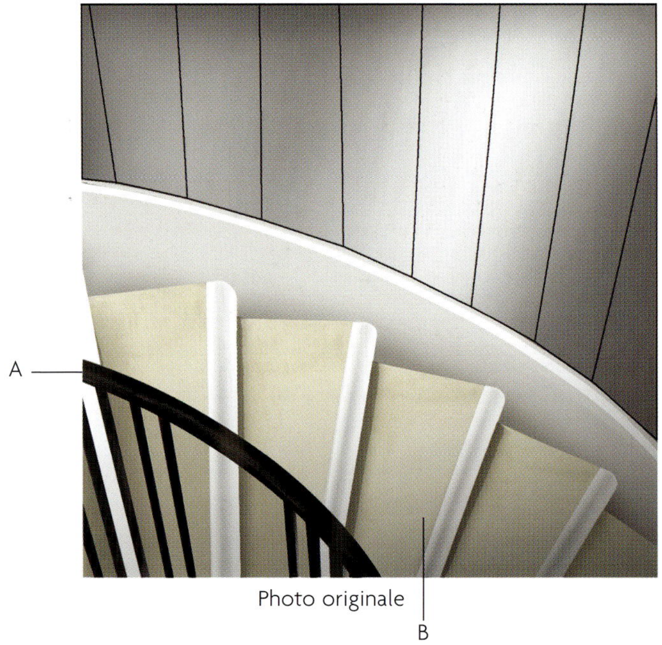

Photo originale

1 SÉLECTION DE A

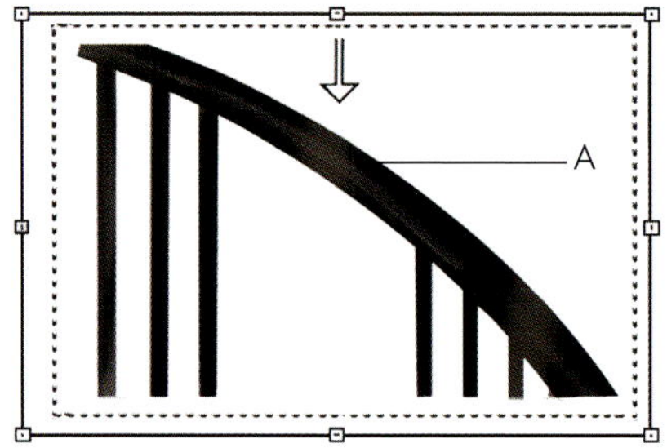

3 SÉLECTION DE B

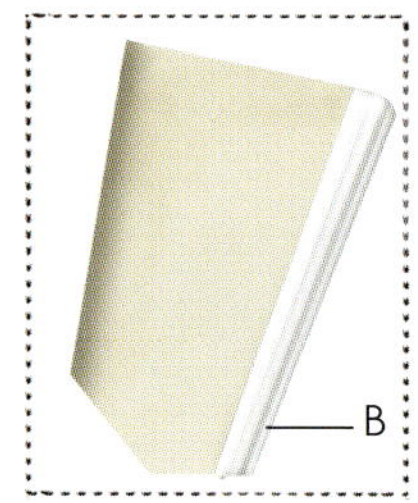

2 POSITIONNEMENT SUR LA MATRICE

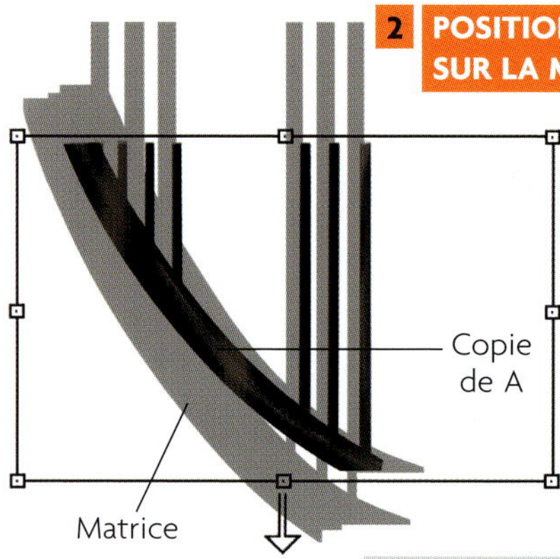

4 SYMÉTRIE VERTICALE

5 MISE EN PLACE DE B

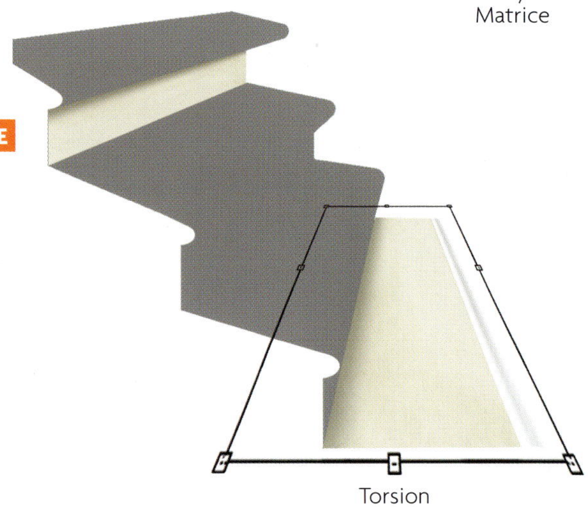

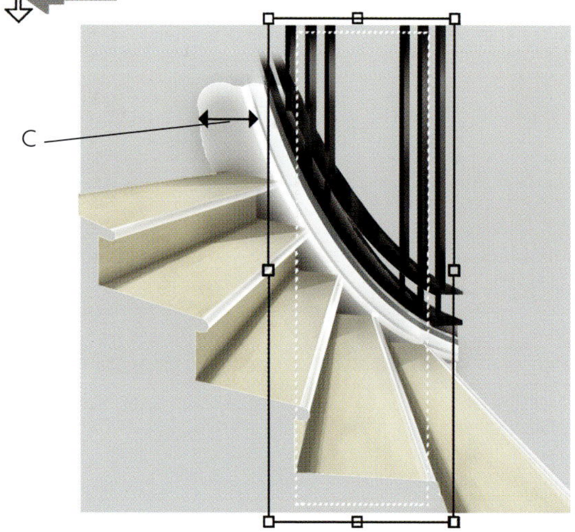

6 ASSEMBLAGE

7 DÉCOUPAGE

Image finale

Le reflet sur cette image démontre bien la nécessité d'une construction préliminaire afin de reconstituer des parties cachées.

Le découpage de la Figure 7 illustre le montage à réaliser pour obtenir le reflet souhaité.
La forme trapézoïdale des miroirs, découpés ici en neuf facettes, et leur inclinaison accompagnent le déroulé de l'escalier. Les miroirs étant fixés bord à bord sur le mur courbe, chacun d'eux offre un reflet différent.
Pour donner cette impression de reflets en cascade, il est nécessaire de sélectionner et de pratiquer une Transformation manuelle›Torsion sur une partie du reflet (voir Fig. 6) et de la coller vers le bas ou vers le haut de l'image.
Ensuite, il vous faudra fusionner tous les calques reflets et couper les parties extérieures à la zone mur en suivant la courbe du limon mural et l'horizontal du plafond.
Pour donner de la profondeur à l'escalier et au miroir, vous devrez créer une notion de vide. Pour cela, vous n'aurez qu'à griser la partie basse des miroirs avec l'outil Pinceau paramétré sur du noir, avec un diamètre large et une opacité de 40 %. Ensuite, vous donnerez un effet de lumière sur la partie haute des miroirs à l'aide de l'outil Pinceau paramétré sur le blanc.

Le drapé

Les réalisations de drapé, rideau et voilage sont utilisées pour agrémenter les fenêtres mais aussi pour créer des dessus-de-lit plissés ou des nappes. Les courbes et les plis peuvent être rendus à l'aide des déformations.

La procédure suivante permet de reproduire la photo d'origine :

1. Choisissez un échantillon de tissu. Dupliquez-le plusieurs fois pour obtenir une surface suffisamment grande selon l'endroit où vous souhaitez l'intégrer. Nommez ce calque Tissu.
2. Sur les copies, appliquez des Transformations manuelles afin d'élargir ou de rétrécir la largeur du tissu. Ainsi vous casserez le rythme des motifs à rayures.
3. Effectuez une sélection.
4. Avec la Pipette, choisissez une teinte foncée dans le tissu en guise de couleur de premier plan.
5. Remplissez la sélection et créez le calque Ombre. Faites de même pour créer le calque Lumière, avec une couleur claire située sur le tissu.

Photo originale

Échantillon galon

Échantillon passementerie

1 CHOIX DU TISSU

2 VARIATION LARGEUR DU TISSU

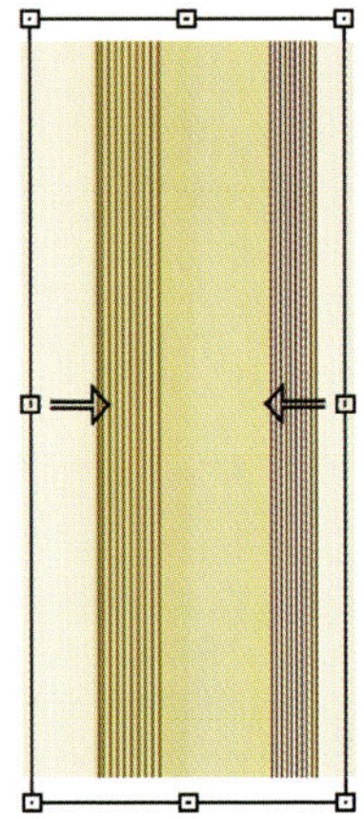

3 SÉLECTIONS

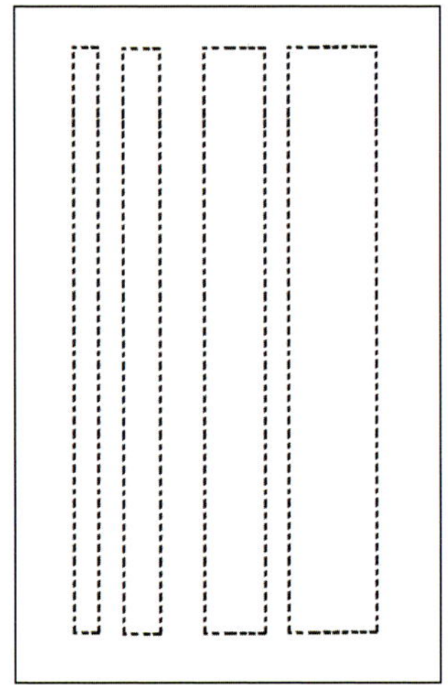

4 CHOIX DE LA COULEUR

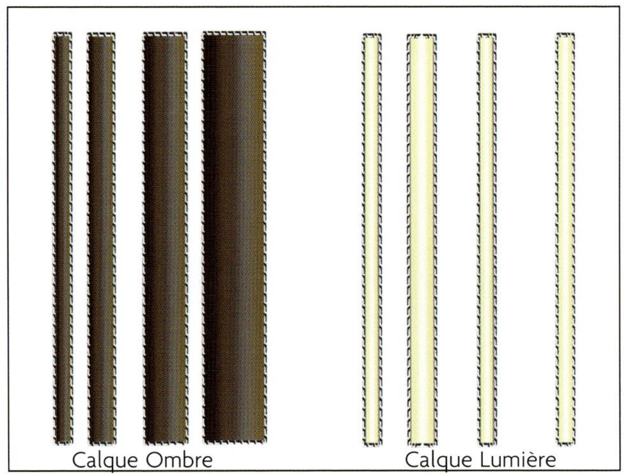

5 CRÉATION DES CALQUES

6 DÉFORMATION DES CALQUES

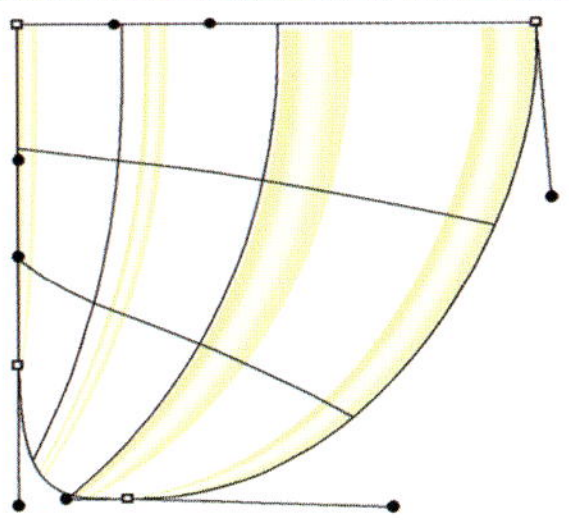

Premier plan (calque Lumière)

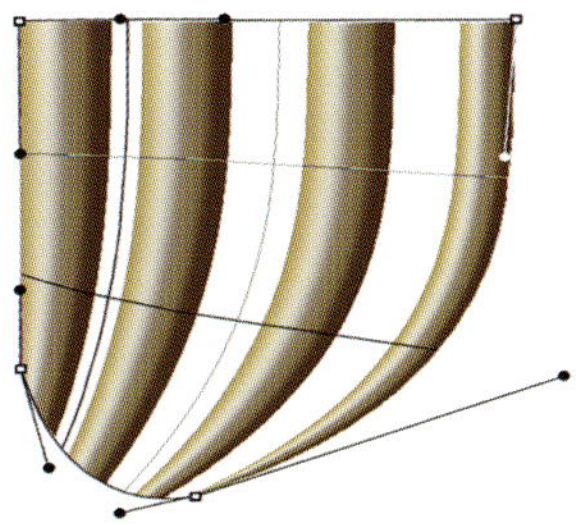

Centre (calque Ombre)

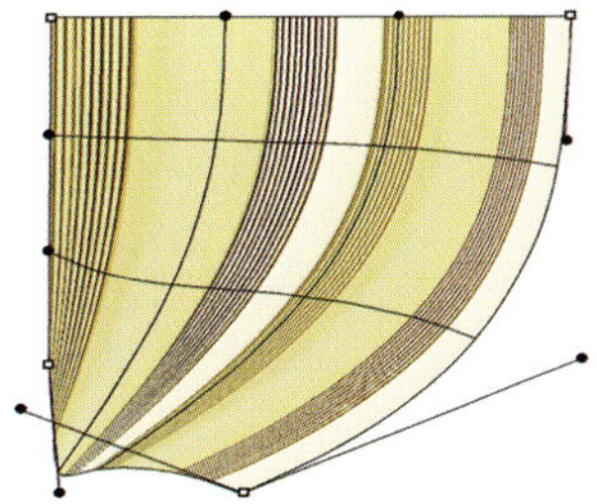

Arrière-plan (calque Tissu)

7 SUPERPOSITION

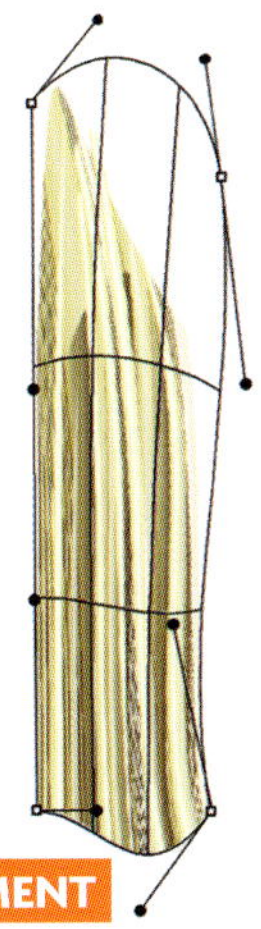

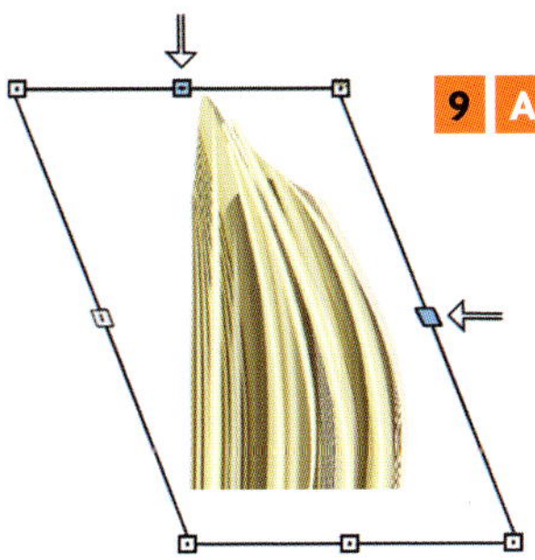

8 DUPLICATION ET SYMÉTRIE VERTICALE

9 AJUSTEMENT

Inclinaison

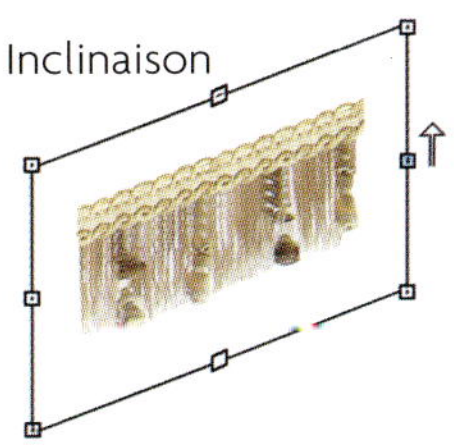

10 ASSEMBLAGE

Image finale

6. Créez des formes cintrées à l'aide de l'option Transformation manuelle›Déformation sur les trois calques.

7. Dans la zone de travail, placez d'abord le calque Tissu, puis posez dessus le calque Ombre et enfin le calque Lumière. Positionnez les ombres et les lumières en veillant à ne pas masquer les motifs du tissu placés en dessous. Pour cela, ajustez les calques Ombre et Lumière en utilisant différentes Transformations manuelles.

Avec la Gomme, effacez un peu les ombres et les lumières pour une meilleure intégration. Fusionnez les trois calques et nommez le calque obtenu Drapé.

8. Dupliquez le calque Drapé pour créer la partie basse. Appliquez-lui une Transformation›Symétrie axe vertical.

9. Ajustez la forme avec l'option Déformation puis assemblez au mieux les deux calques pour confectionner le rideau.

10. Placez l'échantillon galon en bordure du drapé supérieur. Faites des montages successifs en pratiquant des copier-coller. Ajustez les calques bout à bout, tout en les réduisant au fur et à mesure, pour former un galon sur toute la hauteur du drapé.

Placez la passementerie sur le calque Drapé pour masquer la séparation entre la partie haute et basse du rideau.

Exemple de modélisation / Le concept

Objet

Le concept comprend plusieurs étapes importantes avant d'obtenir l'image finale.

Le montage présenté ici démontre qu'il est possible de faire une étude complète : plan (vue de dessus), élévation (vue de face), mise en perspective avec les outils proposés par Photoshop.
Sur cette page, le plan et les élévations sont représentés par des aplats grisés. Ils déterminent la fonction, les dimensions, les volumes extérieurs et intérieurs du meuble ainsi que la localisation des parties mobiles.
Tous les traits dessinés sur ces pages sont effectués à l'aide de l'outil Crayon, paramétré avec un diamètre très faible. Pour obtenir les diagonales, vous devrez cliquer une fois pour créer un point de départ, puis relâcher la souris et cliquer de nouveau plus loin en appuyant sur Maj.
Par ailleurs, des cotes viennent compléter les informations nécessaires à la fabrication. Elles sont incluses grâce à l'outil Texte.
Les parties grisées sont remplies l'aide de l'option Remplir.

L'ensemble du meuble est recouvert d'un placage bois (intérieur et extérieur).

Les tablettes sont en verre.

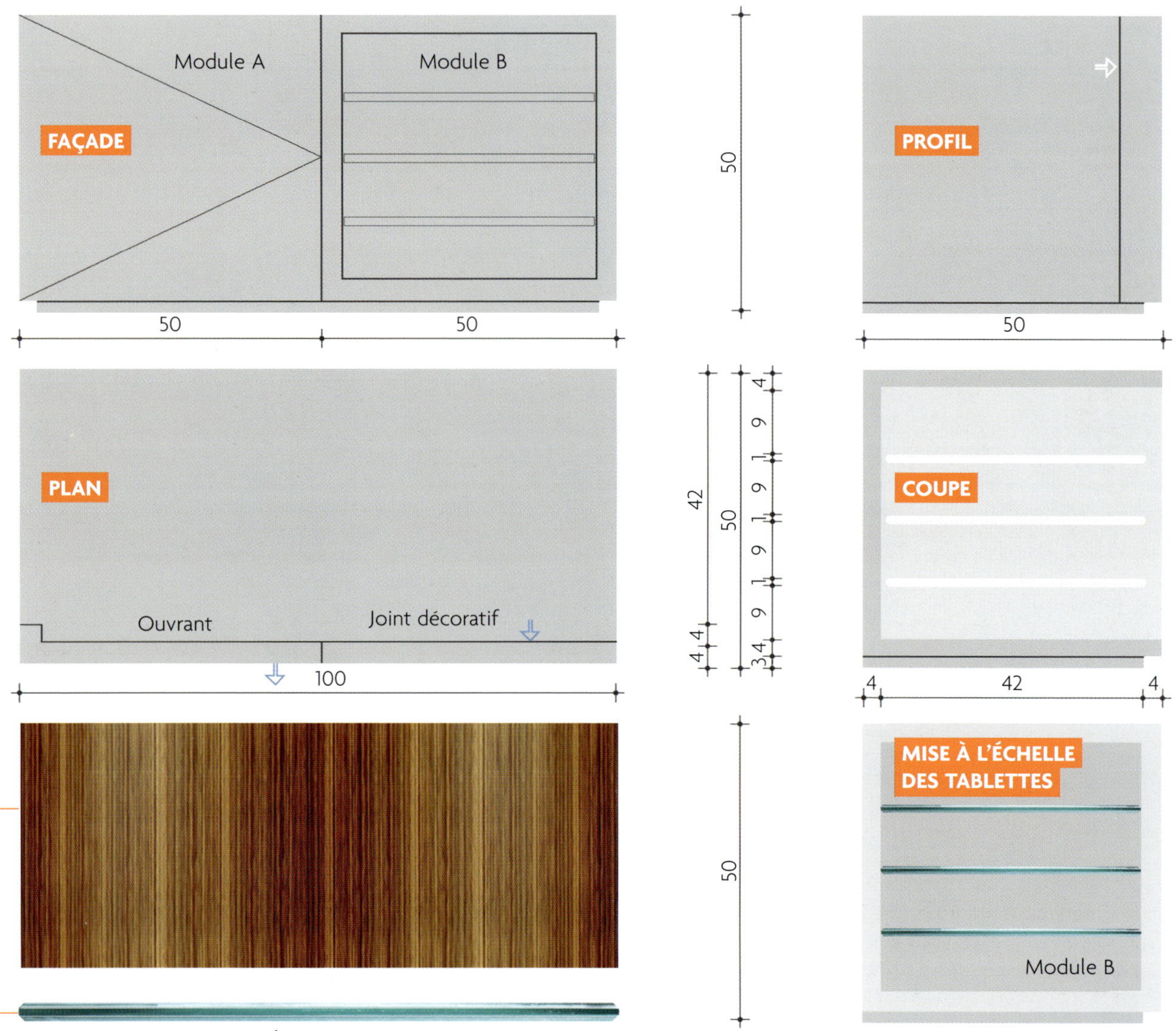

Échantillons

FAÇADE

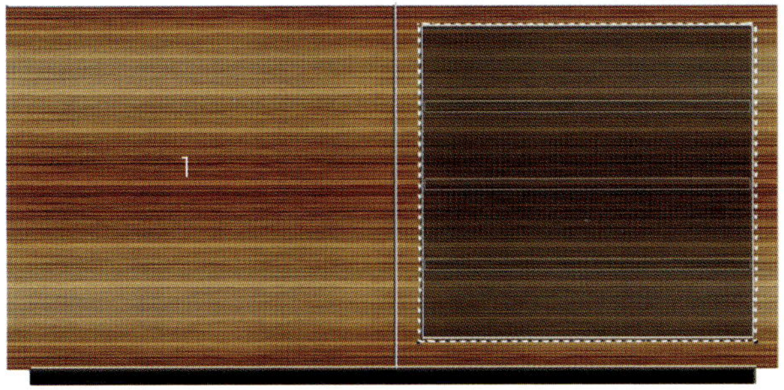

PROFIL

Échantillon

PLAN

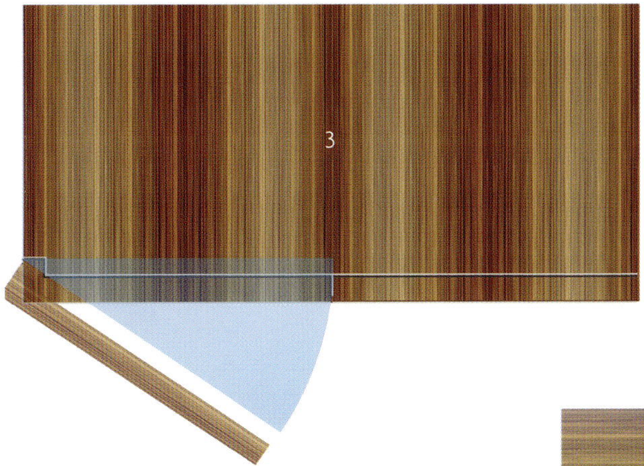

OMBRE ET TABLETTES

À l'intérieur de la niche, une ombre est ajoutée avec le Pinceau sur la gauche pour détacher le verre du caisson. Un effet de lumière est aussi inséré sur le rebord de la niche. Dans la palette Calques, le calque Tablette se placera au-dessus du calque Ombre.

L'intégration du bois sur le meuble nécessite de mettre l'échantillon à l'échelle de l'objet et de changer l'orientation du fil.

Pour habiller le meuble, il suffit de copier l'échantillon (ce qui entraînera la création de calques) et de changer le sens du fil si nécessaire. Ensuite, vous devrez le coller sur les vues en élévation ou en plan. Enfin, la texture devra être adaptée en l'étirant ou en la dupliquant si besoin.

FAÇADE

Pour créer la niche du meuble, il faut sélectionner la zone, puis ombrer la matière. Pour cela, la luminosité doit être diminuée en allant dans Image›Réglages›Luminosité/Contraste
Avant de modifier la zone, il est vivement conseillé de créer un nouveau calque pour ne pas dénaturer l'original.

PROFIL

On a intégré un joint à l'aide de l'outil Crayon par un trait blanc et noir.

PLAN

On a changé le sens du fil. Comme sur la vue de profil, on a inséré un joint au Crayon. L'arc de cercle symbolise l'ouverture de la porte. On l'a créé à partir d'un cercle complet, dont on a gardé qu'une partie à l'aide de l'outil Lasso et de la touche Suppr. Enfin, on a baissé l'opacité du calque.

Exemple de modélisation / Les variantes

Une fois que les éléments sont conçus, il est possible de créer des variantes en multipliant les combinaisons.

Objet original

1. La réalisation des modules A et B en transparence est obtenue en réduisant l'opacité (des deux calques) de 50 %.
2. Pour cette variante, sélectionnez le module A et dupliquez-le. Appliquez une Transformation›Symétrique axe horizontal à la copie. Puis placez-la sur le module B.
3. Pour cette variante, sélectionnez le module B et dupliquez-le. Appliquez une Transformation›Symétrique axe horizontal à la copie. Puis placez-la sur le module A.

1 MODULES A ET B

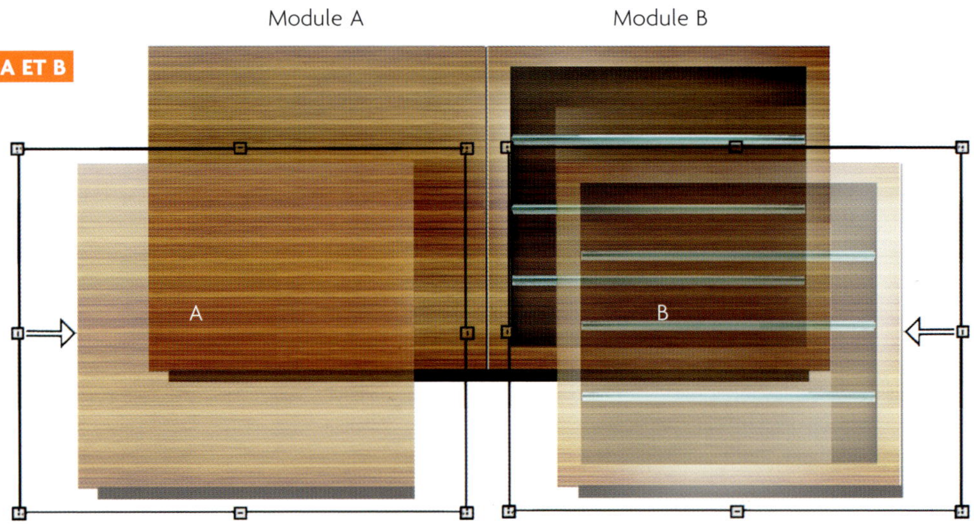

2 VARIANTE AA

3 VARIANTE BB

OPTION 1 AVEC 2 POINTS DE FUITE X ET Y

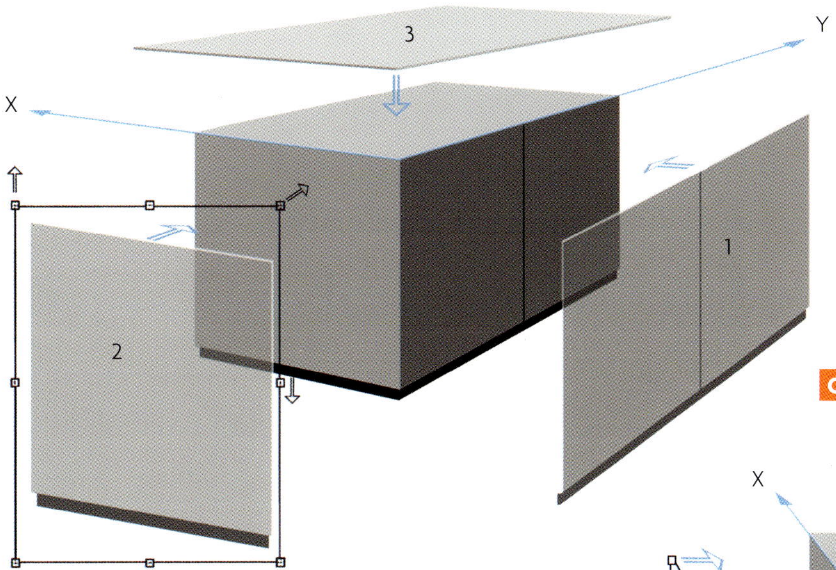

Transformation manuelle›Inclinaison
pour donner la direction

OPTION 2 AVEC 1 POINT DE FUITE X

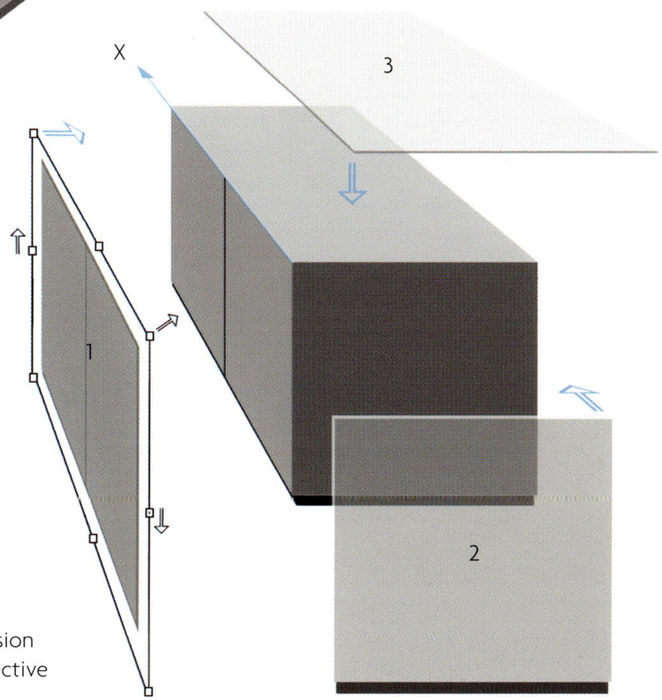

Transformation manuelle›Torsion
pour donner l'effet de perspective

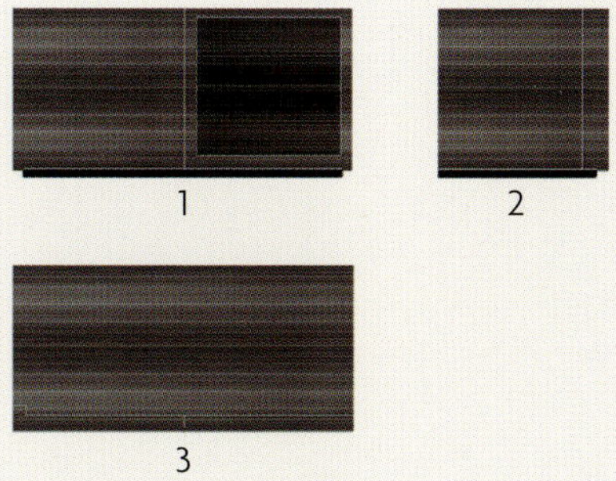

La modulation consiste à réaliser une mise en perspective de l'objet avec toutes ses caractéristiques. Elle donne les proportions de l'objet en trois dimensions. Elle sert aussi de support sur lequel on applique les éléments élaborés au préalable.

Il faut noter également que la modulation détermine un angle de vue et qu'elle devient ainsi le noyau central. Plusieurs angles de vue sont possibles, et en la matière, le choix vous revient entièrement. Il s'agit d'opter pour l'angle qui met le mieux en valeur la fonction et les finitions du meuble.
Il est possible de réaliser une vue en perspective sans passer par la modulation (ou matrice), mais une bonne expérience est dans ce cas indispensable.
Pour visualiser au mieux les trois faces, il est conseillé d'utiliser trois teintes de gris distinctes.
La matrice grisée prend la forme d'un volume rectangulaire. Ici le rectangle de base correspond à deux cubes de 50 cm de côté mis en perspective. Pour la construire :

1. Récupérez les vues en plan et en élévation.
2. Dupliquez-les et appliquez-leur des Transformations manuelles pour réaliser le module en trois dimensions.

Exemple de modélisation / La texture

L'habillage de la matrice demande quelques transformations de la matière pour faire apparaître l'intérieur du meuble.

1. Insérez les vues 1, 2 et 3 (voir p. 101) sur la matrice en leur appliquant l'option Transformation manuelle. Bien entendu, il est toujours possible de réaliser le meuble habillé en perspective sans passer par la matrice, mais une bonne expérience est indispensable.

2. Dans un second temps, pour matérialiser la niche du meuble, vous devrez vous servir de la matière existante (voir p. 51). Faites deux sélections pour représenter les zones claires et ombrées de la partie intérieure du caisson. La partie 2 sert de support à la sélection pour créer la paroi intérieure 4 du meuble (conformément au sens du fil). La partie 1 sert de support à la sélection pour créer le socle intérieur 5.

Modifiez la teinte des deux sélections pour donner plus d'effet à l'intérieur du caisson : ombrez 4 et éclaircissez 5 en allant dans Image›Réglages›Luminosité/Contraste...

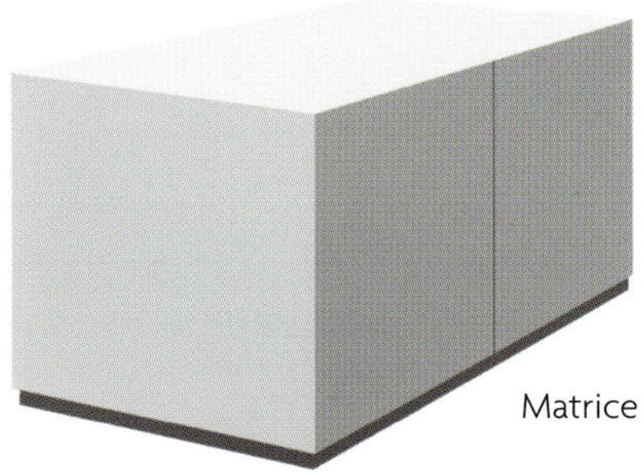

1 APPLICATION DE LA TEXTURE

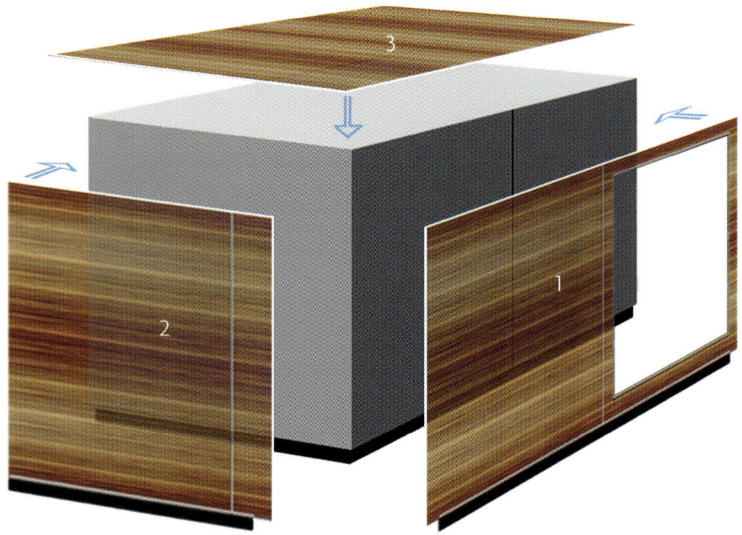

2 CRÉATION DE LA NICHE

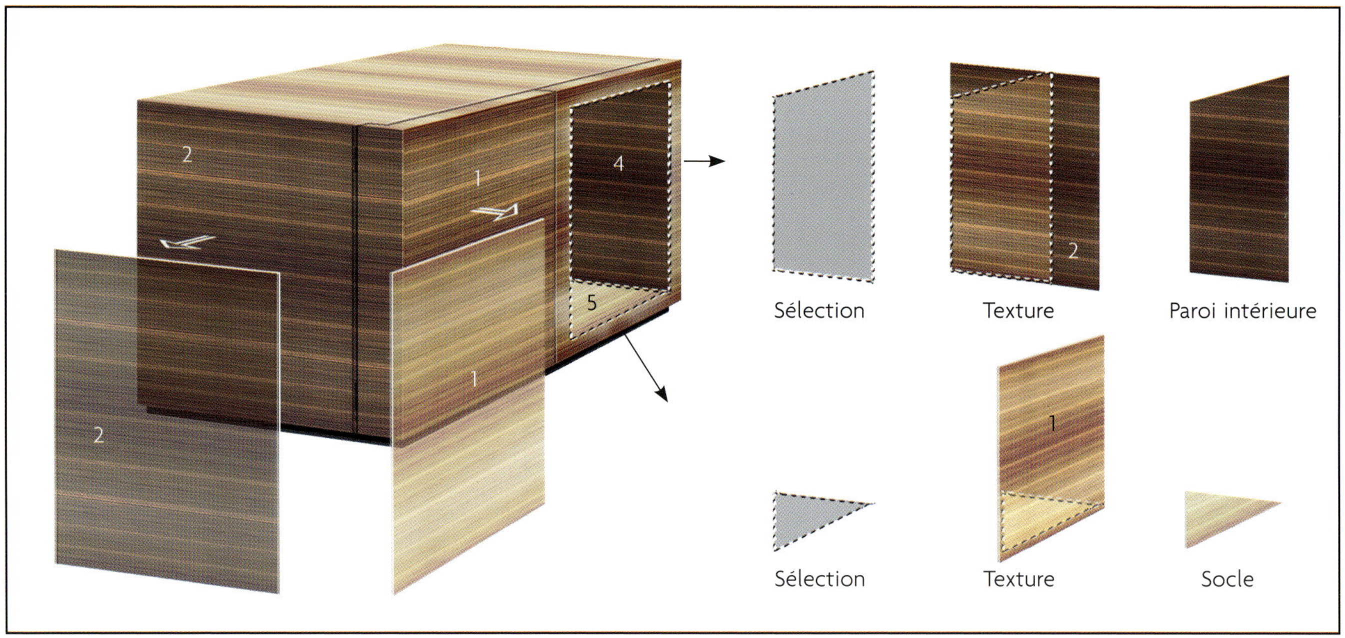

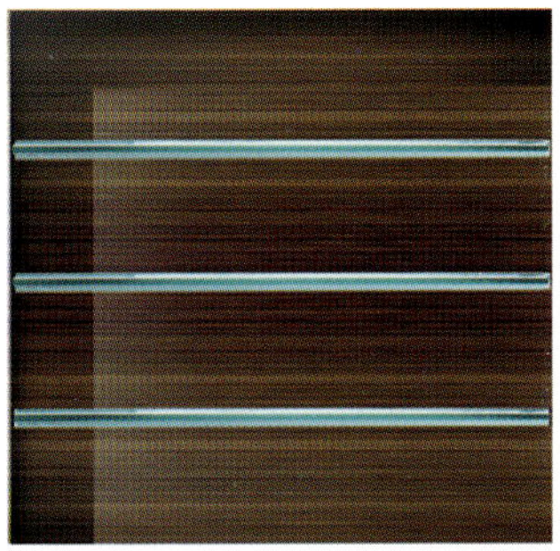

Vue de face des tablettes

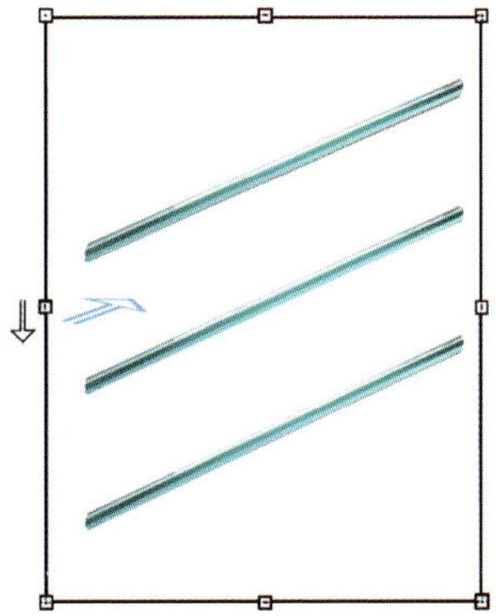

1 TRANSFORMATION MANUELLE

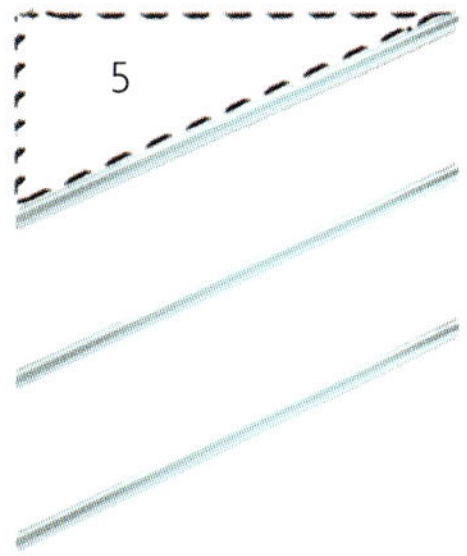

2 SÉLECTION ET CHANTS

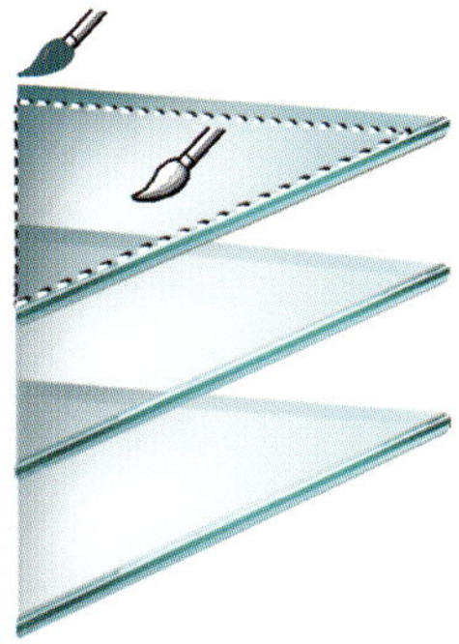

3 MISE EN COULEUR

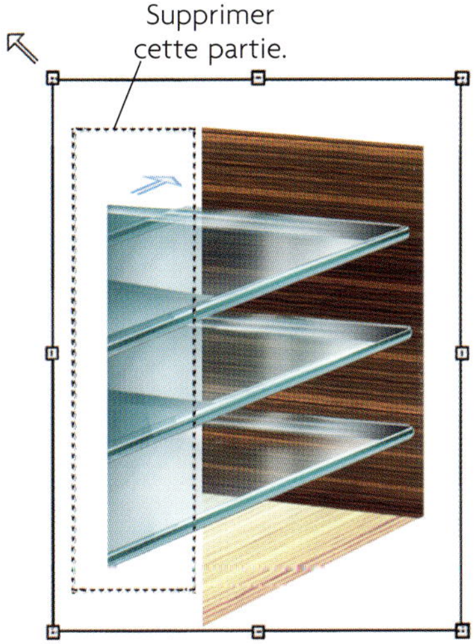

4 AJUSTEMENT DANS LA NICHE

Image finale

Il s'agit ici d'insérer les tablettes en verre à l'intérieur de la niche.

1. Sélectionnez les chants des tablettes à partir de l'élévation réalisée au préalable (voir p. 101). Appliquez-leur une Transformation manuelle›Inclinaison.
2. Récupérez la sélection 5 (voir p. 104) pour matérialiser la profondeur des tablettes. Collez-la sur le chant situé le plus en hauteur.
3. Après avoir prélevé la couleur du chant, appliquez-la sur la sélection avec le Pinceau en créant quelques effets plus ou moins accentués. Reproduisez deux fois cette tablette et collez les copies les unes au-dessous des autres. Dans la palette Calques, veillez à placer le calque des chants en première position.
4. Placez l'ensemble dans son emplacement en décalant les tablettes à l'intérieur de la niche (2 cm du bord). Puis supprimez les parties dépassant du cadre. Afin d'aligner les tablettes avec le fil du bois, il sera nécessaire d'appliquer une Transformation manuelle›Torsion.

Des effets, comme la projection des ombres, peuvent compléter la mise en relief de l'ensemble du meuble.

OMBRE PORTÉE

L'encadrement en bois projette une ombre en dégradé sur la partie inférieure avec une limite marquée par le bord gauche du caisson. L'ombre portée est la plus utilisée. Elle peut être simple et prendre la forme d'une seule sélection remplie avec le Pinceau de couleur sombre, ou bien multiple et se composer de plusieurs sélections. Dans le cas présent, on pratiquera des remplissages avec le Pinceau, paramétré sur des opacités entre 20 et 80 % selon les endroits.

OMBRE COLORÉE

Le verre projette aussi une couleur turquoise sur la tablette (que l'on prélèvera avec la Pipette sur l'un des chants). Pour la restituer, il suffira de faire une sélection sur la tablette et d'utiliser le Pinceau. Les sélections seront modifiées à chaque changement de niveau. L'ombre sera plus profonde sur les parties horizontales.

OMBRE À REFLET

Le verre projette une ombre de par sa masse ainsi qu'une lumière qu'il laisse passer par sa transparence. Pour rendre cet effet, il faut alterner des passages avec le Pinceau de couleur blanche pour les parties lumineuses et de couleur noire pour réaliser les parties ombrées. La lumière provenant du chant des tablettes est créée à l'aide d'une sélection en indiquant dans la boîte de dialogue 20 % d'opacité. Ainsi une ombre à reflet sera représentée sous les tablettes.

Le verre et les effets qui l'accompagnent occupent une place importante dans le concept. Ce matériau apporte de la fraîcheur et doit être mis en valeur par un traitement spécifique. Ainsi le blanc est-il volontairement accentué pour apporter de la lumière.

L'ombre portée au sol renvoie l'image du meuble et le rend plus réaliste.

1 SUPPRESSION PORTE

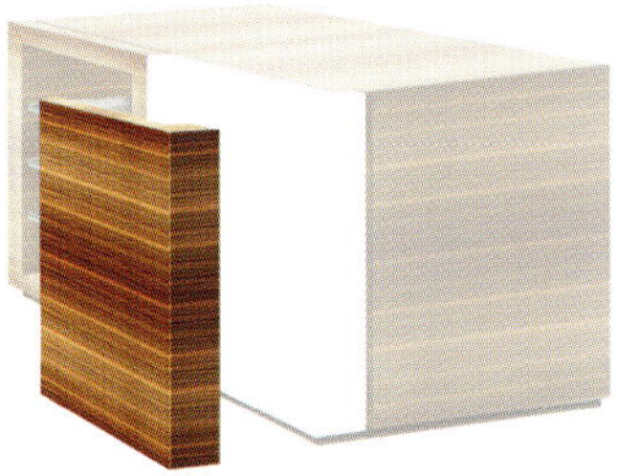

2 DUPLICATION CAISSON

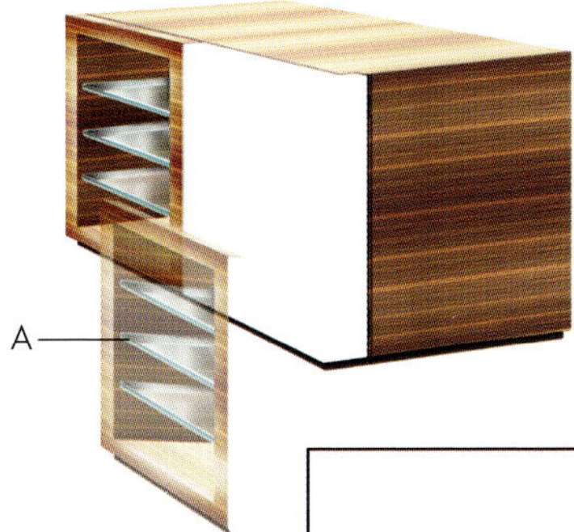

3 MONTAGE

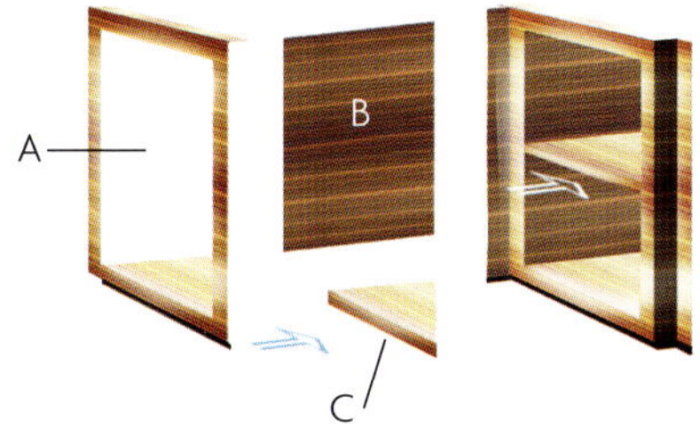

4 INTÉGRATION AU MEUBLE

5 TRANSFORMATION PORTE

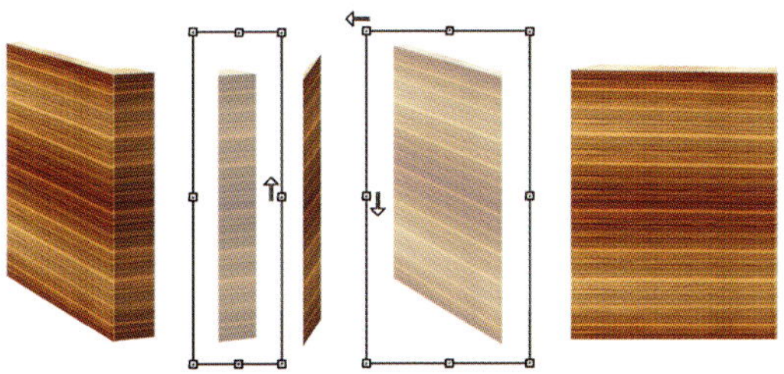

Côté

Façade

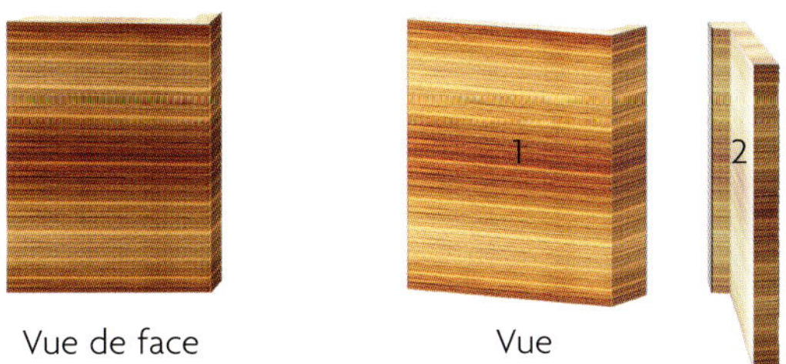

Vue de face

Vue intermédiaire

Vue de côté

La partie mobile d'un meuble peut être exploitée et jouer un rôle important dans l'illustration du concept.

Ici, l'animation de la porte amène un aspect ludique au concept et dévoile partiellement la partie cachée du caisson.
1. Appliquez au meuble une Transformation›Symétrie axe horizontal. Sélectionnez avec le Lasso la porte du meuble. Dupliquez-la et nommez le calque Porte. Puis supprimez-la du meuble.
2. Copiez et collez le caisson avec les étagères et nommez-le A.
3. Sur le calque A, retirez l'intérieur du caisson avec les tablettes à l'aide du Lasso. Faites une copie du côté, nommez le calque B. Sélectionnez la partie basse du caisson et nommez le calque C.
Insérez B sous le calque A et C sur le calque B pour réaliser l'étagère en bois. Ensuite, fusionnez les trois calques.
4. Placez le nouveau calque sur le caisson original. Il vous faudra ajouter de la matière pour remplacer la charnière de la porte, grâce à une succession de copier-coller.
5. Récupérez le calque Porte pour modifier l'apparence de ses différents éléments. Le côté sera sélectionné, puis copié sur un calque nommé Côté et il en sera de même pour la façade. Appliquez-leur les Transformations manuelles que vous souhaitez pour représenter la porte sous l'angle de vue qui vous convient.

Le cercle au sol accompagne l'encombrement nécessaire à l'ouverture. Pour obtenir la transparence de la porte intermédiaire, il faut placer l'opacité du calque à 50 %. La porte au premier plan aura une opacité de 100 %.

Exemple de modélisation / Ambiance jour

Une fois le meuble confectionné, il est possible de le mettre en situation dans une ambiance de jour très lumineuse pour faire ressortir ses contrastes.

La source lumineuse (A) représente la lumière du jour. Elle est symbolisée par une zone blanche (figurant une baie vitrée qui n'est pas illustrée sur l'image). Elle permet d'adoucir les angles trop tranchants dus à l'application de la texture sur le meuble. Le traitement de la lumière sur l'objet permet une meilleure intégration de la matière dans cet espace lumineux.

Dans une pièce, la lumière est partout, il faut donc la placer aux bons endroits. Elle sera ici matérialisée sur la façade du meuble et au sol. Vous devrez créer un calque Lumière. Puis vous utiliserez le Pinceau rempli de blanc, paramétré avec un diamètre assez grand et une opacité de 50 %. Ensuite vous superposerez le calque Lumière sur les calques Moquette et Meuble. Enfin, vous sélectionnerez la partie tablettes du meuble et lui retirerez un peu de lumière pour faire ressortir les ombres.

Il sera aussi nécessaire de créer une zone d'ombre (B) et un calque Ombre afin de rehausser les parties les moins exposées avec le Pinceau rempli de noir et une grande opacité. Vous devrez effectuer quelques passages sur le côté du meuble et la moquette. Dans la palette, le calque Ombre sera au-dessus des autres.

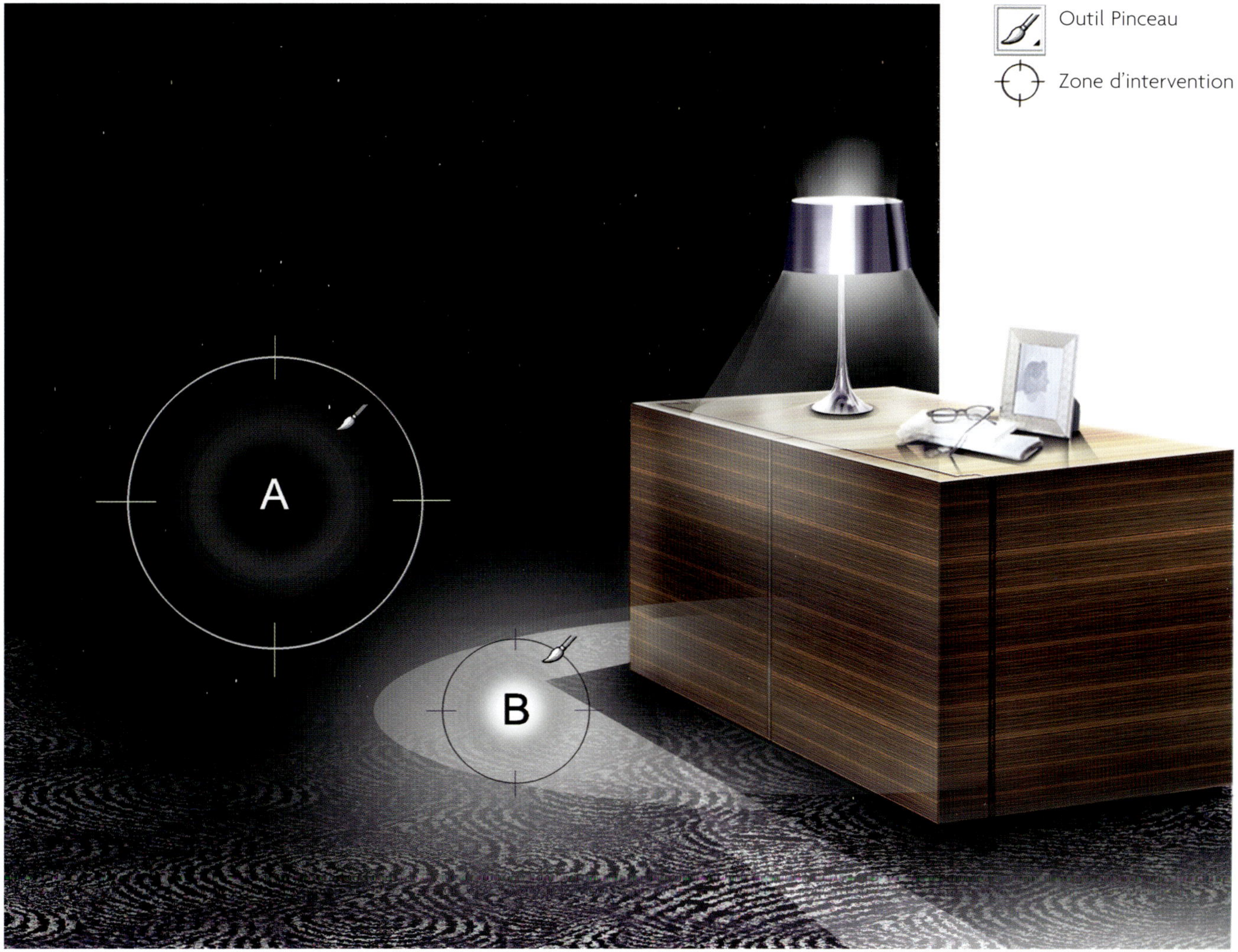

Outil Pinceau

Zone d'intervention

La mise en situation du meuble dans une ambiance nocturne permet de mettre en valeur les effets lumineux comme la lampe sur le meuble.

Il est nécessaire d'assombrir le calque de votre fond dans Image›Réglages›Négatif. Ensuite, vous devrez aller sur les calques Meuble et Moquette pour baisser leur luminosité (dans Luminosité/Contraste). Vous sélectionnerez chaque face du meuble une par une et en augmenterez ou en diminuerez la luminosité (Luminosité/Contraste). La face supérieure peut rester dans sa valeur, mais les montants doivent être assombris (le petit retour sur le côté du meuble sera plus foncé). Vous devrez créer un calque Ombre et poser une zone sombre avec le Pinceau d'un diamètre assez large (A). Il vous faudra sélectionner la face avant et retirer un peu de noir au niveau de l'angle du côté gauche pour une meilleure lecture. Un calque Lumière (B) vous permettra de sélectionner une ellipse. Vous devrez la remplir de blanc avec le Pinceau (opacité 30 %).

Vous n'aurez qu'à retirer des zones de lumière avec l'outil Sélection et la Gomme (opacité réduite). Un calque Lumière servira à rehausser les parties les plus exposées comme le dessus du meuble. Dans la palette, le calque Lumière sera au-dessus des autres. Vous passerez alors le Pinceau (blanc et d'une opacité faible) sur la façade du meuble à l'aplomb de la lampe et sur la moquette.

Partie 3

Du dessin à l'image

La naissance d'une image passe par un concept matérialisé par un dessin en perspective puis une mise en volume. Cette partie commence donc par un cahier méthodologique qui vous aidera à construire une perspective selon une technique très simple, avec toutes les étapes à effectuer pour obtenir une vue en trois dimensions.

Une fois ces principes de construction acquis, je vous propose pour la mise en volume de mettre en pratique toutes les connaissances que vous avez acquises au cours des pages précédentes. En effet, la mise en volume (voir p. 126) demande une certaine connaissance et pratique du logiciel. Il est donc recommandé d'avoir étudié toutes les applications décrites dans les parties 1 et 2 avant de vous lancer.

L'exemple ici donné est celui d'une salle de bain décrite pas à pas. Il permet d'appréhender le traitement des matières texturées, à veinage ou réfléchissantes, ainsi que les problématiques de la mise en lumière.

L'esquisse est réalisée sur un calque à l'aide d'un porte-mine bleu.

Cette étape est importante dans la conception du projet. L'avantage du dessin est qu'il permet de présenter au client une première esquisse spontanée. Elle fera ressortir l'idée initiale, avant l'élaboration complète du projet.

Le dessin représente un atout complémentaire car les clients sont toujours attachés aux formes artistiques quelles qu'elles soient. Le dessin en fait partie et il est de moins en moins utilisé. Alors c'est une bonne raison de se faire plaisir !

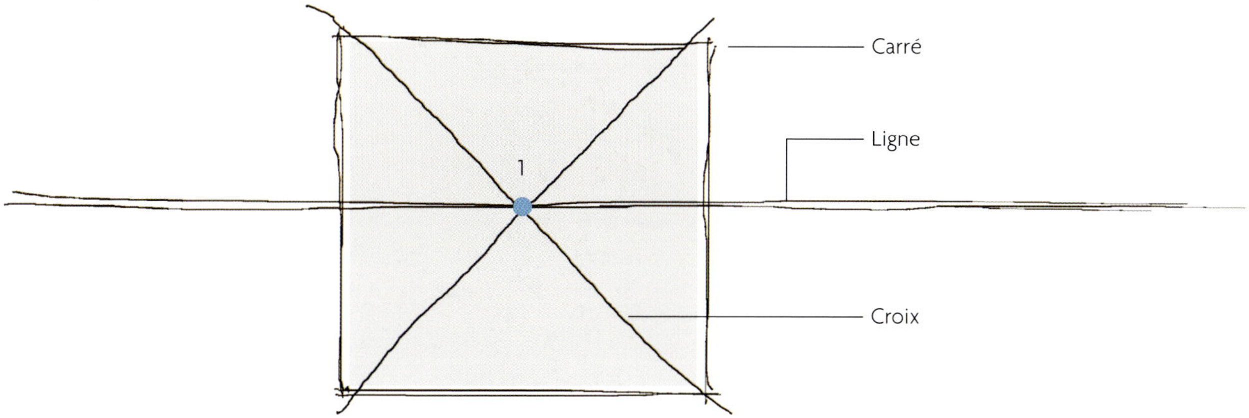

Le dessin vous amènera à réaliser un espace en deux dimensions, puis en trois dimensions. Cette méthode reste un principe de montage personnel, créé pour faciliter l'exécution d'une perspective à main levée avec le crayon de votre choix. Le tracé n'exige pas une précision rigoureuse.

Les différentes étapes seront indiquées à l'aide d'une couleur bleue sur chaque planche explicative.

1. Tracez un carré légèrement désaxé sur la partie gauche de la feuille.

2. Faites une croix dans le carré en prenant les quatre angles pour repères. Ainsi tracez les deux diagonales pour obtenir le centre du carré.

3. Tracez une ligne qui passe par le centre du carré. Pour la réaliser, placez-vous à gauche du carré et traversez-le. Prolongez la ligne vers la droite.

4. Indiquez un point de fuite au centre (noté 1 sur le schéma).

Vous venez de réaliser un espace en 2D.

Construire une perspective / Les points de fuite

Le point de fuite est un point imaginaire destiné à construire une perspective. Il donne une direction aux fuyantes (lignes partant du point de fuite). Ce point est situé sur la ligne au centre du carré, qui est nommée « ligne d'horizon ».

1. Prolongez la croix à l'extérieur du carré sur le côté gauche.
2. Créez un deuxième point de fuite (noté 2 sur le schéma) à l'intersection de la ligne d'horizon et du côté gauche du carré.
3. Reliez le deuxième point de fuite (2) aux deux angles situés à droite du carré. Prolongez les lignes à l'extérieur du carré. Vous venez de réaliser un volume de 3 mètres de hauteur par 3 mètres de large. Face à vous, un mur carré avec une ligne d'horizon à 1,50 mètre du sol.

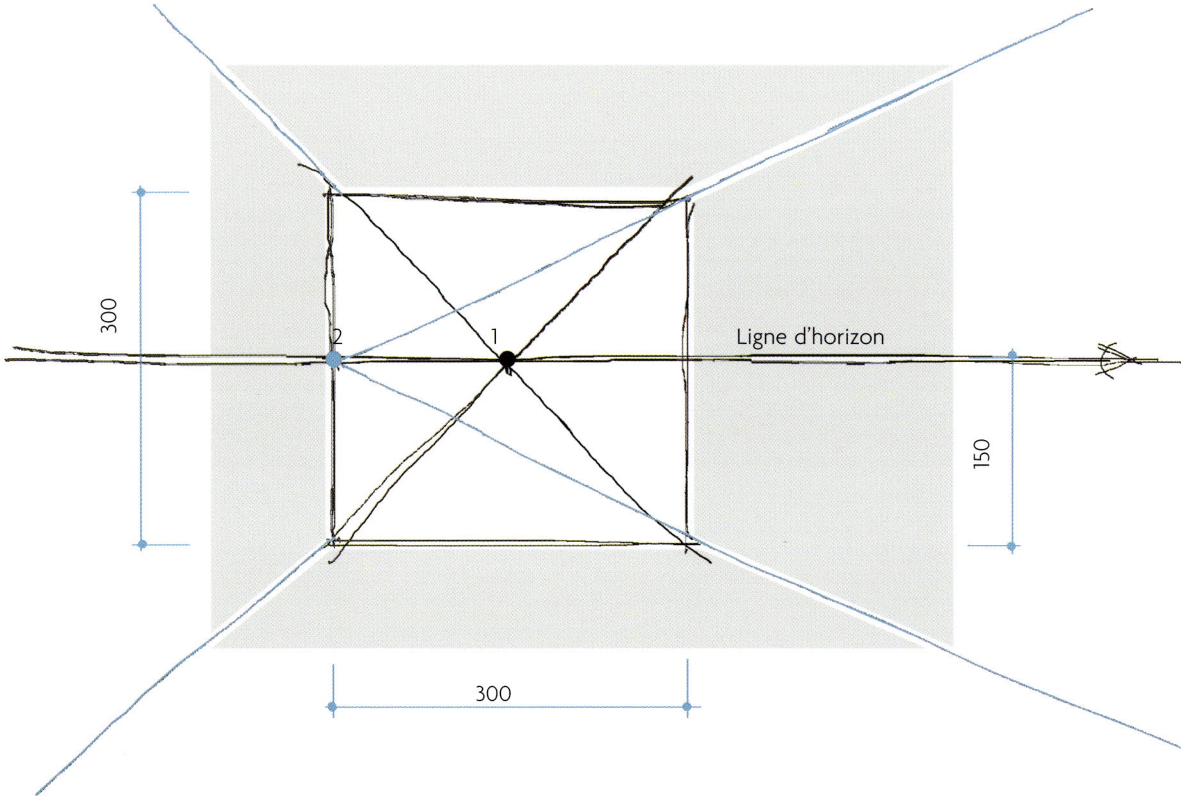

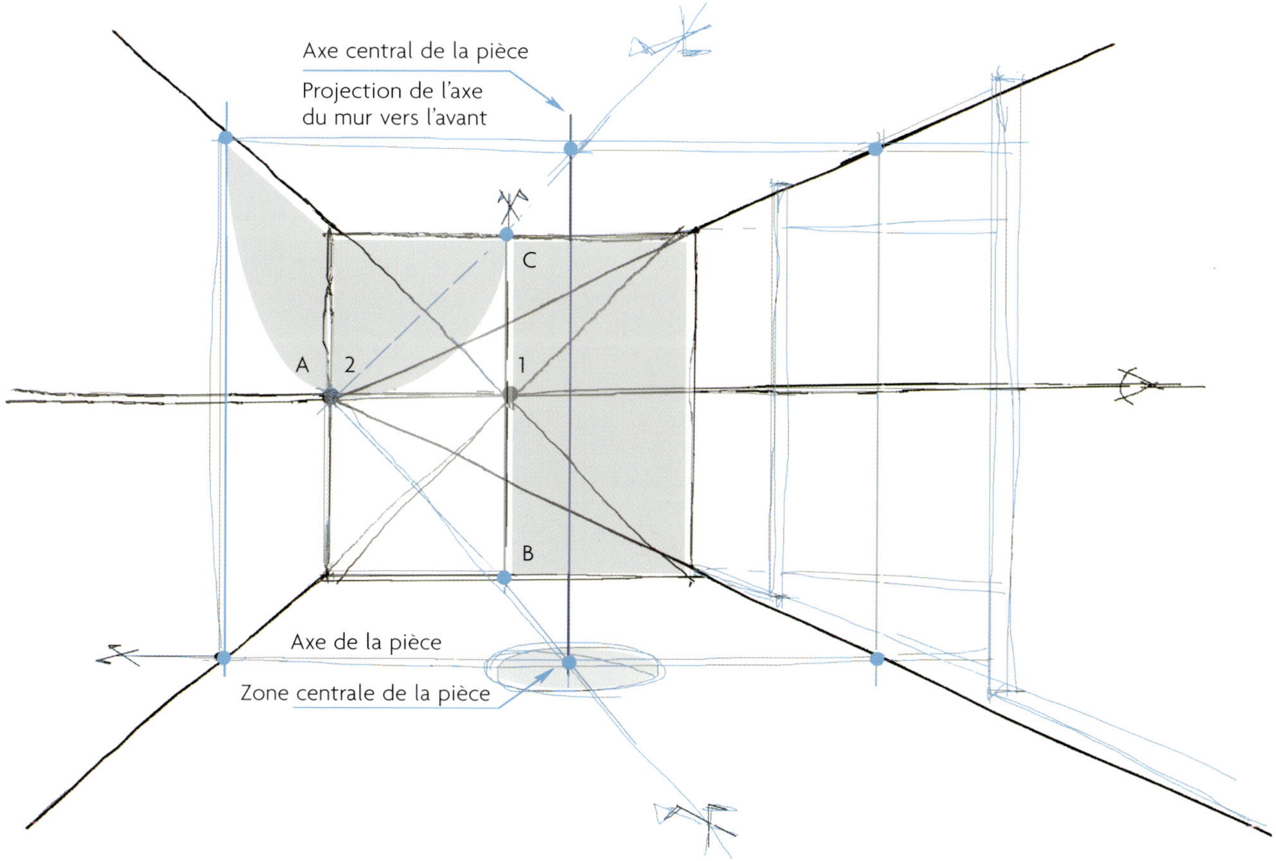

Le quadrillage permet de définir les axes de la pièce. L'axe central définit l'emplacement de la table basse et du lustre. Puis la projection de l'axe du mur.

1. Divisez le carré en deux parties égales. Pour cela, tracez une ligne verticale passant par le milieu de la croix.
2. Inscrivez A, B et C sur le carré. Ces repères vous serviront à tracer les lignes AB et AC. Prolongez ces lignes à l'extérieur du carré.
3. Tracez un arc de cercle ayant pour centre l'angle du carré en haut à gauche. Cet arc (grisé sur le dessin) servira de guide pour réaliser le raccourci placé à gauche du dessin.
4. Tracez un arc de cercle en partant toujours de l'angle en haut à gauche du carré, mais cette fois tracez-le vers la gauche. Vous obtenez ainsi le départ d'une verticale. Projetez ce point vers le bas. Au point d'intersection avec les deux fuyantes, tracez une horizontale. Au croisement de ces horizontales avec les fuyantes, vous obtiendrez l'axe de la pièce (au sol et au plafond).
5. Sur la partie droite, à l'intersection des deux horizontales avec les deux fuyantes partant de A, vous obtiendrez deux autres points. Reliez-les pour obtenir l'axe vertical du mur de droite.
6. De part et d'autre de cette verticale, tracez deux autres lignes pour esquisser un passage (une ouverture dans le mur).

Vous venez de structurer votre espace grâce aux axes.

Construire une perspective / Le mobilier

Le mobilier sera implanté à partir de l'axe central de la pièce et ne tiendra pas forcément compte des points de fuite.

1. Implantez le mobilier au sol en respectant les dimensions du volume. Ne négligez pas le rapport d'échelle existant entre les éléments et leur environnement.

2. Dessinez le décor de fond, il vous donnera l'échelle de la pièce. Sachez que la hauteur sous plafond est de 3 m et que le garde-corps mesure 1 m. Vous pourrez choisir le décor de votre choix, mais il est préférable de le dessiner avant d'intégrer le mobilier.

Vous venez de donner une échelle à votre espace en important le mobilier.

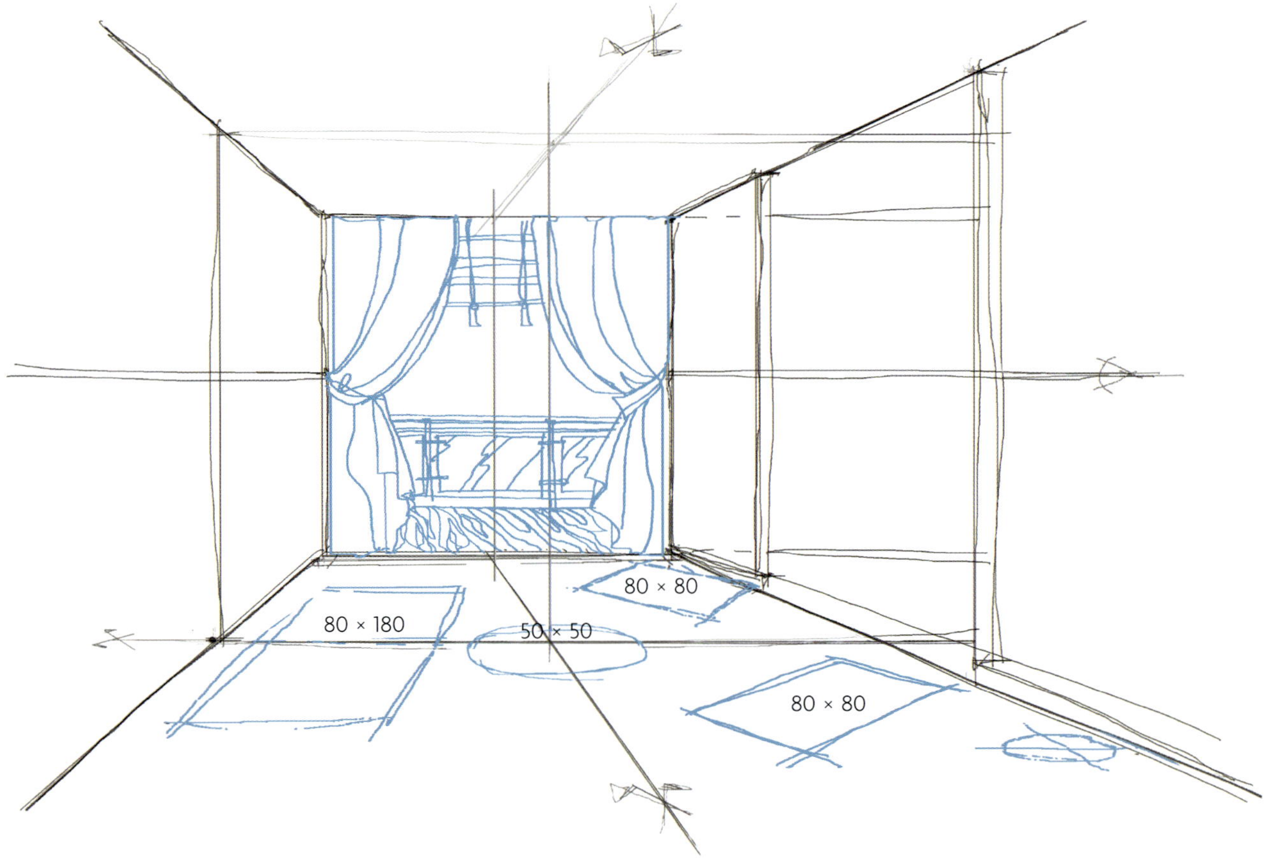

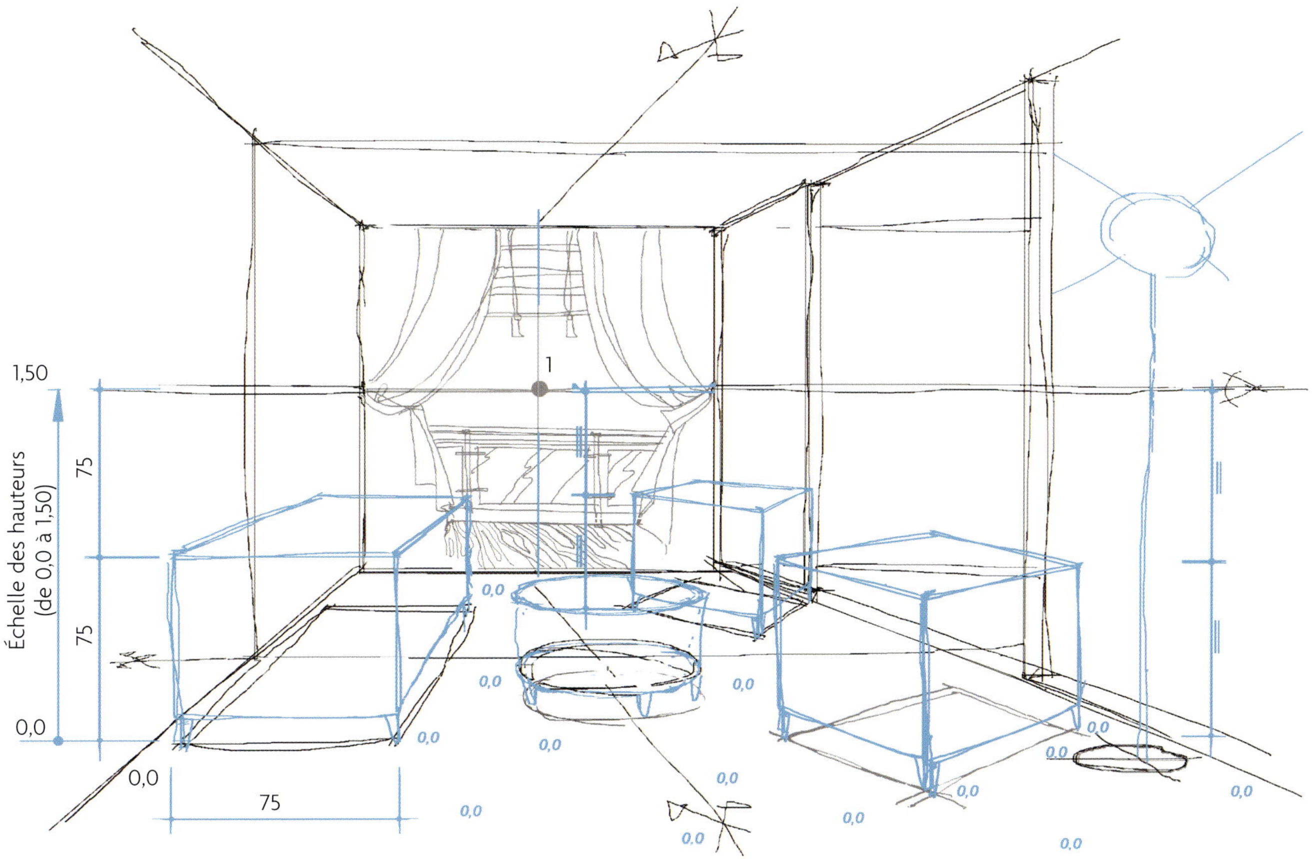

La mise en volume du mobilier doit respecter la hauteur et la profondeur des meubles, et l'échelle de la pièce. Pour déterminer la hauteur d'un meuble, il suffira de prendre comme point de départ le niveau 0,0 du sol et de remonter une verticale jusqu'à la ligne d'horizon.

1. Faites en sorte que la hauteur du mobilier corresponde à la moitié de la distance entre le point 0,0 et la ligne d'horizon (ici 1,50). Pour les fauteuils, la profondeur sera aussi de 75 cm. Au final, vous obtiendrez des cubes.
2. Pour monter le dossier du canapé (le parallélépipède à gauche du dessin), utilisez le point de fuite central 1. En partant du carré vu de face en premier plan, projetez les trois angles vers ce point de fuite.
3. Pour les autres volumes, suivez le tracé réalisé au sol et remontez les points vers la ligne d'horizon.

Vous venez de réaliser une modélisation du mobilier grâce à l'échelle des hauteurs.

Construire une perspective / Le design du mobilier

Le dessin du mobilier est un choix personnel. Il tiendra compte des accessoires et des éléments le constituant.

Vous devrez dessiner à l'intérieur des volumes figurant les meubles.
Pour les sièges, il est nécessaire de respecter la hauteur des assises, qui correspond à un peu plus de la moitié de la hauteur des volumes.

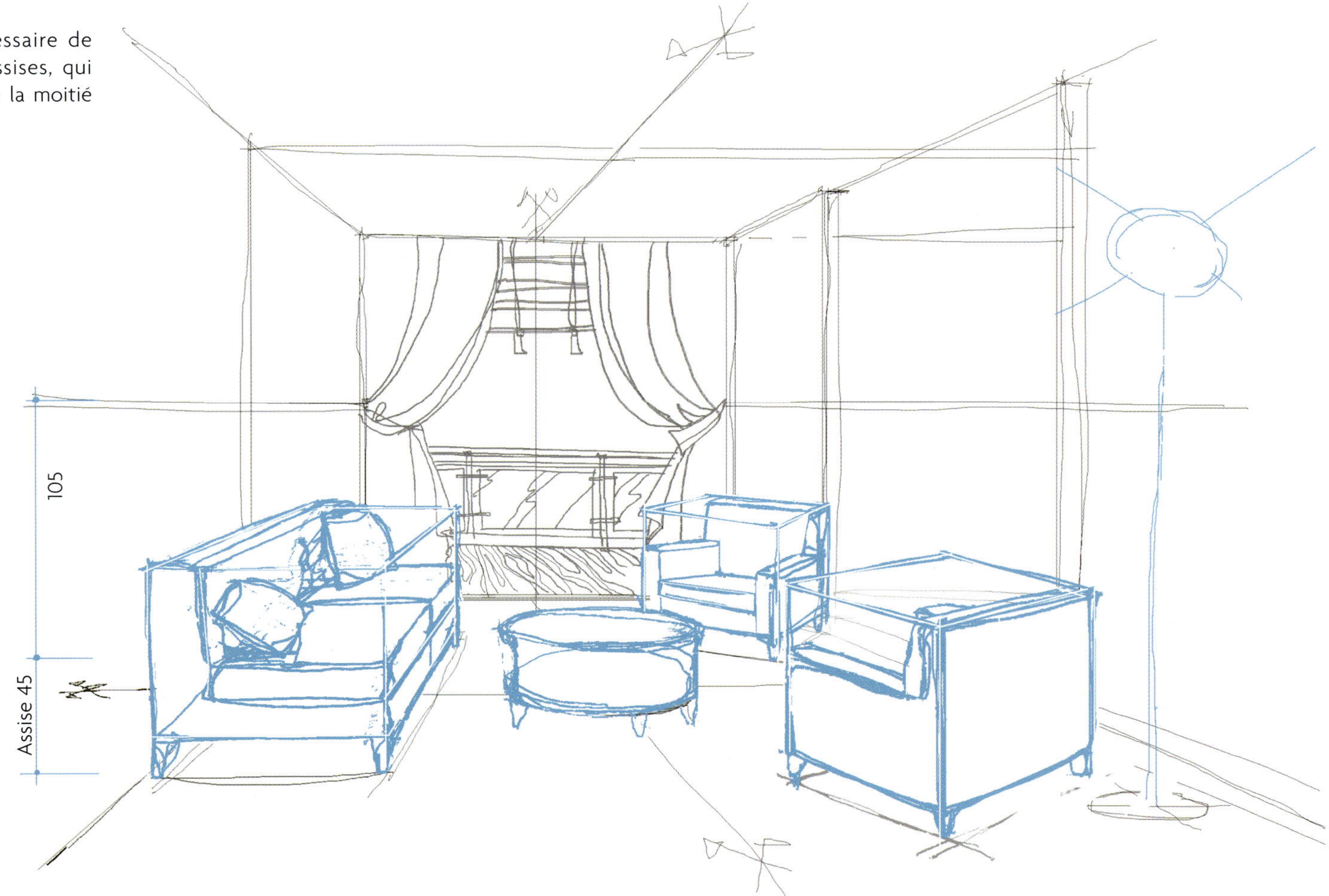

Les murs donnent une échelle supplémentaire à la pièce et précisent l'harmonie d'ensemble.

1. Dessinez les murs latéraux en respectant le point de fuite n° 2. Il permet d'effectuer la construction du claustra de façon précise.

2. Le mur de gauche (construit selon un angle assez fermé) demande une certaine improvisation. Pour ne pas trop réduire le dessin du tableau, procédez à une légère déformation.

Construire une perspective / Le lustre

Le lustre amène une animation au plafond.

Vous pourrez dessiner le lustre au centre de la pièce, qui correspond aussi au centre de la table basse.
Ses dimensions tiennent compte de la hauteur de la pièce, à savoir que la partie basse ne doit pas se situer sous les 2 m.

Par souci de réalisme, il est conseillé de dessiner quelques ombres au sol qui donneront du relief au mobilier.

Il vous faudra tenir compte de la source lumineuse pour orienter les ombres. Cette source est représentée par la baie vitrée placée au fond du dessin, donc à l'arrière-plan. Les ombres seront dirigées vers le premier plan.

Les couleurs apportent du contraste au dessin.

Le bleu et le gris sont plus marqués sur cette image finale. Ils valorisent le blanc des sièges.

Il ne vous reste plus qu'à dater et signer votre œuvre. Vous venez de réaliser un espace en perspective.

Le dessin est réalisé sur un calque satin Canson, nommé « calque d'étude » (40 g). Le faible grammage permet d'obtenir des tracés plus contrastés. Il donne davantage de relief au dessin et assure une bonne définition lors de la numérisation. En revanche, sur un calque épais (80 g), le tracé est dénué de contraste fort. La mine bleue assure un dessin agréable à l'œil et se révèle moins salissante que la noire. Le seul point délicat tient à la fragilité du calque. La main doit être légère et ferme, car la mine est tranchante. À la moindre pression, c'est le déchirement assuré.

La perspective est réalisée à l'aide d'une règle pour un dessin très précis. Seuls les effets de matière sont créés à main levée.
Les textures sont illustrées de façon simplifiée. Le bois est représenté par un veinage irrégulier tout en rondeur (le parquet) ; le marbre par des lignes saccadées et nerveuses (le sol et le tablier de la baignoire) ; le verre du miroir par un dégradé formé de hachures ; le métal par un tracé vertical très serré alternant les blancs et les hachures (haut et bas de la colonne).
Pour terminer, on a placé quelques ombres (sous le meuble du plan vasque) et des effets de lumière (sur les appliques). Pour donner un côté esquissé, vous pouvez ajouter des coups de crayon rapides sur certaines parties (en bas au centre).

Transformation du dessin / Le négatif

Le négatif correspond au passage du noir au blanc. Il permet d'avoir un fond très foncé sans perdre la définition du dessin.

Scannez le dessin tracé en bleu avec une résolution de 150 dpi pour une définition de l'image satisfaisante. La numérisation d'un dessin demande un paramétrage précis, prenez le temps de bien faire les réglages. Les scanners n'ont pas tous les mêmes options. Pratiquez quelques tests au préalable

Le négatif du dessin permet une meilleure lecture des matériaux pendant l'importation et facilite aussi la vision des effets lumineux. Il accentue la profondeur de la perspective. Les contours sombres contribuent grandement au réalisme de l'image finale.

Lorsqu'on souhaite restituer une ambiance nocturne, le fond noir aide à contraster les effets lumineux.

Pour activer l'option Négatif, vous devrez aller dans Image›Réglages›Négatif. Cette option correspond à la couleur opposée sur le cercle chromatique. Ici on passe du bleu au rouge.

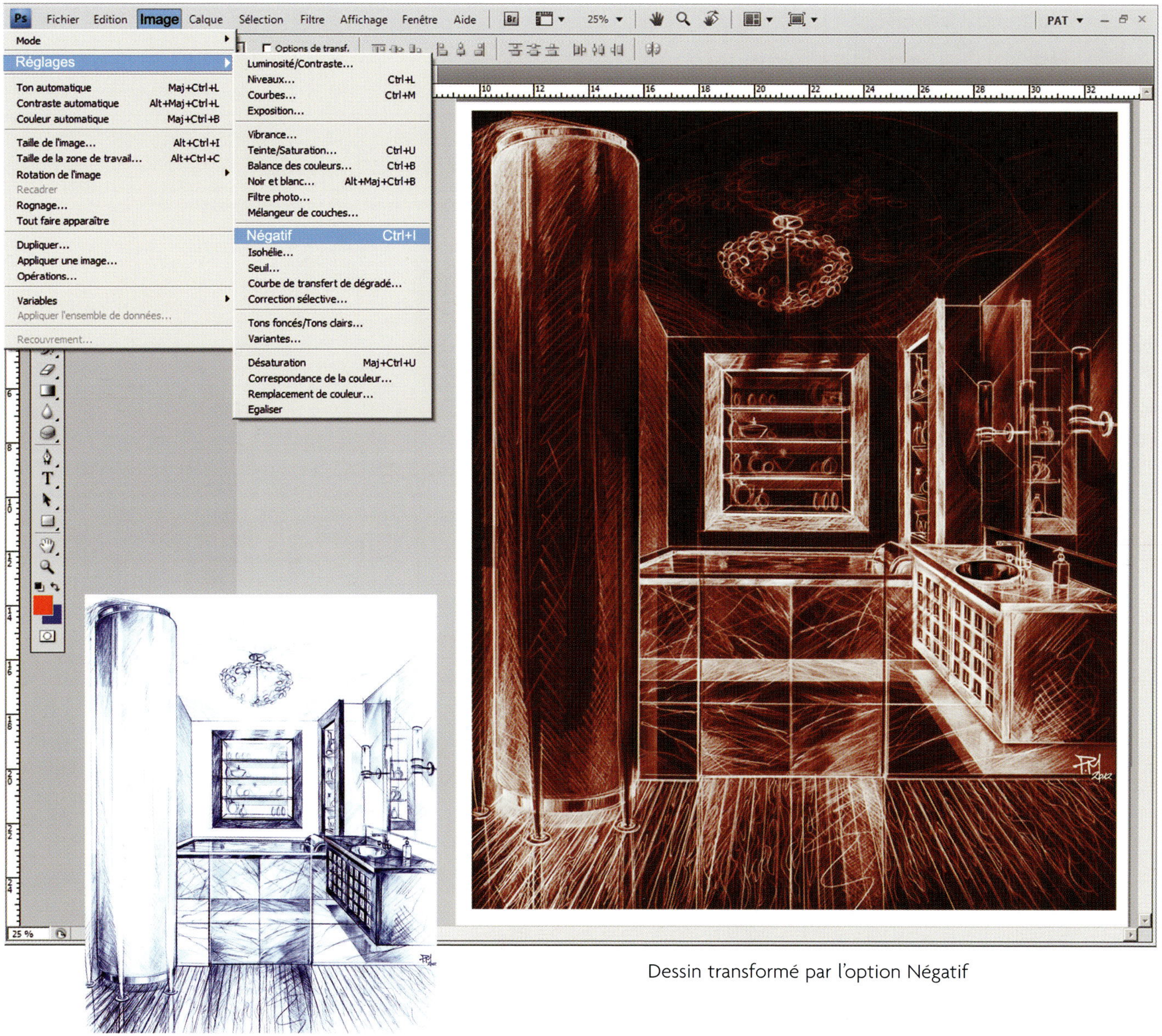

Dessin transformé par l'option Négatif

Dessin original scanné

Négatif

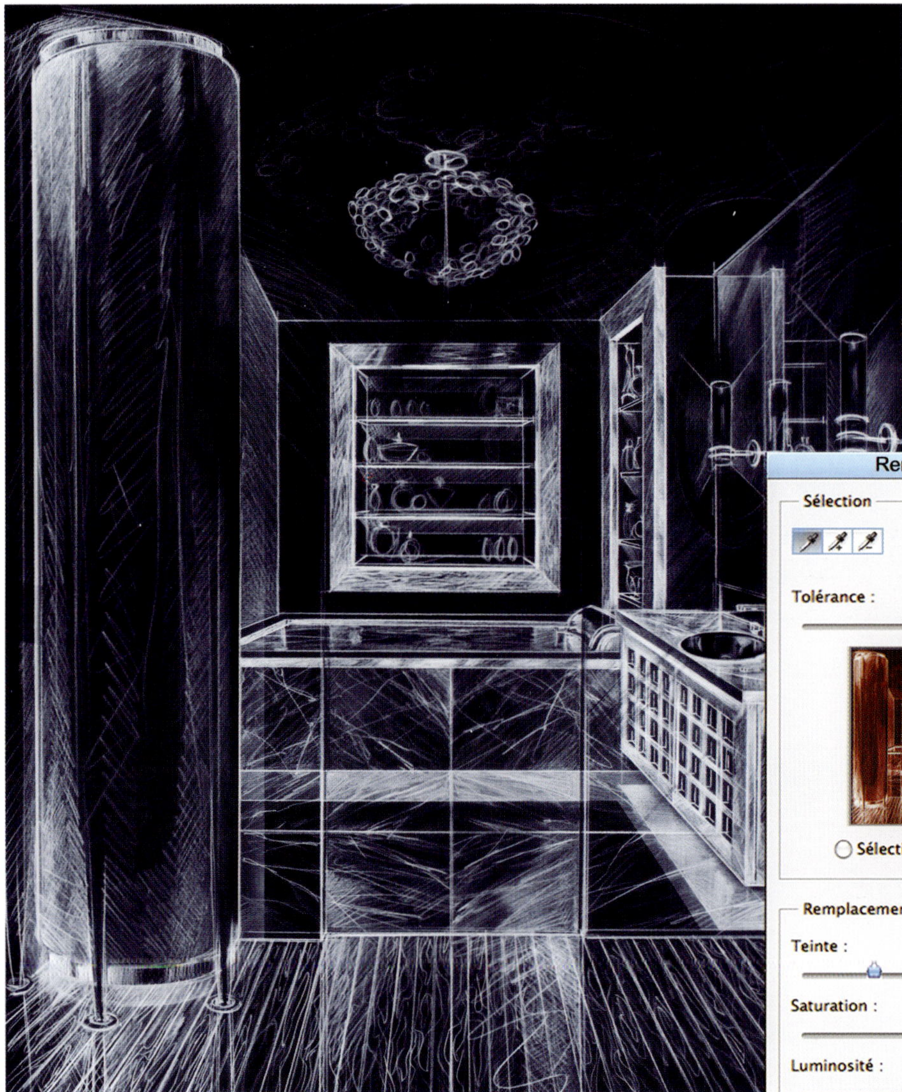

Image finale

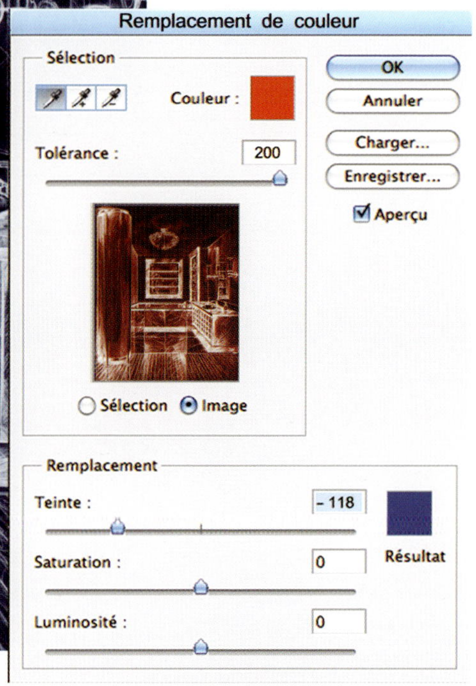

Boîte de dialogue

Le changement de couleur permet de retrouver la teinte du dessin original tout en restant en version négative. Il s'agit de remplacer la teinte rouge par un bleu pour garder la dominante froide initiale (cette opération n'est pas obligatoire, c'est une préférence personnelle).

OUTIL PIPETTE

Dans la boîte de dialogue, vous pourrez vous servir de l'outil Pipette présenté automatiquement à l'ouverture de la fenêtre. Ses paramètres figurent dans la case Sélection. Elle sert à sélectionner le pixel ou les zones de couleur à modifier. Pour cela, vous pourrez vous aider du paramètre Tolérance. Plus elle sera élevée, plus la zone sera grande. Vous pourrez additionner ou soustraire des sélections avec l'outil Pipette + ou Pipette -.

La vignette a deux présentations différentes :

- Sélection affichera vos sélections en cours d'opération ;
- Image affichera l'image originale avant les transformations.

Pour changer la couleur, il vous suffira de déplacer les curseurs dans la case Remplacement. L'image placée dans l'espace de travail se transformera alors sous vos yeux. Le carré de couleur placé dans la case Remplacement changera aussi de couleur au fur et à mesure de l'opération.

Modélisation

La modélisation consiste en une vue simplifiée de l'espace avec un angle déterminé et des volumes proportionnés (voir p. 68 et 103).

Elle s'effectue directement dans Photoshop. Ici les volumes représentent une colonne, un meuble vasque, une baignoire et deux niches. Ensuite, il suffira d'appliquer une couleur différente aux éléments annexes comme le sol, le plafond et les murs. Il s'agit d'une alternative au tracé à la main.
La technique repose sur une succession de cubes réalisés avec des aplats de couleur, représentant les faces exposées à la lumière et aux ombres. Les volumes sont montés grâce à des Sélections et des Transformations (voir p. 103).
Ces modules, imbriqués les uns dans les autres, serviront de support pour la suite. Il vous suffira d'appliquer les finitions sur les éléments déjà dessinés en perspective. L'image finale sera tout aussi réaliste qu'avec un dessin. La modélisation n'est d'ailleurs pas plus rapide à exécuter. Elle permet d'offrir au client un premier aperçu de l'espace architectural, mais elle ne constitue en rien un passage obligatoire dans la mise en œuvre du projet.

MODULES RÉALISÉS

Les différents acteurs de cette mise en scène sont numérotés :

1. Colonne
2. Entrée avec parquet
3. Sol en marbre
4. Tablier en marbre
5. Niche en bois
6. Meuble en bois
7. Plan vasque en marbre
8. Miroir
9. Paroi en verre gravé

MATRICE **MONTAGE** **REVÊTEMENT** **EFFET CYLINDRE** Image finale (peinture brillante)

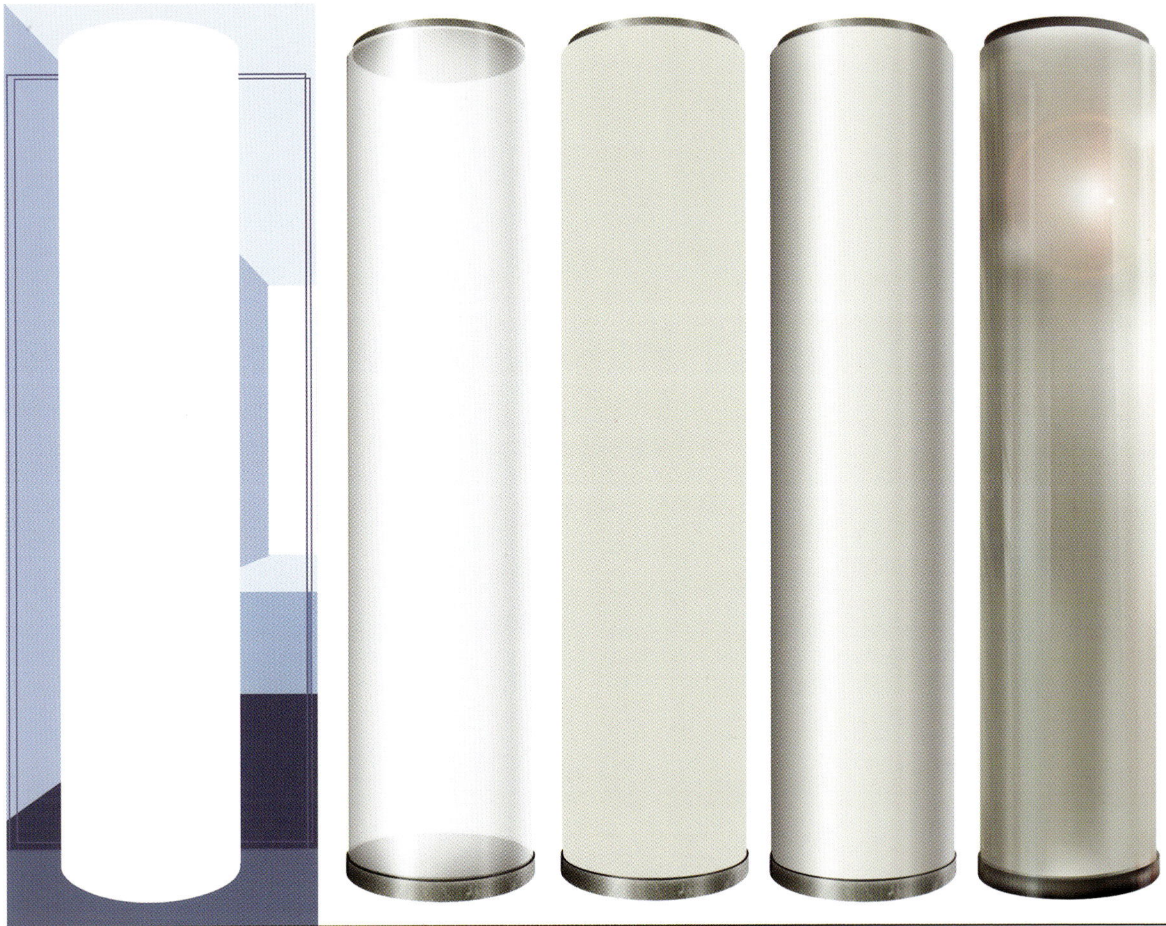

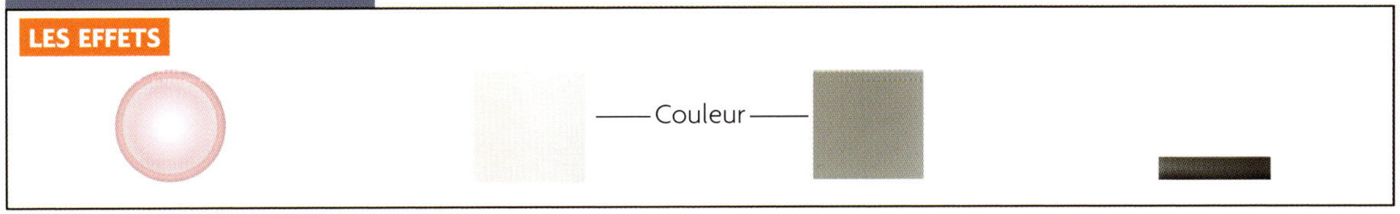

Effet Halo dans Filtre›Rendu

Reflets lumineux

Reflets ombrés

Foncer les cercles en haut et en bas avec l'option Luminosité/ Contraste.

La colonne fait partie de la structure de l'édifice. Elle est recouverte d'une finition peinte légèrement brillante.

Pour la construire, reportez-vous aux pages 46 à 49.

Le choix des images peut se faire directement sur les sites Web en prenant soin de bien vérifier la résolution de l'image.

La démarche est simple, il suffit de saisir le nom de la matière correspondant à vos besoins dans Google ou un autre moteur de recherche.
Ensuite, vous n'aurez qu'à sélectionner les images trouvées grâce à votre saisie. Les images doivent avoir une bonne résolution (150 dpi au minimum), car il est important de travailler sur un support bien pixellisé. Pour importer des images, vous pourrez les copier-coller directement sur le calque ou choisir Enregistrer l'image sous.

Image sélectionnée pour réaliser le plan vasque

1 RECHERCHER

2 COPIER

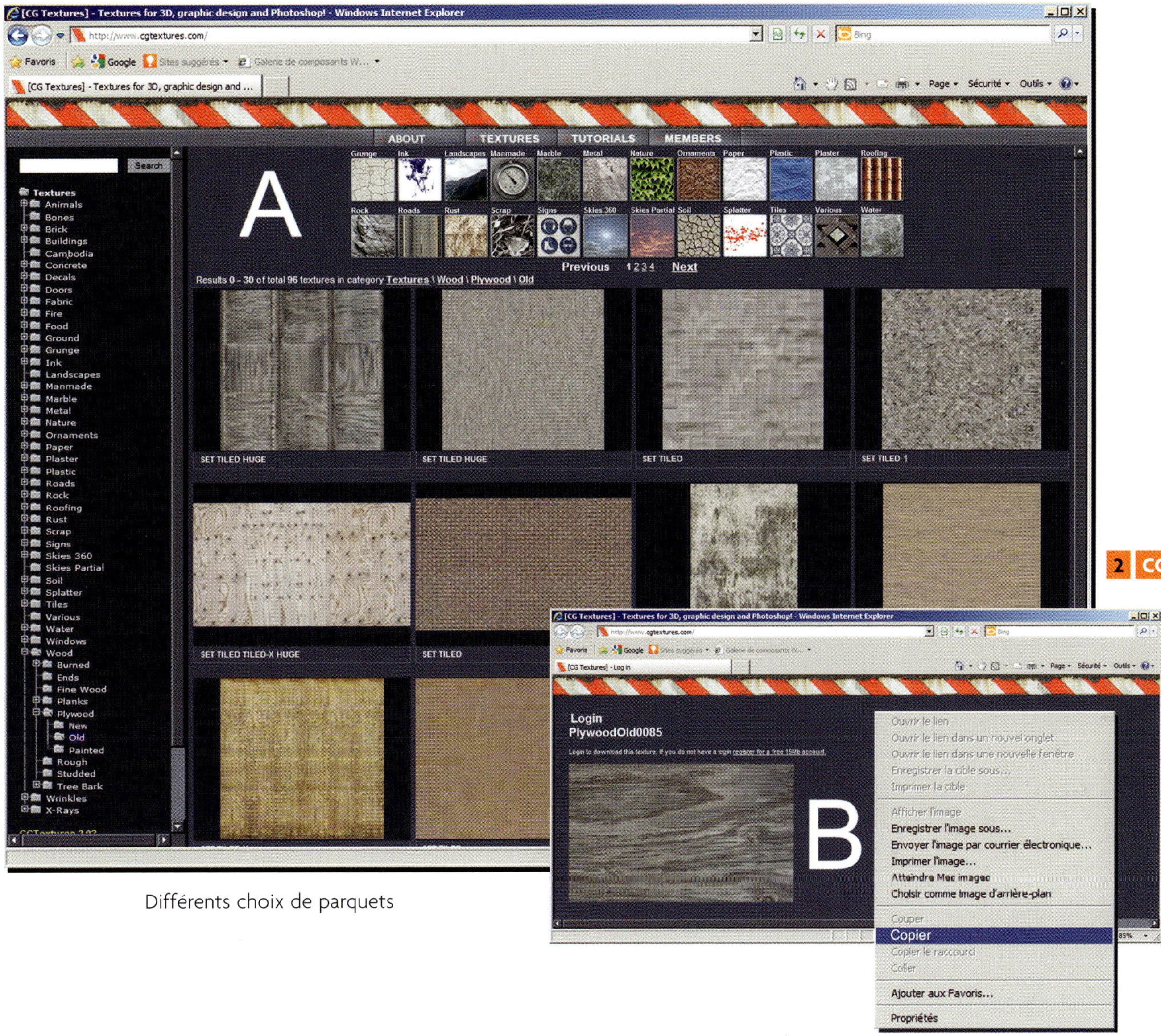

Différents choix de parquets

Les différents sites spécialisés dans les textures permettent d'accéder à des gammes de matières très diversifiées. Une navigation sur le Web vous permettra de trouver vos propres sources.

1. Choisissez la rubrique concernée et cliquez sur la photo. Ensuite, des exemples s'afficheront. Vous n'aurez qu'à choisir celui que vous voulez.
2. Faites un clic droit et copiez-le ou enregistrez-le.

Le scanner permet d'importer des images (photographies ou dessins).

Vous pourrez régler les paramètres comme sur la Figure et déterminer la taille de l'image, c'est-à-dire sa définition en nombre de pixels. Pour une bonne résolution, la fourchette se situe entre 150 et 300 dpi.

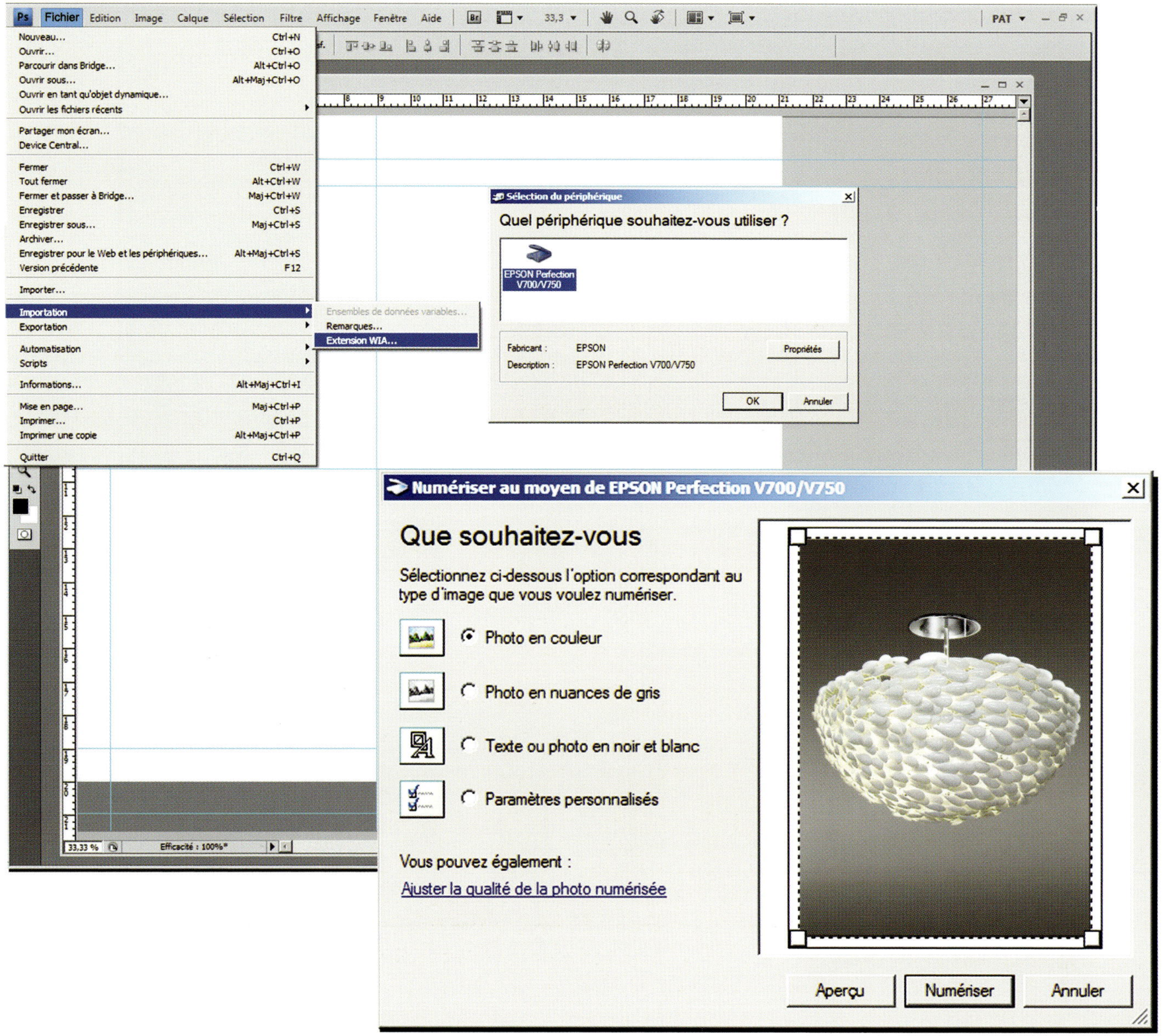

Lustre

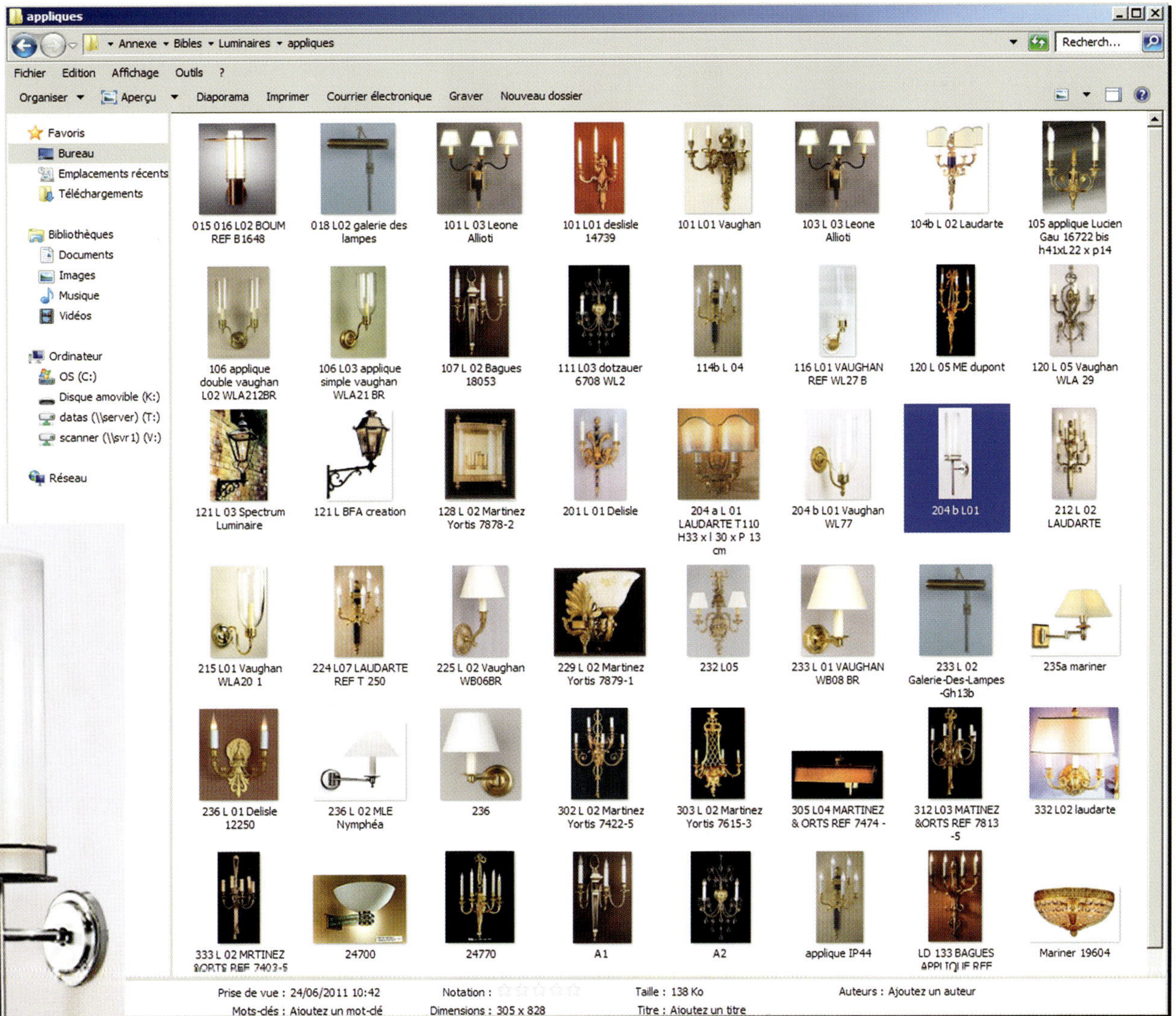

Images référencées dans la bibliothèque

Applique

Pour gagner du temps, il est nécessaire de se constituer une bibliothèque avec des photos de qualité.

Les images peuvent être classées dans des dossiers nommés par (voir p. 17) :

- fabricants ;
- projets ;
- genres, etc.

Les images utilisées pour illustrer le dessin sont nommées « ingrédients ». Il est important de les lister, car cela permet de gagner du temps pendant la réalisation.

LISTE DES INGRÉDIENTS

Pour constituer cette liste, il vous faudra d'abord faire un repérage des images pouvant répondre à vos besoins. Travaillez toujours avec des images propres (gardez l'essentiel de l'objet et évitez les arrière-plans), puis enregistrez-les.

Les marbres :

- plan vasque : 1 ;
- mur : 2 ;
- sol : 3.

Les bois :

- parquet : 4 ;
- meuble vasque : 5 ;
- niches : 6.

Les peintures :

- murs : 7.

Les verres :

- parois coulissantes : 8 ;
- tablettes : 9.

Les luminaires :

- lustre : 10 ;
- spots : 11 ;
- appliques : 12.

Les accessoires sanitaires :

- vasque : 13 ;
- robinet : 14 ;
- porte-serviette : 15 ;
- porte-savon : 16 ;
- miroirs : 17.

Les accessoires décoratifs :

- repose-tête : 18 ;
- vases 19 ;
- flacons : 20.

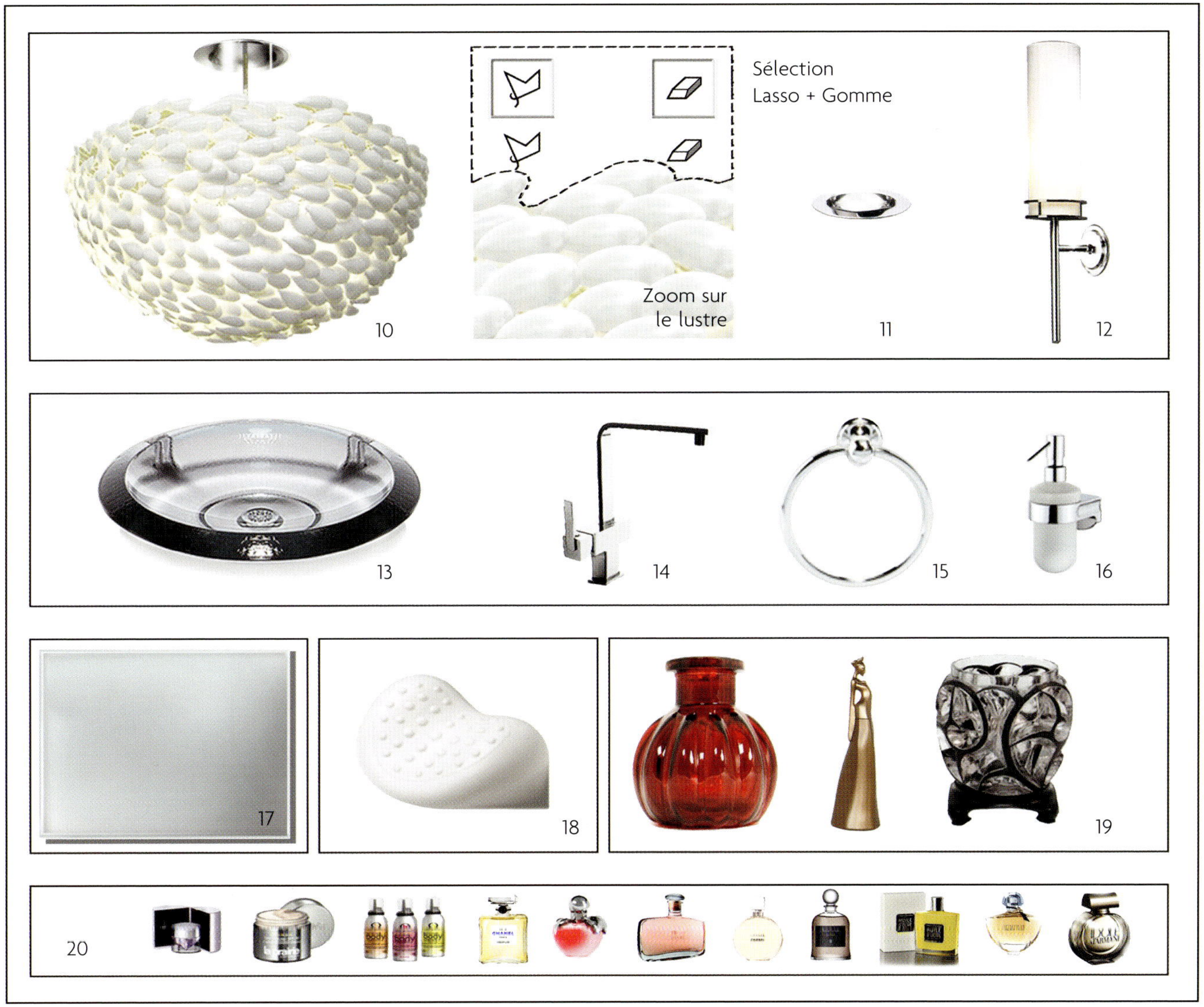

Ces ingrédients se révèlent indispensables pour une image finale propre et nette.

Ils donnent l'ambiance décorative de l'espace traité.
Il est nécessaire de nettoyer les images avant de les placer sur le dessin (voir p. 24). Cette manipulation demande une grande précision, car tout repose sur la qualité d'exécution. Les outils qui seront utilisés sont la sélection Lasso pour supprimer le fond lié aux objets et la Gomme pour affiner les contours. Plus l'image est contrastée, plus il sera facile de repérer les zones à retirer. Vous devrez zoomer au plus près des pixels à supprimer.

Le marbre / Localisation

Cette planche localise les différents emplacements du marbre dans la pièce.

Les cinq éléments présentés sur cette page illustrent des finitions différentes. Les pages qui vont suivre (de la p. 135 à 141) vont expliquer la création de chacune d'entre elles.

LE MUR

B

LE PLAN VASQUE

A et B

LA BAIGNOIRE

A

LE TABLIER DE BAIGNOIRE

B

LE SOL

C

A

B

C

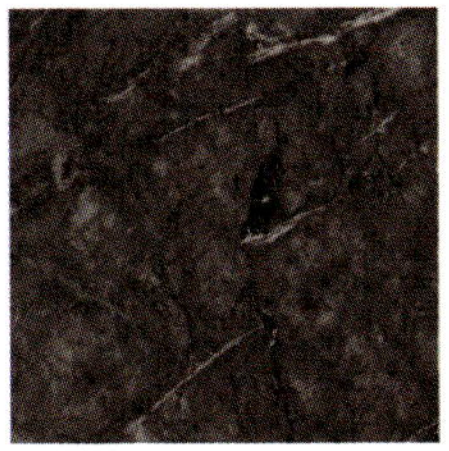

Échantillon

1 CALQUE A

Palette Calques

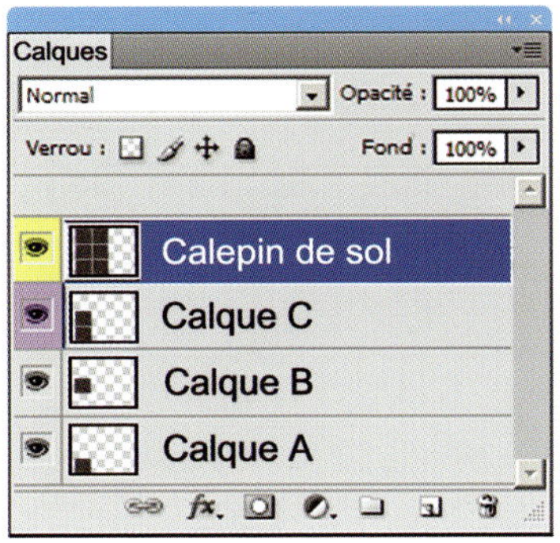

2 CALQUE B

Menu déroulant

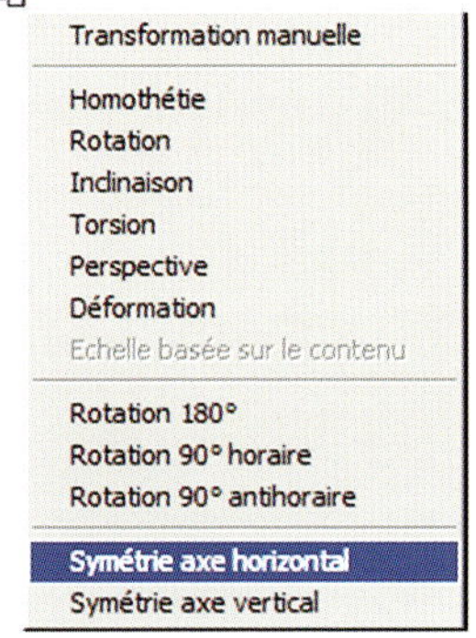

3 CALQUE C

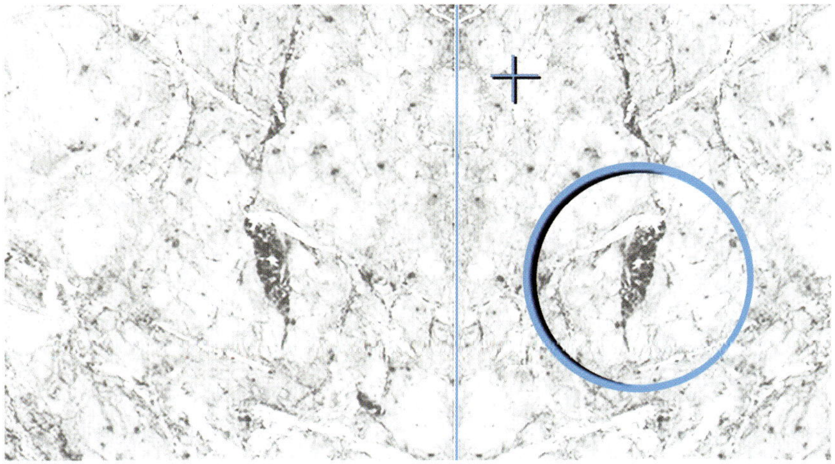

Zoom sur les parties à supprimer

Un assemblage de pierres placées bord à bord est nommé « calepinage » ; il peut être de sol ou mural.

Il doit tenir compte du veinage et éviter les répétitions trop marquées. Il faut pour cela exécuter quelques transformations : Symétrie, Rotation (voir Fig. 2). Vous pourrez utiliser l'outil Tampon si nécessaire (voir Zoom ci-dessous et p. 55) pour supprimer les imperfections. Il vous faudra créer quelques calques et les fusionner pour réaliser l'ensemble du calepinage (voir palette Calques). Pour plus d'informations sur le calepinage, reportez-vous à la partie 2 (voir p. 90 et 91).

1. Choisissez un échantillon de pierre en le scannant ou sur un site Web.
Copiez l'échantillon pour conserver l'original, car il pourra être utile en cas de mauvaise manipulation. Nommez le calque A.

2. Faites une autre copie, puis réalisez une Transformation›Symétrie axe horizontal. Nommez le calque B.

3. Assemblez et fusionnez A et B. Nommez le calque C (représenté en clair sur la Fig.). Copiez plusieurs fois le calque C pour obtenir une surface suffisamment grande. Vous pourrez ainsi l'ajuster plus facilement sur votre dessin.

Le marbre / Mise en perspective d'un sol

Le calepinage du sol est mis en perspective et doit être ajusté au dessin.

Après avoir assemblé les dalles de pierre entre elles, il faut exécuter le tracé des joints à l'aide de l'outil Pinceau. La couleur est choisie en fonction de l'effet désiré. Ici, les joints sont blancs.
Pour la mise en perspective, vous pratiquerez quelques Transformations manuelles.

1. Placez votre calque Calepinage de sol sur le dessin. Puis effectuez une Transformation manuelle›Perspective.

2. Ajustez le Calepinage de sol sur le tracé du dessin en pratiquant une Transformation manuelle›Torsion.

3. Découpez si nécessaire les surfaces du Calepinage de sol qui dépassent du tracé initial du dessin.

1 CALEPINAGE DE SOL

Transformation manuelle›
Perspective

2 AJUSTEMENT AU DESSIN

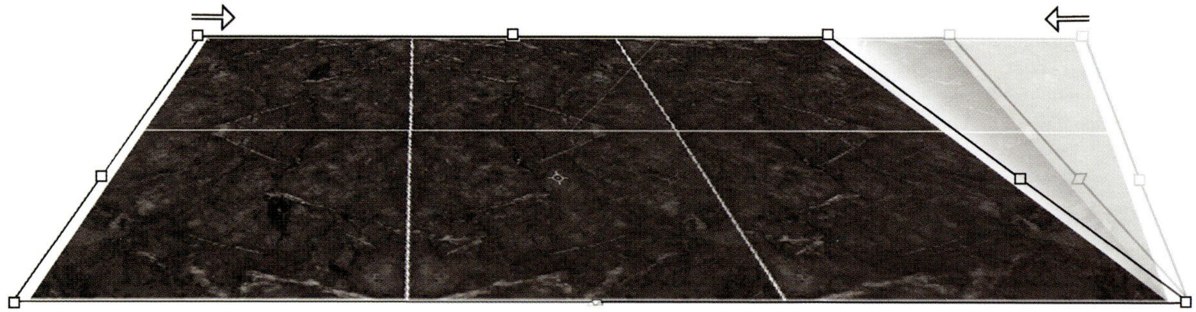

Transformation manuelle›
Torsion

3 FINITIONS

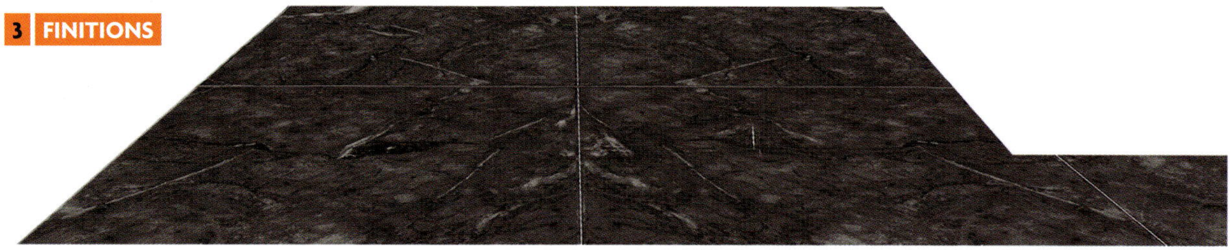

Image finale

Échantillon

1 COLORISATION

2 DUPLICATION DE LA SURFACE AVEC L'OUTIL TAMPON

3 AJOUT JOINTS

Image finale

Outil Crayon

Outil Tampon de duplication

L'assemblage de pierres placées à la verticale de la baignoire est appelé « tablier ». Le tablier doit tenir compte du veinage et éviter les répétitions trop marquées.

Il faut pour cela exécuter quelques Transformations comme Symétrie axe horizontal. Si nécessaire, vous devrez recourir à l'outil Tampon (voir Fig. 2) pour supprimer les imperfections. Il faut créer quelques calques et les fusionner pour réaliser l'ensemble du calepinage (voir p. 90 et 91).

1. Choisissez un échantillon de pierre en le scannant ou sur un site Web. Changez la teinte de l'échantillon si nécessaire pour la rendre plus froide en allant dans Image>Réglages>Teinte/Saturation.
2. Augmentez la surface à l'aide de l'outil Tampon.
3. Créez des joints pour marquer la taille des pierres à l'aide de l'outil Crayon. Tracez deux traits fins (de diamètre 1) de couleur blanche et grise pour donner du relief aux joints. Le tracé représente une plinthe de 12 cm de hauteur et trois pierres de largeur identique.

Le marbre / Élévation et déformation

La mise en place du dosseret et du mur de la salle de bain nécessite de réaliser une élévation et des déformations de la matière.
Le dosseret est placé sur le plan vasque et sous le miroir. Il sert à garantir l'étanchéité entre le plan vasque et le mur.

1. Copiez l'échantillon du tablier de baignoire. Puis dupliquez-le autant de fois que nécessaire. Placez le dosseret sur le dessin et effectuez une Transformation manuelle›Inclinaison pour l'ajuster.
2. Sélectionnez le dosseret et déplacez la sélection vers le bas. Avec le Pinceau d'une couleur sombre, suivez le contour supérieur de la sélection.
3. Coupez les angles en haut à gauche et en bas à droite pour créer une épaisseur. Sur toute la longueur du dosseret, représentez l'épaisseur avec le Crayon.

Le mur est présenté comme un cadre, car il est placé en périphérie.

1. Placez l'échantillon du dosseret sur le dessin. Dupliquez-le, puis appliquez une Transformation›Rotation horaire sur les copies pour les orienter à la verticale. Réalisez la moitié de l'encadrement.
2. Pour les angles, faites une sélection avec un angle à 45 % avec le Lasso sur l'échantillon, puis supprimez la matière (voir p. 143). Tracez des joints avec l'outil Crayon (voir étape 3 ci-dessus).
3. Faites une copie de la moitié, puis une Transformation›Symétrie axe horizontal. Assemblez les deux parties et fusionnez les calques.

1 INCLINAISON

2 CRÉATION VOLUME

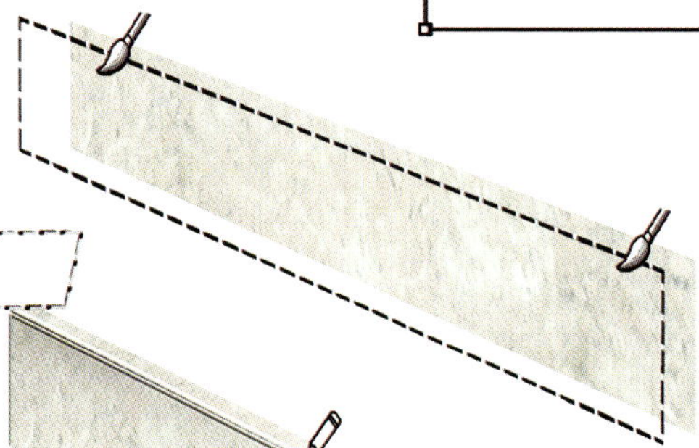

3 DÉCOUPE DES ANGLES

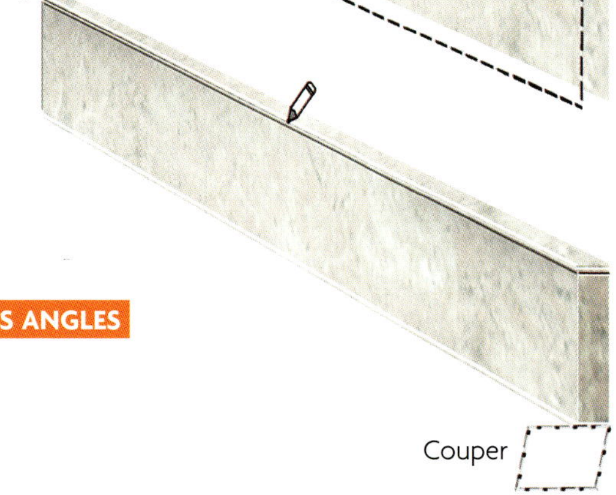

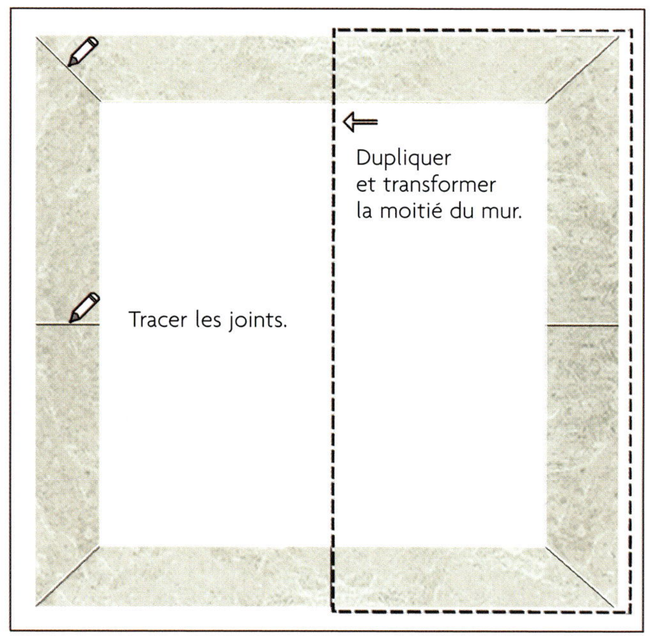

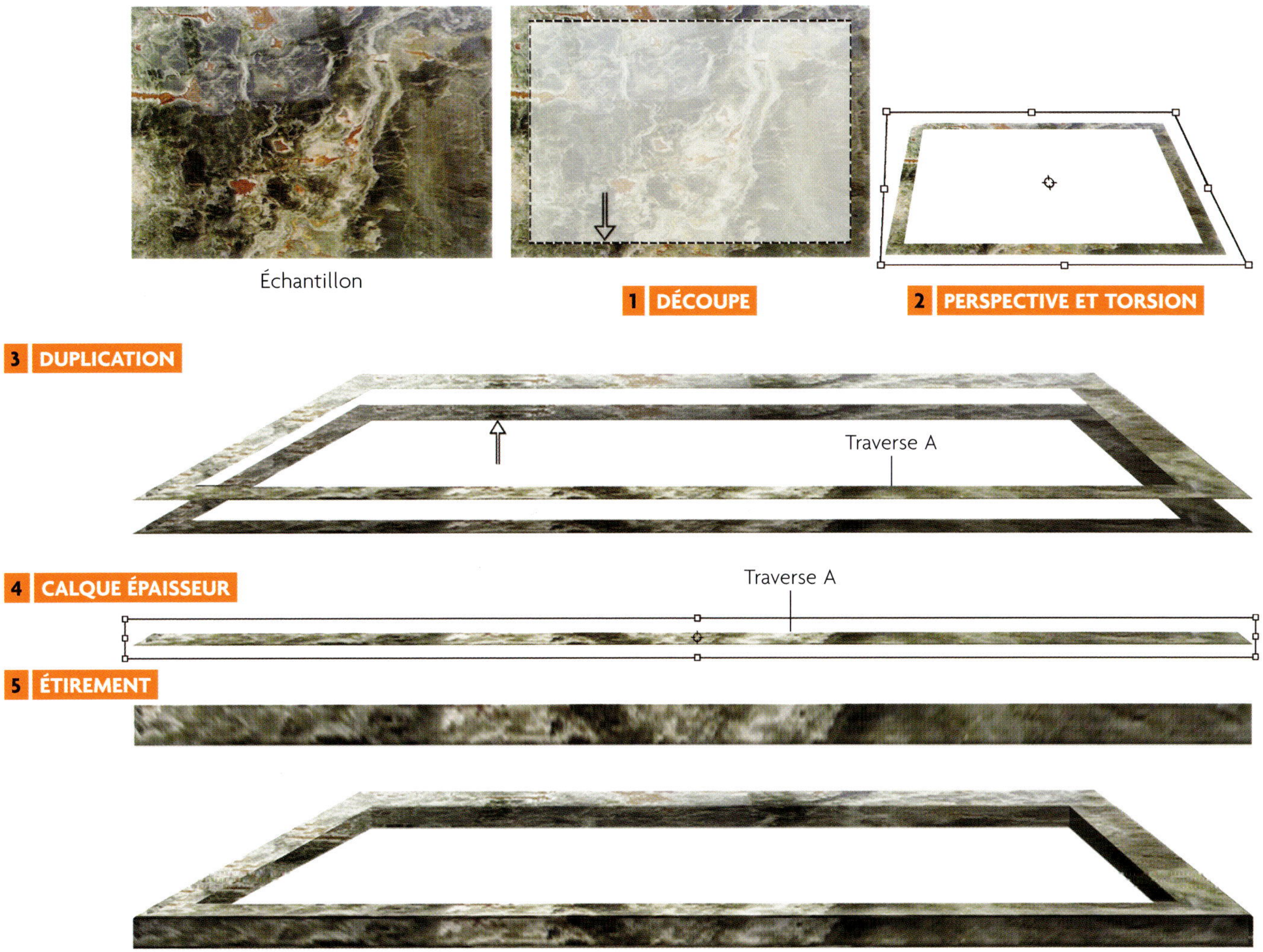

Image finale

Pour créer l'épaisseur de l'encadrement qui va recevoir la baignoire, plusieurs transformations sont mises en œuvre.

1. Choisissez un échantillon (voir p. 128) et sélectionnez-le. Rétrécissez la sélection avec une Transformation manuelle›Homothétie. Supprimez la matière située à l'intérieur. Vous obtiendrez ainsi le calque Encadrement.
2. Placez l'encadrement sur le dessin, puis faites une Transformation manuelle›Perspective. Pour l'ajuster, appliquez-lui une Transformation manuelle›Torsion.
3. Dupliquez le calque Encadrement. Placez la copie sous le calque Encadrement. Foncez la copie en allant dans Image›Réglages›Luminosité/Contraste...
4. Sélectionnez une longueur de l'encadrement (Traverse A) et copiez-la. Ensuite faites une Transformation manuelle›Perspective pour redresser l'objet et obtenir une surface rectangulaire. Nommez ce calque Épaisseur.
5. Appliquez-lui une Transformation manuelle pour l'étirer vers le haut.

L'image finale représente l'ensemble des calques réalisés. Ils ont été fusionnés pour ne former qu'un seul calque.

Le marbre / Mise en perspective d'une surface plane

La mise en perspective du plan vasque est semblable à celle de la baignoire.

Pour obtenir une intégration parfaite, il faut appliquer quelques Transformations comme Rotation et Torsion.

1. Sélectionnez la façade du bloc et dupliquez-la. Nommez ce calque Plan vasque.

2. Exercez une Transformation›Rotation 90° antihoraire.

3. Ajustez le plan vasque au plus près du dessin grâce à l'option Transformation manuelle›Torsion. Veillez à ce que l'aspect du veinage reste esthétique malgré les déformations.

Photo de référence

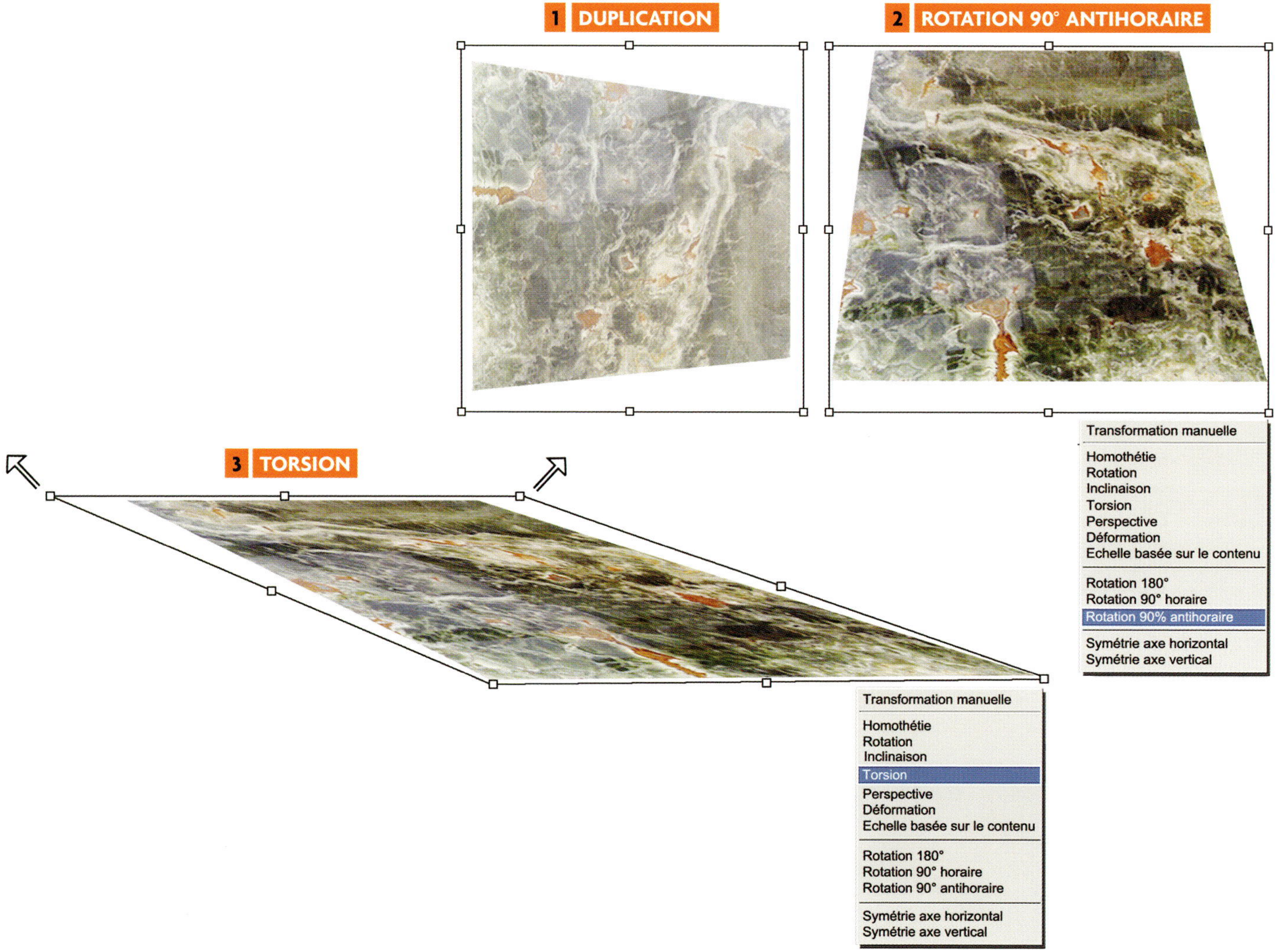

1 MISE EN SITUATION

2 TRAITEMENT DES CHANTS

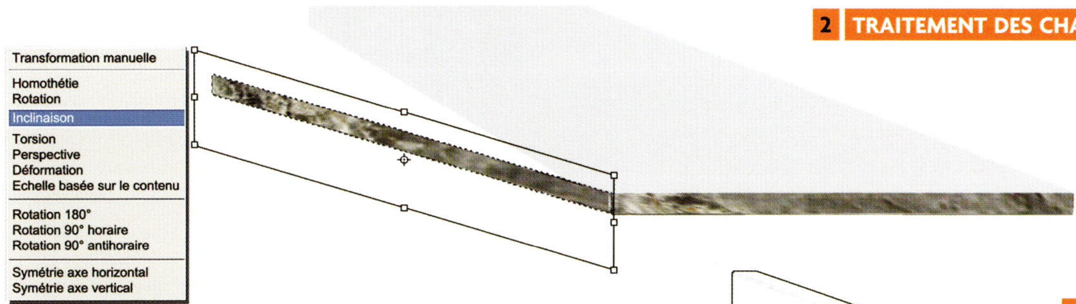

3 FINITIONS

Zoom profil

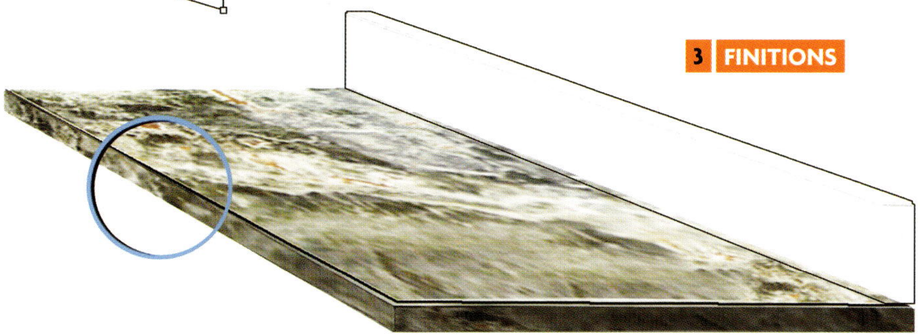

Image finale

Pour réaliser les chants du plan vasque, il est nécessaire de copier une partie de la texture utilisée sur le plan vasque et de la transformer.

Pour figurer l'épaisseur du plan vasque :

1. Dans le calque Plan vasque, sélectionnez une bande dans le sens de la largeur pour ponctionner la texture. Collez-la sur le chant représenté sur le dessin. Coupez-en les extrémités pour l'ajuster au chant représenté sur le dessin.
2. Dupliquez le chant obtenu et appliquez-lui une Transformation manuelle› Inclinaison pour l'ajuster au chant dans le sens de la longueur.
3. Dans Image›Réglages›Luminosité/ Contraste..., diminuez la luminosité des deux chants. Puis appliquez au Pinceau un trait blanc pour rendre la coupe biseautée de la pierre.

Cette planche localise les différents emplacements du bois dans la pièce. Le matériau bois sera travaillé comme on le ferait en menuiserie, car il subira des façonnages différents.

Les trois éléments présentés sur cette page illustrent des placages différents, c'est-à-dire que les finitions varieront d'un élément à l'autre. Les pages qui vont suivre (p. 143 à 146) vont expliquer la création de chacun d'entre eux.

AGENCEMENT

MEUBLE

PARQUET

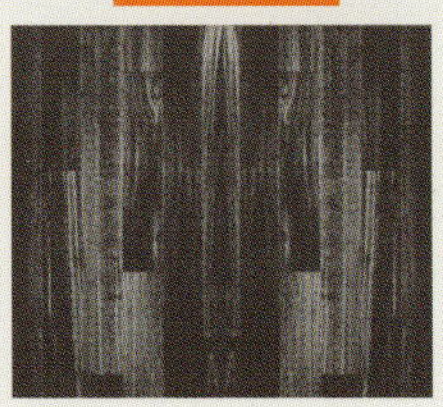

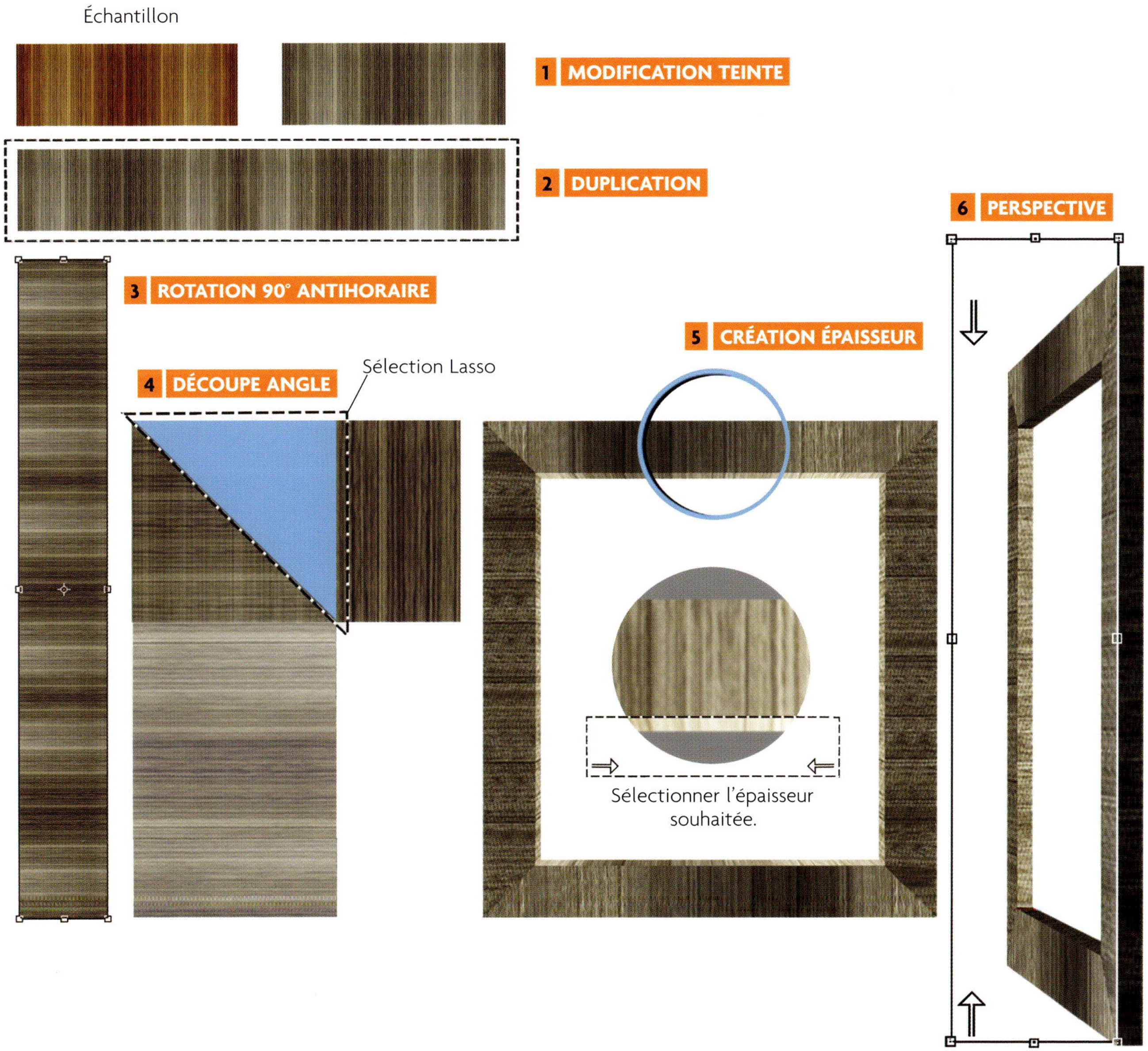

Les deux niches, qui constituent les seuls éléments muraux en bois de la pièce, se composent d'un encadrement doté d'une épaisseur. L'une d'elles est réalisée en vue de face et l'autre en vue de côté.

Pour réaliser les encadrements, il vous faudra utiliser un échantillon de matière.
1. Assombrissez l'échantillon en allant dans Image›Réglages›Teinte/Saturation.
2. Dupliquez plusieurs fois l'échantillon pour en augmenter la longueur.
3. Appliquez-lui une Transformation› Rotation 90° antihoraire pour le mettre à la verticale.
4. Superposez deux copies perpendiculairement. Puis découpez l'un des deux angles grâce à l'outil Lasso et à la touche Suppr.
5. Pour représenter l'épaisseur de l'encadrement, copiez une bande de texture d'une faible largeur. Puis appliquez-lui une Transformation manuelle›Perspective pour que le fil du bois change d'orientation. Augmentez sa luminosité dans Image›Réglages›Luminosité/Contraste.
6. Pour créer la seconde niche vue de côté, dupliquez l'encadrement vertical réalisé précédemment et appliquez-lui une Transformation manuelle›Perspective, suivie d'une Torsion, pour ajuster sa forme au plus près du dessin.

Le meuble est réalisé à partir d'un placage choisi. Il nécessitera une découpe précise grâce à l'outil Sélection. Il est nécessaire de faire un dessin technique au préalable en élévation (une matrice) sur lequel on viendra appliquer le placage. Puis de caler toutes les découpes en élévation avant de passer à la mise en perspective.

1. Choisissez un échantillon de bois et modifiez-en la teinte pour l'harmoniser avec les deux niches.
2. Créez une surface à la dimension du meuble grâce à des copier-coller.
3. Dessinez les ouvertures en fonction du tracé. Supprimez les parties à évider.
4. Dupliquez ce premier carré et juxtaposez sa copie. Fusionnez ensuite les deux en un calque nommé Façade.
5. Appliquez une Transformation manuelle›Inclinaison à ce calque.

1 MODIFICATION TEINTE

Échantillon

2 DUPLICATION

3 CRÉATION OUVERTURES

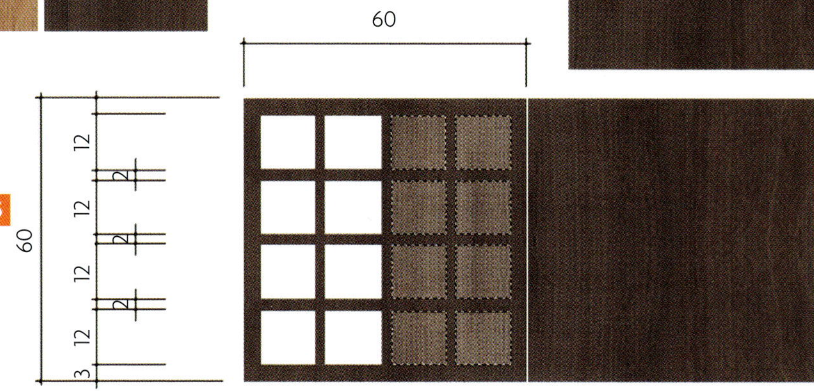

4 FUSION

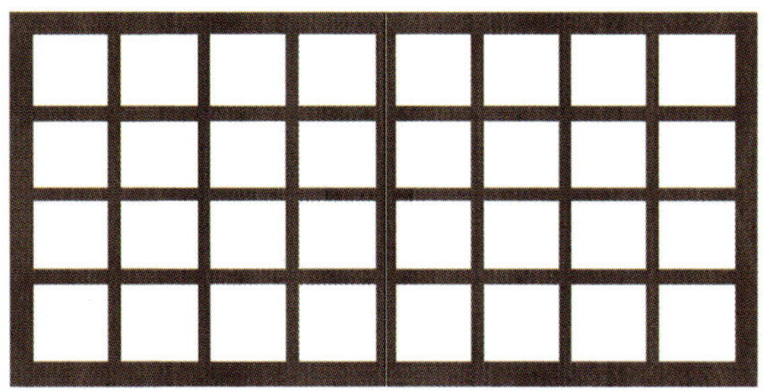

5 INCLINAISON

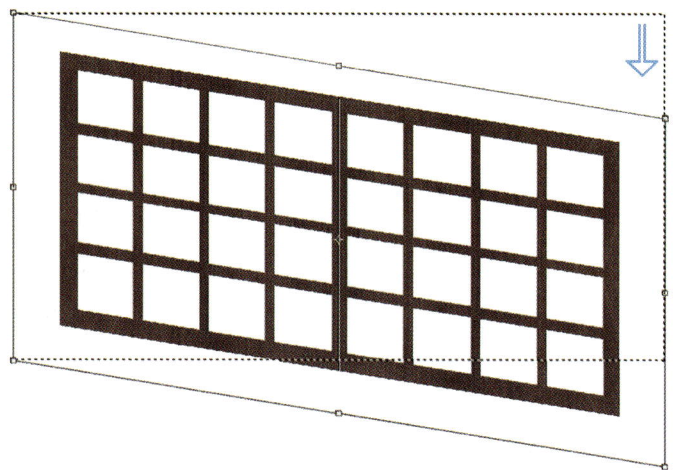

La mise en perspective de la façade s'effectue sur le dessin pour en garantir le bon positionnement. Il faudra ensuite lui donner une épaisseur.

6. Dupliquez la façade A afin d'obtenir un arrière-plan B.
7. Ajustez l'épaisseur C avec deux aplats colorés. L'aplat vertical sera plus foncé que l'horizontal.
8. Créez un côté avec le placage initial. Tracez avec le crayon une ligne verticale pour marquer l'épaisseur de la porte.

6 CRÉATION ARRIÈRE-PLAN

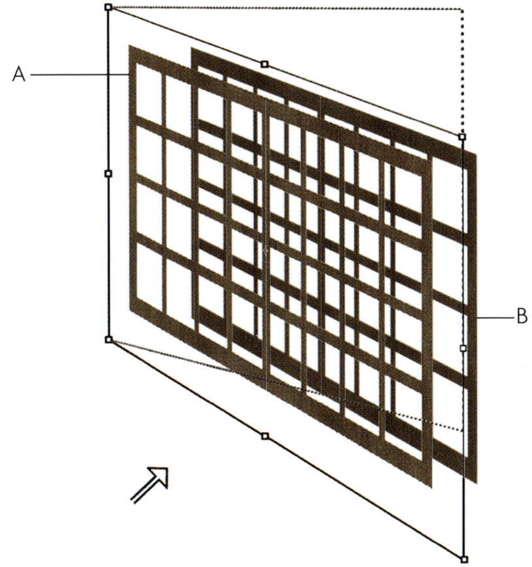

7 APLAT ÉPAISSEUR

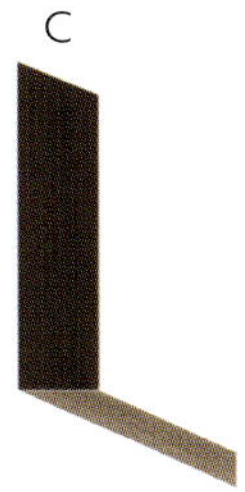

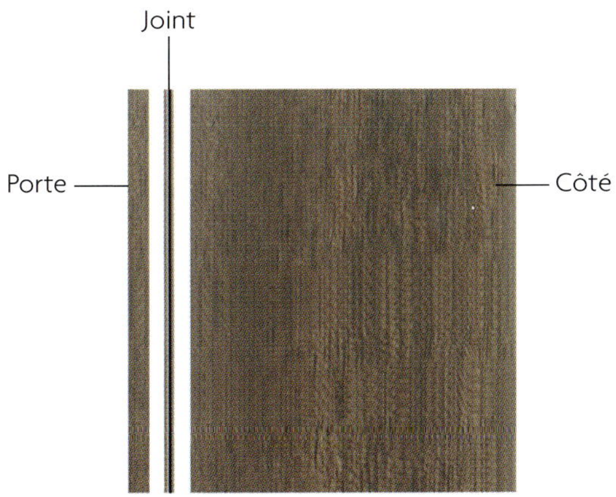

Détail du côté et charnière

8 CRÉATION CÔTÉ

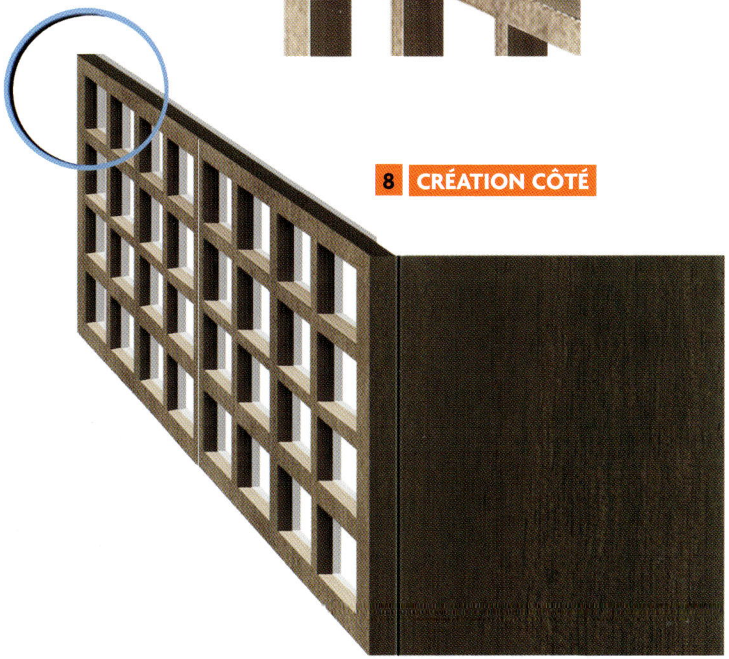

Image finale

Le bois / Montage et perspective d'un parquet

Le parquet est créé à partir d'un échantillon de bois choisi.

1. Modifiez l'échantillon grâce aux options Luminosité/Contraste et Teinte/Saturation, puis dupliquez-le. Changez ses dimensions grâce à l'option Transformation manuelle›Homothétie.

2. Copiez-le à nouveau plusieurs fois en jouant davantage sur les verticales. Pour cela, effectuez des Transformation› Symétrie axe vertical.

Prévoyez une surface supérieure à celle désirée, car la transformation déforme énormément la texture (un surplus de matière vous donnera une plus grande souplesse).

3. Pour transformer le parquet, utilisez l'option Transformation manuelle› Perspective. Tirez sur une poignée et réduisez la hauteur.

4. L'option Perspective peut être accompagnée d'une autre transformation, si le point de fuite n'est pas placé dans l'axe du dessin. Il suffira d'ajouter l'option Torsion en s'aidant de la touche Maj pour rester sur une horizontale. Ensuite tirez sur l'une des poignées.

Échantillon

1 MODIFICATION TEINTE

2 SYMÉTRIE VERTICALE

3 PERSPECTIVE ET TORSION

Image finale

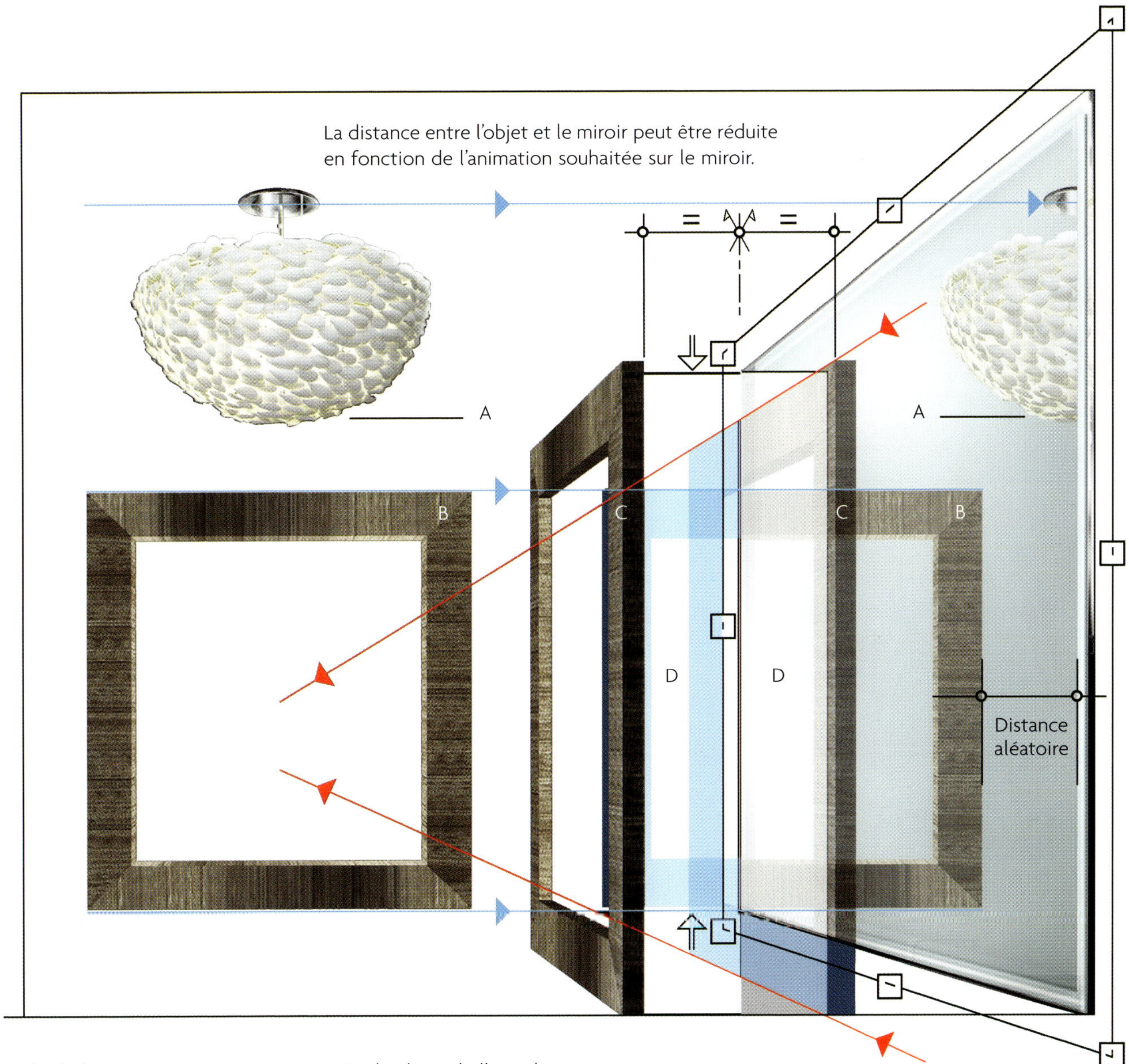

A = le lustre
B = l'encadrement de la niche
C = le chant de l'encadrement
D = la profondeur de la niche

Le miroir est réalisé à partir d'un échantillon. Il est constitué uniquement de reflets, qui le matérialisent (voir p. 74).

Pour créer les reflets, il faut tenir compte de tous les objets environnants. Faites attention aux faces cachées et corrigez les points de fuite.

1. Placez l'échantillon sur le dessin et appliquez-lui une Transformation manuelle›Inclinaison. Avec une Transformation›Torsion, ajustez les quatre angles du miroir.
2. Utilisez les éléments proches du miroir pour créer leur reflet. Le bord gauche du miroir servira d'axe. Il suffira de faire une copie par une Transformation›Symétrie axe horizontal d'un objet et de le placer sur le miroir à la même distance, de l'autre côté de cet axe. Si certains objets ne rentrent pas dans l'image, rapprochez-les.
3. Supprimez les parties représentées en bleu (car elles sont à l'extérieur du miroir).
4. Baissez l'opacité de 30 % des objets A, B, C et D placés à l'intérieur du miroir.
5. Appliquez un léger dégradé de bas en haut avec le Pinceau de couleur sombre sur un calque nommé Ombre (voir p. 96 et 97).

Les tablettes se situent dans la niche en bois et sont réalisées à partir d'un échantillon.

Cet échantillon est déformé et ajusté à la bonne dimension. Il est ensuite retravaillé avec quelques effets pour reprendre l'aspect du verre. On place alors la tablette sur le dessin pour l'ajuster. Le travail des ombres complétera son intégration (voir p. 105 et 106).

Les ombres portées sont réalisées dans les teintes de la tablette. Elles ne doivent en aucun cas dominer le sujet, mais l'accompagner pour lui donner du relief. Faites passer légèrement la lumière au centre. La lumière provenant du plafond, les ombres ont des hauteurs variables : elles sont de plus en plus grandes vers le bas.

Cinq étapes pour créer une tablette en verre :

1. Réduisez la matière pour obtenir l'épaisseur souhaitée.
2. Ombrez le centre avec le Pinceau d'un faible diamètre.
3. Tracez un trait sombre avec le Crayon pour donner de la dureté au verre.
4. Créez de la lumière en appliquant quelques touches de couleur blanche avec le Pinceau.
5. Dupliquez et faites une Transformation>Symétrie axe horizontal. Puis fusionnez les deux calques.

Vous pourrez ainsi adapter la tablette à la dimension souhaitée.

Tablettes vues de face

Échantillon

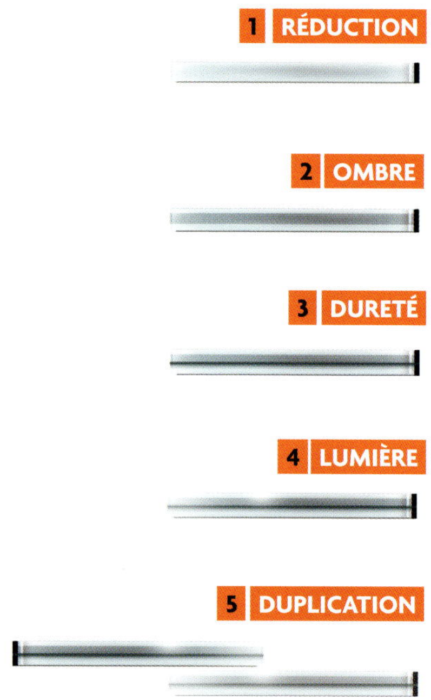

Image finale

La paroi vitrée permet de fermer l'espace grâce à un système de porte coulissante. Elle est ornée d'un élément décoratif et laisse passer la lumière.

Présentée en position ouverte, elle comprend deux éléments bien distincts (l'ensemble est réalisé à partir d'une application déjà effectuée, voir p. 84 et 85). Le pan de gauche présente une gravure avec traitement de reflets et celui de droite des reflets seuls.
La paroi vitrée de la partie 2 a été importée et replacée sur le dessin. Il vous suffira d'ajuster la copie sur le dessin et de la dupliquer avec une Transformation›Symétrie axe horizontal pour obtenir le pan droit. Vous n'aurez qu'à supprimer le calque Motifs dans la palette Calques pour ne conserver que le verre et les reflets. Pour réaliser une paroi transparente avec quelques reflets, consultez la page 83.

Les luminaires / Localisation

Le dessin initial joue ici un rôle important, car il indique précisément l'implantation des éclairages. Une fois les objets importés, vous obtenez l'image ci-contre.

Après avoir supprimé toutes les imperfections autour des objets, placez les images sur le dessin en effectuant une Transformation manuelle›Homothétie pour les mettre à l'échelle.

LE LUSTRE

LES APPLIQUES

LES SPOTS

1 LUEUR EXTERNE

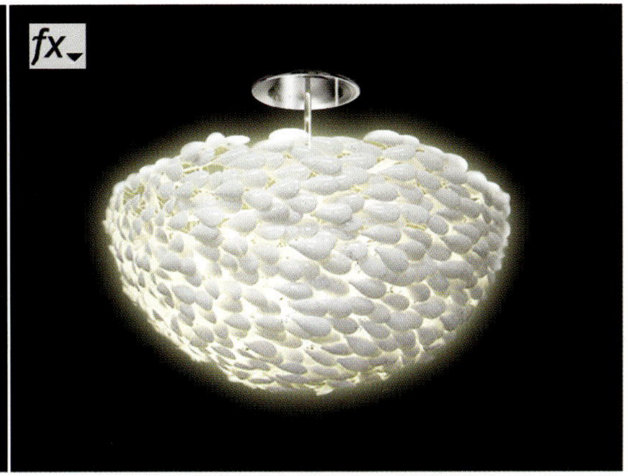

2 OMBRE PORTÉE

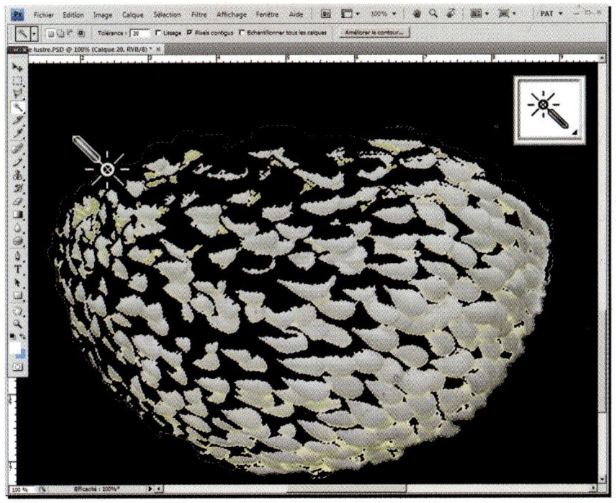

3 APLATISSEMENT

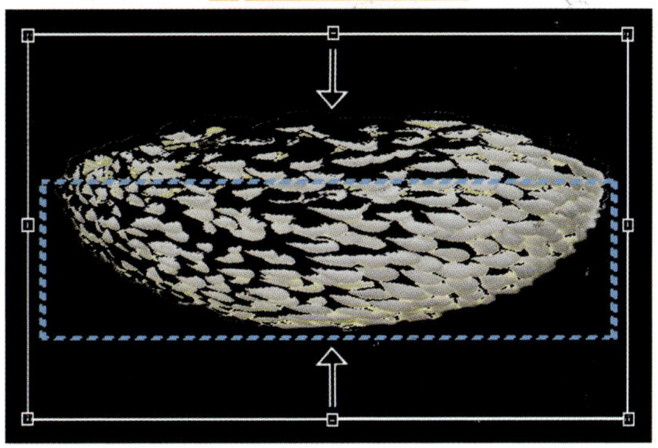

4 SÉLECTION

5 CRÉATION ELLIPSE

6 LUMINOSITÉ/CONTRASTE

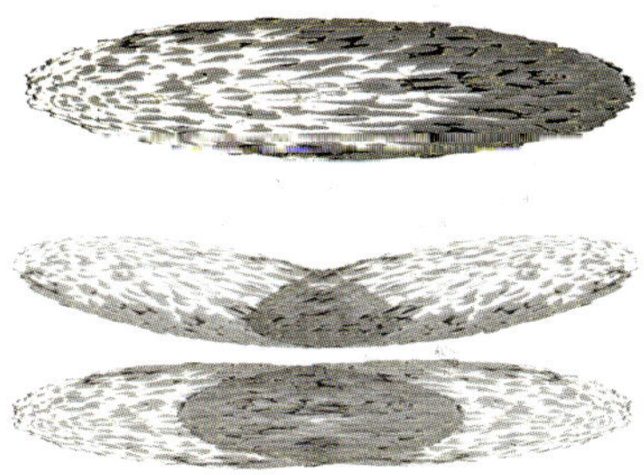

Le lustre peut être importé sans effets particuliers, mais il est plus dynamique lorsqu'il est allumé. Deux applications sont possibles pour intégrer la photo dans l'espace imaginé et donner du relief à l'ensemble.

1. Créez un effet lumineux avec l'option Fx (puis Lueur externe) sur le calque Lustre (voir p. 60 et 61).
2. Ajoutez une ombre à partir de l'objet. Pour cela, sur la photo, sélectionnez les couleurs les plus blanches à l'aide de la Baguette magique. Supprimez-les pour obtenir des vides sur l'image. Cette opération ajoutera un effet et évitera une ombre trop massive au plafond.
3. Aplatissez manuellement le calque Ombre.
4. Sélectionnez la partie basse de l'ombre réalisée.
5. Dupliquez-la et fusionnez les deux calques pour créer une ellipse.
6. Aplatissez l'ellipse, puis baissez la luminosité en allant dans Image›Réglages› Luminosité/Contraste.

Placez l'ombre sous le calque Lustre dans la palette Calques et dupliquez l'ombre plusieurs fois (ici quatre, mais vous pouvez en réaliser d'autres). Placez les copies de part et d'autre du lustre par rapport à son axe. Donnez-leur plus ou moins d'intensité en baissant l'opacité de leur calque.

Les luminaires / Mise en lumière des appliques et spots

Les éclairages demandent une attention toute particulière car ils déterminent l'ambiance générale de la pièce.

REFLET DE L'APPLIQUE (voir p. 95)

1. Sur la photo, sélectionnez et copiez le globe en verre.
2. Appliquez l'option Fx (Lueur externe) au calque Globe.
3. Repositionnez le globe modifié sur un calque Support. Fusionnez les deux calques et nommez le calque Applique.
4. Sélectionnez la platine de fixation et placez-la sur le miroir. Déplacez-la vers la droite. Agrandissez la tige horizontale qui relie le tube vertical à la platine avec une Transformation manuelle.
5. Dupliquez Applique pour créer un calque Reflet. Appliquez-lui une Transformation›Symétrie axe horizontal. Puis réduisez l'opacité du calque à 80 %. Divisez le calque Reflet en deux calques. Le premier A est la platine de fixation. Appliquez-lui une Transformation› Symétrie axe horizontal. Déplacez A sur la droite de la platine pour créer son reflet. Le calque B (le globe avec ses deux tiges de support) sera éloigné de la platine. Sélectionnez une partie de la tige pour l'allonger.

FAISCEAU LUMINEUX DU SPOT

1. Sur un calque nommé Halo, créez une sélection avec Ellipse verticale à la dimension que vous souhaitez.
2. Appliquez du blanc au Pinceau à l'intérieur de la sélection.
3. Effacez les parties extérieures de la sélection avec la Gomme (faible opacité).
4. Ajoutez de la couleur en effectuant quelques passages avec le Pinceau d'un faible diamètre.

Reflet de l'applique

Faisceau lumineux du spot

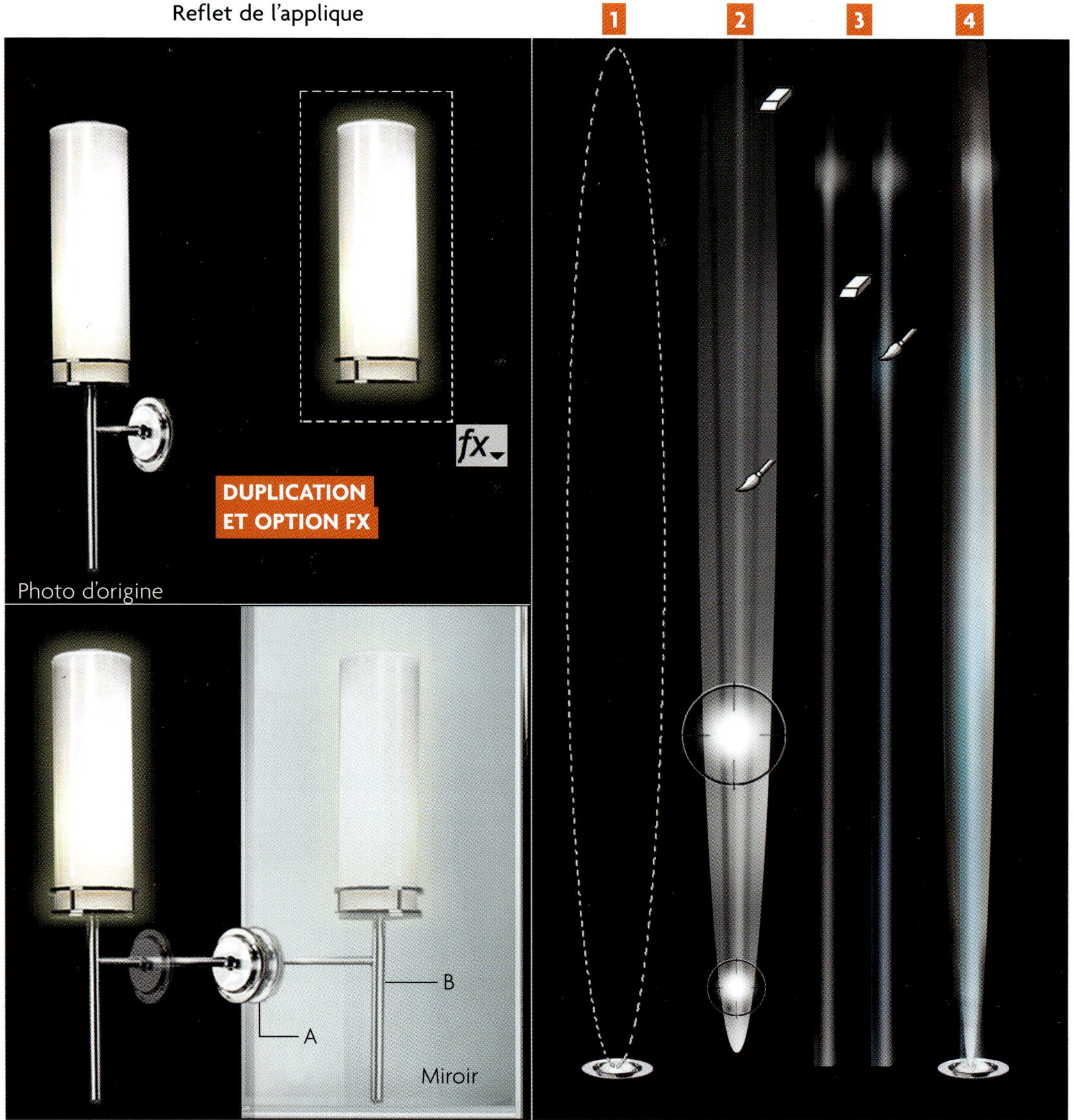

DÉCALAGE DE LA PLATINE

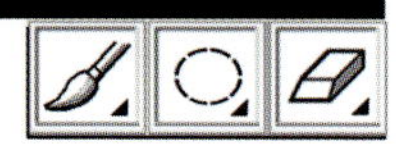

Les outils

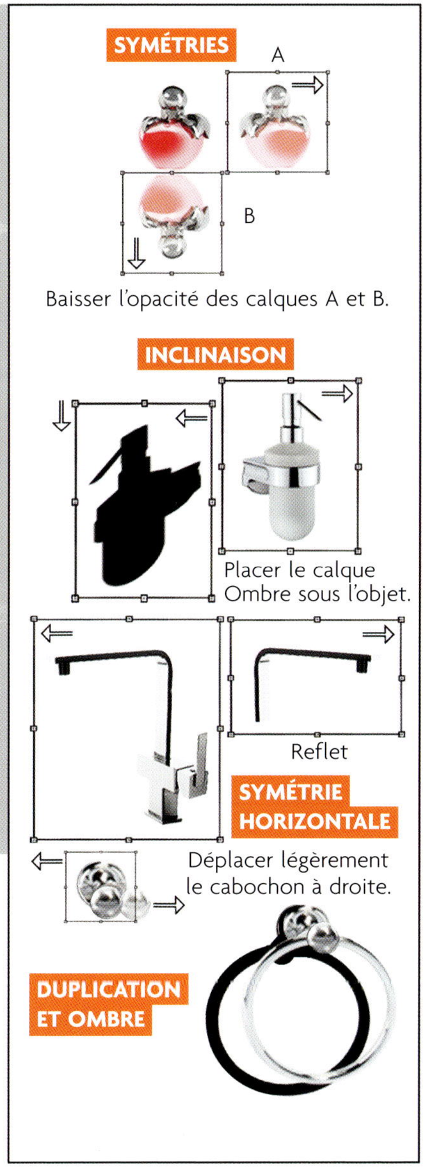

La mise en forme passe par une Transformation et l'ajout d'un reflet.

L'intégration des accessoires est réalisée en appliquant des reflets et des ombres portées.

Il est préférable d'utiliser une copie de l'objet sur un calque à part plutôt que d'activer l'option Fx. Pour créer des reflets, vous n'aurez qu'à dupliquer les ingrédients et placer les copies sous les originaux en baissant l'opacité des calques.
Sachez que lorsqu'on pratique un copier-coller, le calque créé se place automatiquement au-dessus de l'original dans la palette Calques.

Cette planche localise les différents emplacements des zones lumineuses dans la pièce. Les points lumineux déterminent les zones d'impact (voir p. 64 et 65) sur les différents types d'éclairages.

La méthode consiste à repérer les zones lumineuses, puis à créer un calque Lumière sur lequel on appliquera plusieurs passages de blanc avec l'outil Pinceau. Ensuite il s'agira de délimiter les zones d'ombre.

Il est possible d'apporter des effets lumineux ponctuels avec les mêmes outils sur les différents éléments placés sur le dessin pour leur donner plus de relief.

Le dessin est contrasté pour visualiser les zones d'une plus grande intensité lumineuse. Cela provoque naturellement une ambiance plus ou moins ombrée et donne un certain réalisme à l'image. Ensuite, les ombres portées (voir p. 76) sont posées sous les objets.

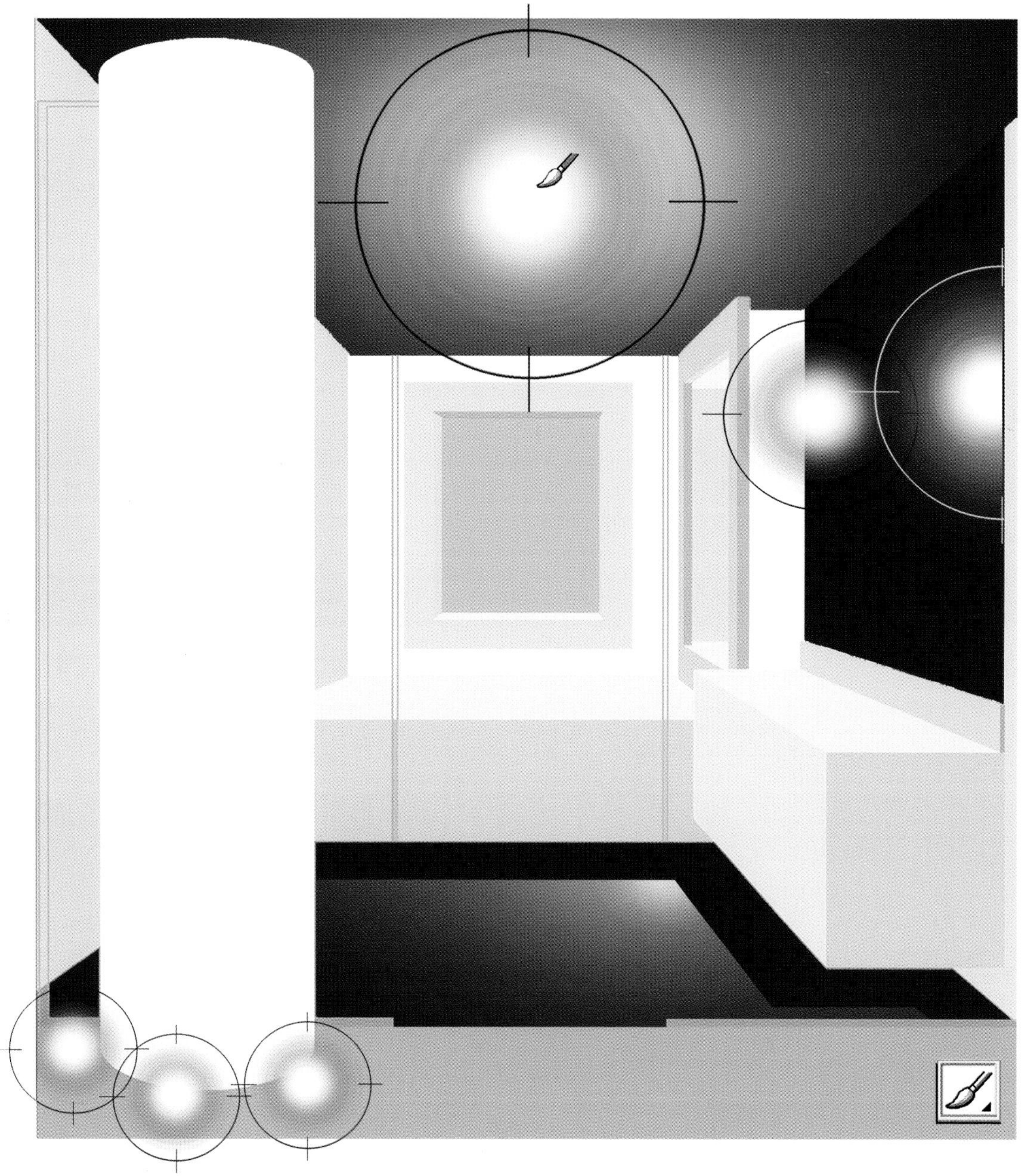

Outil pinceau

L'image finale intègre tous les procédés illustrés étape par étape dans cette partie et les applications développées dans cet ouvrage.

Portfolio

Le dessin est le fruit de l'imagination du designer, il reflète la première entrevue entre le client et le concepteur. Dans le langage professionnel, on l'appelle « premier jet », ce qui suggère bien l'instantanéité de sa nature. Il contribue à l'élaboration et à la bonne compréhension d'un projet. Il donne aussi une vision rapide du volume et de l'ambiance générale de l'espace traité.

La représentation colorée d'une perspective est appelée « image ». Certaines différences plus ou moins conséquentes peuvent exister entre l'esquisse de départ et cette représentation graphique. L'explication en est simple. Le dessin apparaît comme la projection de l'imaginaire sur un espace donné ; quant à l'image, elle résulte d'une réflexion basée sur des choix. Elle représente l'aboutissement d'une étude très approfondie des goûts du client (en matière de style, couleurs, agencement, tissus, mobilier, éclairage...) et du budget global de la réalisation.

Cette partie illustre différentes ambiances d'intérieur avec des choix esthétiques très variés. Toutes ces planches permettront d'apprécier les manipulations exécutées manuellement – sans forcément utiliser les commandes présélectionnées de Photoshop, comme l'option Fx. Les outils techniques, comme le Pinceau, contribuent à faire de ce logiciel un moyen d'expression artistique doté d'applications très sophistiquées, permettant de créer des effets de toutes sortes.

LE JARDIN D'HIVER

Intérieur et extérieur dialoguent avec harmonie. La seule frontière entre les deux se matérialise par cet ouvrage métallique vitré, qui s'inspire des serres d'Auteuil. Cet espace est à la fois ventilé et climatisé, comme dans les grands jardins nationaux. L'ensemble est frais et coloré, à dominante verte assurée par les végétaux et les jardinières situés en premier plan. Les bacs destinés à recevoir les plantes et le mobilier sont des éléments de décor secondaires, qui marquent les zones de détente. Ils laissent la priorité à une végétation luxuriante. Dans une telle ambiance chromatique, la difficulté a consisté à équilibrer toutes les taches de couleurs pour en faire un tableau.

L'ombre et la lumière sont les ingrédients majeurs de cette illustration. La lumière extérieure constitue un atout, car elle met véritablement la verrière en valeur. Il a fallu la faire pénétrer dans l'espace intérieur et la projeter sur tous les objets implantés dans la serre. Vous pourrez appliquer un filet blanc à l'aide du Pinceau sur les objets ou du noir pour ombrer les parties en contre-jour.

Le temps passé pour la mise en couleurs de cette image est d'environ 24 heures.

P.M 2006

LE BOUDOIR

Ce concept de style Empire comprend beaucoup d'objets d'origines différentes. Sa complexité repose sur la quantité de calques successifs imposés par ce nombre d'objets. La particularité et la distribution des matières en font une délicate représentation graphique.
La réalisation a suscité l'intervention d'une multitude de calques gérés grâce au groupement possible, option proposée dans le menu Calque. Les textiles (tissu mural, rideaux, voilages, revêtement des sièges et canapés, ainsi que le tapis) sont les éléments forts de cette ambiance fraîche et lumineuse.
Les techniques appliquées pour le montage ont fait essentiellement intervenir les options Transformations pour la conception des meubles et des ombres portées (sur le sol et les murs). Par ailleurs, le Pinceau se révèle l'outil idéal pour obtenir la lumière éclatante placée près des parties vitrées. L'intensité lumineuse procure un aspect de légèreté sur les voilages et fait entrer la lumière à l'intérieur de la pièce (voir l'effet sur le sol à droite).
La mise en couleurs de cette image a nécessité environ 24 heures de travail.

LE SALON D'ÉPOQUE

L'ensemble des éléments architecturaux suggèrent une ambiance d'époque. Le caractère dépouillé de la pièce a néanmoins demandé de nombreux ajustements dans les motifs et les reliefs (comme les moulurations). La symétrie des panneaux décoratifs en arrière-plan en a facilité la réalisation, car la moitié du décor a pu être reproduite grâce à l'option Transformation par symétrie axe horizontal. La difficulté fut la mise en volume des rideaux et le montage des sièges. Le lustre ayant été importé en l'état, il n'a subi qu'une retouche sous la forme d'un effet lumineux appliqué avec l'outil Pinceau.
Le temps passé pour la mise en couleurs est d'environ 24 heures.

*

P.M
2006

LA CHAMBRE YACHT

Le point fort de l'image réside dans la restitution de l'aspect lisse et brillant du bois. Pour répondre à la demande du client – reproduire un espace évoquant l'intérieur chaleureux d'un navire –, il a fallu réaliser des murs cintrés à joints horizontaux et privilégier l'acajou, très répandu dans les navires haut de gamme.

Les difficultés ont tenu à la forme arrondie de la paroi – exécutée à l'aide de la sélection Ellipse – ainsi qu'à la réalisation des joints métalliques. Le filet fin suggère une vibration de la matière.

Le miroir joue un rôle important, car il reflète le lit avec une teinte légère de gris chaud. L'élaboration du reflet a demandé la fusion préalable de tous les calques qui entraient dans la fabrication de l'objet lit. Puis une simple duplication a permis de créer le reflet proprement dit. L'ensemble adopte un ton clair pour mettre en valeur la teinte des bois et alléger les contours des meubles.

L'ébauche a été réalisée lors d'une réunion pour donner un aperçu rapide au client. Elle illustre une discussion prise sur le vif entre un client et son architecte d'intérieur, elle retranscrit le geste et la réflexion du moment. Les lignes sont très marquées pour affirmer une idée, une forme, un élément décoratif.

Le temps passé pour la mise en couleurs est d'environ 24 heures.

*

Callaway
GOLF
2007

LA CHAMBRE D'HÔTEL ORIENTALE

On retrouve dans ce projet tous les fondamentaux d'une chambre classique, et aussi quelques éléments rappelant le style du pays, par exemple les incrustations de verre dans la paroi cintrée (située au fond de la chambre), la table basse et les divers accessoires. La pièce dégage une ambiance assez froide, rendue par le choix des teintes bleutées. Cette gamme de teintes valorise les placages en bois et met en valeur les tons chauds du tapis et du plaid.

L'un des points forts de cette illustration tient aux éclairages. Le luminaire perforé, à l'extrême gauche de l'image, diffuse une multitude de cercles lumineux, qui se reflètent sur le mur comme autant de gouttes d'eau. L'option Transformation manuelle a permis de déformer ces cercles appliqués sur la paroi. La lampe de bureau et la lampe de chevet émettent un halo élaboré à l'aide de l'outil Pinceau.

Cette image présente la particularité d'être bâtie sur un négatif, c'est-à-dire que le dessin initial, tracé sur un fond blanc, a été transposé sur fond noir grâce à Photoshop. Le Pinceau, quant à lui, m'a permis d'effectuer un dégradé et de donner plus d'importance aux sources lumineuses. Les ombres portées soulignent cette démarche.

Le temps passé pour la mise en couleurs est d'environ 16 heures.

LE BAR D'HÔTEL

Quatre piliers implantés en forme de croix permettent de structurer l'espace et donnent une dynamique à l'ensemble.

Pour rendre la lumière projetée par ces cylindres, j'ai recouru à des effets de matière, tel le rendu du verre gravé, et de lumière, comme les reflets et les éclairages. L'option Halo et l'outil Pinceau m'ont permis de réaliser les dégradés de lumière placés sur les piliers. La fabrication d'un seul pilier a suffi à élaborer les trois autres, grâce à la duplication et à l'option Symétrie axe horizontal. Les motifs des piliers sont des collages successifs, assemblés ensuite sur le pilier.

La construction des sièges a nécessité de nombreux montages et leur implantation dans le décor des ajustements précis. Je les ai conçus en appliquant une méthode personnelle : éclatement des différents éléments qui composent l'objet, puis remontage en tenant compte des fuyantes.

Les caissons lumineux placés au plafond sont matérialisés par des gris, qui simulent leur profondeur, et un maximum d'effets lumineux appliqués avec l'outil Pinceau.

Pour finir, les murs gris sombre et le sol rayé apportent une note chaleureuse et intime au bar. Le temps passé pour la mise en couleurs est d'environ 22 heures.

*

P.M 2009

LE HALL DE CIRCULATION

Cette image présente la particularité d'être bâtie sur un négatif, c'est-à-dire que le dessin initial, tracé sur un fond blanc, a été transposé sur fond noir grâce à Photoshop. Pour cela, j'ai utilisé l'option Négatif du menu Image.

Le fond noir accentue le caractère contemporain du lieu et met en valeur les matériaux et les effets lumineux. La difficulté ici réside dans le double niveau, car il fallait obtenir un visuel parfaitement lisible pour les deux étages.

La lecture des matériaux est rendue possible par le fond noir, l'emploi des couleurs, le blanc et le gris. Les marbres sombres sont fondus sur le fond noir. Les traits de crayon ont été volontairement conservés au bas de l'image (représentés en bleu) pour donner l'illusion que le volume est édifié sur un plan.

Les deux points de fuite jouent un rôle important dans la construction de cette image et ils ont demandé beaucoup de déformations. Les options de Transformation ont permis d'appliquer toutes ces fuyantes. Le montage est basé sur des aplats sans ombres portées, car le fond noir donne une assise suffisante aux éléments architecturaux.

Le temps passé pour la mise en couleurs de cette image est d'environ 20 heures.

LE RESTAURANT GASTRONOMIQUE

Suggérant une ambiance nocturne, la composition s'appuie sur le contraste d'effets très lumineux contrebalancés par des éléments sombres. Leur association donne une atmosphère intimiste et feutrée.
L'ouvrage verrier a demandé une étude détaillée en amont afin de trouver la bonne répartition des pleins et des vides, du verre et des piliers de séparation lumineux. L'étude est traitée sur un document distinct sous forme d'élévation, puis elle est assemblée sur le dessin pour créer une vue en perspective et donc subir des Torsions pour la mise en volume.
Ces structures offrent des jeux de lumières et des effets en tous genres. Leur traitement a nécessité le recours au Pinceau afin de rester dans des effets naturels ainsi que l'application de Filtres, combinés à l'option Halo. Quant aux ombres, elles ont été réalisées à l'aide de Transformations manuelles.
Le temps passé pour la mise en couleurs de cette image est d'environ 30 heures.

LA BRASSERIE PARISIENNE

La salle s'inspire d'un décor de jardin, rythmé par des croisillons en bois peint.
La difficulté repose sur la quantité et la disposition des chaises et des fauteuils. Leur réalisation a nécessité l'intervention de différentes options, comme les Transformations.
L'ambiance tamisée est rendue par un fond négatif, c'est-à-dire que le dessin original a été transformé en négatif pour travailler la couleur sur fond noir. Les bougies mettent en valeur les tables et contribuent à créer une ambiance intimiste.
La construction du plafond a été réalisée en plan avant d'être déformée à l'aide de l'outil Torsion.
Le vitrage, situé sur la partie droite de l'image, a demandé un traitement particulier. Son apparence très réaliste est obtenue grâce à l'outil Pinceau et à l'ajout de quelques reflets.
Le temps passé pour la mise en couleurs de cette image est d'environ 28 heures.

LE RESTAURANT PANORAMIQUE

L'espace donne l'impression de s'étirer vers les hauteurs, sensation encore renforcée par le décor à ciel ouvert. Il est fortement marqué par la vue panoramique qui fait elle aussi écho à la notion de hauteur. Par ailleurs, la couleur bleue utilisée pour le ciel et la terrasse extérieure (à gauche de l'image) inscrivent encore ce restaurant dans son environnement.

Les accessoires (assiettes, bougies…) jouent un rôle important dans l'animation et la coloration des tables. Il a fallu mener une recherche approfondie et appliquer une mise en situation très détaillée pour créer une atmosphère accueillante et conviviale. Les plantes placées de manière graphique apportent une touche contemporaine et servent à délimiter deux espaces.

Les fauteuils bien que de conception simple ont demandé de nombreux ajustements lors de leur habillage. La difficulté résidait dans l'intégration parfaite des rayures.

Le plafond, un ensemble quadrillé en bois, est monté à partir d'un élément de section carrée, puis copié plusieurs fois en respectant le point de fuite.

Le temps passé pour la mise en couleurs de cette image est d'environ 24 heures.

GB
P.M 2006

LA SALLE DE BANQUET

La multiplication des espaces repas est la clé de cette création.

Un module représentatif (une grande table ronde, des chaises et un assortiment d'accessoires) a d'abord été élaboré pour donner un style et un thème à la réception. La fabrication des chaises puis leur intégration dans le lieu ont constitué les difficultés majeures de cette réalisation.

Les zones de repas ont été réalisées séparément puis dupliquées pour obtenir un rythme régulier et rigoureusement identique. Ensuite, la réduction des calques a permis de construire la perspective de cet espace et de suggérer une importante superficie. Ainsi l'échelle donnée à la première table a été diminuée pour la deuxième rangée de tables et ainsi de suite jusqu'au mur du fond. Cette opération a été réalisée grâce à l'option Homothétie.

Le temps passé pour la mise en couleurs de cette image est d'environ 32 heures.

LA BRASSERIE ASIATIQUE

L'inspiration asiatique du lieu m'a permis de décliner des motifs sur toute une palette de rouges.
La principale difficulté consistait à restituer le rembourrage des fauteuils tout en respectant leur habillage aux dessins complexes. L'outil Pinceau m'a permis d'intégrer ces vibrations nuancées de blanc et de noir. Pour apporter plus de lumière, j'ai estompé les motifs à l'aide de la Gomme et blanchi les rebords supérieurs des dossiers.
Les claustras ont d'abord été dessinés en élévation, puis déformés grâce à l'outil Transformation manuelle pour leur faire épouser la perspective.
Les ombres portées au sol mettent en valeur l'éclairage situé sous le bar. Par ailleurs, la lumière proche des tabourets permet de bien distinguer le mobilier du sol.
Le temps passé pour la mise en couleurs de cette image est d'environ 20 heures.

LA CHAMBRE D'HÔTEL ASIATIQUE

Le premier plan en semi-transparence est estompé dans le centre pour révéler la chambre en arrière-plan et l'ensemble du concept.

La vue de cette chambre permet un certain recul et la paroi vitrée nous place d'emblée dans un autre espace. La difficulté tient à cet effet, car la mise en place des éléments demande un travail supplémentaire. L'ajout d'une transparence est une opération complexe, car la lecture du premier plan doit être suggérée sans troubler la lisibilité de l'arrière-plan. Par endroits, l'outil Gomme a permis de supprimer certains traits afin d'éclaircir cette lecture de l'arrière-plan.

Les parois vitrées et le sol en marbre évoquent une pièce d'eau. L'idée est de jouer sur les reflets pour diriger le regard vers le sol et de montrer qu'un espace clos est défini. L'opacité des calques permet d'obtenir plus ou moins de transparence et un paramétrage adéquat crée l'illusion de la paroi vitrée.

Le temps passé pour la mise en couleurs est d'environ 20 heures pour cette image.

LA SALLE DE BAINS D'HÔTEL

Fraîcheur et bien-être se dégagent du lieu grâce à la teinte turquoise et aux tons pastel. Le bois clair donne une valeur chaude et attire le regard vers le point d'eau. En plus de sa fonction esthétique, le matériau bois convient bien à cet endroit qui est destiné au contact avec l'utilisateur.
La complexité des effets apportés sur le verre (la gravure, les reflets, la transparence) a nécessité un traitement technique très poussé, qu'il a fallu ensuite atténuer par endroits pour laisser apparaître les éléments.
Le verre, en tant qu'élément majeur de cette ambiance, a demandé un traitement tout particulier. Une étude préalable a débouché sur la conception des motifs gravés sur les parois vitrées. La vision de la chambre atténuée par les vitres est réalisée avec l'outil Gomme paramétré avec une opacité réduite. Le sol a été monté en plan avant de subir une déformation avec l'option Torsion. Les reflets au sol apportent une sensation de légèreté aux meubles, car la projection verticale donne de la hauteur aux objets.
Le temps passé pour la mise en couleurs est d'environ 16 heures.

P.M 2006

LA CHAMBRE D'ADO

L'ambiance un peu sombre qui se dégage de la chambre est très appréciée par certains adolescents. Les matières ont été saturées dans les noirs pour unifier l'ensemble. Seuls les coussins, le vitrage et les accessoires apportent une note colorée. Leur sélection, qui tient compte à la fois des matières et des couleurs, est très importante, car elle participe à l'harmonie de la pièce dans son ensemble. Pour ce type de projet, il est nécessaire de se constituer une bibliothèque d'accessoires en les sélectionnant sur Internet ou dans des revues spécialisées.

Le choix de l'installation d'un claustra naît souvent de l'envie de jouer avec les ombres et lumières. L'ombre portée au plafond participe donc à l'ambiance générale.

La difficulté majeure dans cette image réside dans la transparence de la table basse. Il s'agit de laisser apparaître les deux arrière-plans (la moquette et le fauteuil) sans dématérialiser l'objet pour autant. Cet effet a demandé un traitement partiel de l'objet avec l'outil Gomme. Le Pinceau a servi à appliquer les lumières sur les bois et la moquette.

Le temps passé pour la mise en couleurs est d'environ 18 heures.

2006

L'ESPACE REPAS

Cette image est constituée de trois plans bien distincts. Le premier, légèrement esquissé, évoque une zone kitchenette avec son comptoir ouvrant sur un espace repas. L'espace repas en tant que tel se situe au deuxième plan. Le troisième plan montre un coin détente, à l'ambiance lumineuse et doté d'une vue panoramique sur l'extérieur.

Pour que les trois fonctions distinctes de ces espaces soient cohérentes, lisibles et dénuées d'ambiguïtés, il a fallu créer un ensemble harmonieux autour d'un design contemporain et d'une ambiance chromatique nuancée (des camaïeux). La partie supérieure est légère et claire, et tranche sur le sol sombre et texturé.

Les transparences (le comptoir et la table de la salle à manger) ont été obtenues en baissant l'opacité des calques.

Le temps passé pour la mise en couleurs est d'environ 14 heures.

LE SALON CONTEMPORAIN

Le parquet a été choisi pour mettre en valeur les différentes valeurs de blanc utilisées pour les murs et le mobilier. L'esprit moderne de cet espace est véhiculé par la simplicité de ses murs. Le point fort réside dans le contraste existant entre le sol et la blancheur des parois.

La plus grande difficulté technique repose sur la mise en volume de la banquette d'angle, car il a fallu suggérer une impression de confort dans un espace réduit. L'outil Torsion a servi à opérer les déformations de l'assise et du dossier en perspective, placés à droite de l'image.

Le mur du fond plus foncé vise à éloigner l'arrière-plan et à donner de la profondeur à l'image.

Le temps passé pour la mise en couleurs est d'environ 14 heures.

Dans la même série

K. Mazeau, *Design mobilier*,
2011, 200 pages.
ISBN 978-2-212-12739-1

K. Mazeau, *Dessin en décoration intérieure*,
2008-2010, 184 pages.
ISBN 978-2-212-12393-7

K. Mazeau, *La couleur en design d'espaces*,
2009, 192 pages.
ISBN 978-2-212-12472-97

K. Mazeau, *Planches déco*,
2008-2010, 176 pages.
ISBN 978-2-212-12901-4

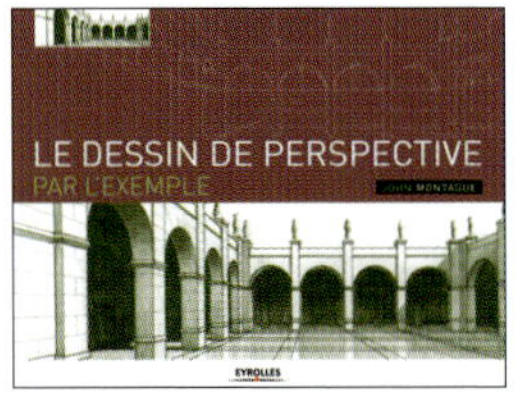

J. Montague, *Le dessin de perspective par l'exemple*,
2011, 310 pages.
ISBN 978-2-212-12832-1

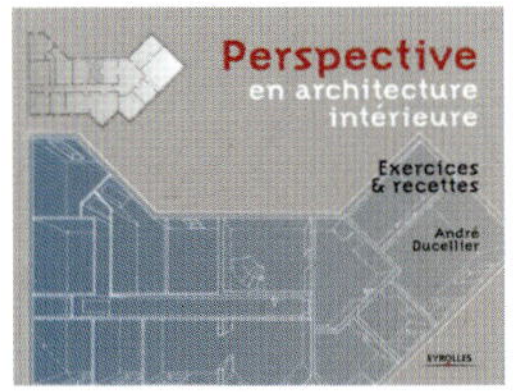

A. Ducellier, *Perspective en architecture intérieure*,
2010, 190 pages.
ISBN 978-2-212-12532-0

S. Fauchille, *La décoration événementielle*,
2010, 144 pages.
ISBN 978-2-212-12599-3

G. W. Reid, *Dessin d'architecture paysagère*,
2006, 198 pages.
ISBN 978-2-212-11701-1

Imprimé en Slovénie par PP-F
Dépôt légal : février 2013
N° d'éditeur : 8907

Cet ouvrage est imprimé, pour l'intérieur, sur du papier couché demi-mat 135 g, papier issu de forêts gérées durablement.